JN024735

これからの公共政策学

2 政策と行政

佐野亘・山谷清志 監修

山谷清志 編著

ミネルヴァ書房

刊行のことば

　公共政策（public policy）を対象とする研究は，政策科学（Policy Sciences）に
その起源を持つ。20世紀半ばのアメリカで行動科学やシステム論の影響を受け
て誕生した政策科学は，日本でも1970年代に関心を集め，1980年代から2000年
代にかけて各地の大学が政策系の学部・大学院を設置した。その際，さまざま
な研究分野から政策を「科学的」かつ「学際的（multi-disciplinary）」に考察す
る領域であるため，「政策科学」や「総合政策」の名称を選択することが多
かった。そうした政策科学，総合政策の研究が制度化され，「学」としての可
能性に期待が寄せられた中で，研究は２つの方向に分かれていった。

　１つは長い歴史を持つ，経済政策，金融政策，中小企業政策，教育政策，福祉
政策，農業政策，環境政策，外交政策などの個別分野の政策研究を踏襲した方向
で，経済学部，商学部，教育学部，社会福祉学部，農学部，法学部などの伝統的
な学部の中で成長した。また科学技術政策，政府開発援助（ODA）政策，都市防
災政策，IT 政策，観光政策，スポーツ政策など，社会の要請に対応して生まれ
た政策領域の研究もある。さらにグローバルな喫緊課題として，宇宙政策の構築，
自然災害対策，外国人労働者対応，サイバー社会の倫理対策，「働き方改革」の
課題など，公共政策研究者が考えるべき対象は増え続けている。

　２つめの研究方向は，政策過程（policy process）とそれを分析する方法に着
目した研究である。この研究は政策分野を横断して，政策形成，政策決定，政
策実施，政策修正，政策評価，政策終了など，政策の各ステージを見ている。
政治学と行政学が主に取り組んできた分野であるが，公共事業分野ではすでに
1960年代に政策を費用便益，費用対効果の視点で事前分析する取り組みが行わ
れている。また教育分野では教育政策の形成的評価・総括的評価方式が1970年
代より成果を残してきた。さらに，政策の事前分析と予算編成の実務を結合す

る試みも見られ，1960年代〜1970年代初めにかけて国際的に流行した。PPBS（Planning Programming Budgeting System）と呼ばれた方式である。2003年の経済財政諮問会議の提言を受けて，これとよく似た事前評価方式を日本では再度採用した。21世紀にはいってからは政策過程をたどる方法として「ロジック・モデル」が政策実務で使用され，このロジックを支えるエビデンスを入手するために科学的な手法ばかりでなく，実務の現場に参加して観察する方法，そしてオーラル・ヒストリーの方法も使われるようになった。以上の研究方向の特徴は，政策の背景にある規範や思想，その規範をめぐる政治，市民や行政機関など政策に関与する者の責任，政策過程で使う情報，政策活動の現場の「地域」などを見てアプローチするところにある。

　ところで，公共政策の研究はアカデミズムの中だけにとどまらず，実務でも行われた。例えば行政改革会議，いわゆる「橋本行革」の最終報告（1997年）を受けた中央省庁等改革基本法（1998年）は，中央省庁に政策評価の導入を求め，それが政策評価の法律「行政機関における政策の評価に関する法律（2001年）」に結実し，評価を通じた政策研究志向が中央省庁内部で高まった。他方，政策に直接には関わらない制度の改変だと思われていた「地方分権推進法（1995年）」は，地方自治体が政策研究に覚醒するきっかけになった。多くの知事や市町村長が「地方自治体は中央省庁の政策の下請機関ではない」「地方自治体は政策の面で自立するべきだ」と主張したからであった。この改革派の首長たちが意識したのが地方自治体の政策責任（policy responsibility）であり，またその責任を果たすツールとして政策評価が注目された。そこで地方自治体の公務員研修では，初任者や課長などさまざまな職位を対象とした政策形成講座，政策評価講座が流行した。研修の講師はシンクタンク研究員や大学教員の他に，市民の目線に立つ NPO・NGO のスタッフが担当する機会も増え，政策ワークショップを通じた協働の場面が多く見られた。これはまさに時代の要請であった。

　アカデミズムの側もこうした改革と同じ時代精神を共有し，それが例えば日本公共政策学会の設立につながった（1996年）。日本公共政策学会は，その設立趣旨において，当時の日本社会が直面していた問題関心をとりあげて，グロー

バルな思考，学際性と相互関連性，新たな哲学や価値を模索する「理念の検証」，過去の経験に学ぶ「歴史の検証」を重視すると謳っている。「パブリックのための学」としての公共政策学なのである。

　さて，新シリーズ「これからの公共政策学」は，こうした日本公共政策学会の理念，そして前回のシリーズ「BASIC 公共政策学」が目指した基本方針を踏襲している。すなわち高度公共人材の養成，その教育プログラムの質保証への配慮，実践の「現場」への視点，理論知・実践知・経験知からなる政策知に通暁した政策専門家の育成などである。ただし，今回はこれらに加えその後の社会の変化を反映した新しいチャレンジを試みた。それが新シリーズ各巻のタイトルであり，例えば，政策と市民，政策と地域，政策と情報などである。とりわけ政策人材の育成は重要なテーマであり，その背景には改正公職選挙法（2016年6月施行）もあった。選挙年齢が18歳に引き下げられて以来，公共政策教育が高校や大学の初年次教育でも必要になると思われるが，これは新シリーズが意識している重要な課題である。

　もっとも，ここに注意すべき点がある。公共政策の研究は1970年代，インターネットやパーソナル・コンピューターが存在しなかったときに始まった。しかし，21世紀の今，政策情報をめぐる環境は劇的に変化した。世界各地の情報が容易に入手できるようになったため，公共政策研究はおおいに発展した。ただその一方でソーシャル・ネットワーキング・サービス（SNS）を通じてフェイク・ニュースが氾濫し，それに踊らされた悪しきポピュリズムが跋扈するようになっている。

　公共政策学の研究と教育によって，人びとに政策の負の側面を示して，回避し克服する手がかりを提供したい，それによって高度公共人材を養成したい。これが「これからの公共政策学」シリーズ執筆者全員の願いである。

　2020年2月

　　　　　　　　　　　　　　　　　　佐野　亘・山谷清志

はしがき

　行政の役割を「ゆりかごから墓場まで」という有名な言葉で説明する教科書は多い。たしかに，妊婦健診や死後の資産処理，遺産相続まで考えると，私たちは生まれる前から死んだ後まで，何らかの形で行政に関わっている。行政が関わってくるといっても良いかもしれない。しかし多くの人は18歳になって選挙権を得ても，就職して所得税，住民税，雇用保険料を給与から天引きされても，その行政が担当する政策を考えることがない。行政の組織，機構，仕組みも考えない。それでも大きな災害があれば天気予報を気にし（国土交通省気象庁），生活苦から孤立感にうちひしがれそうになれば「いのちの電話」にダイヤルする（厚生労働省・都道府県の精神保健福祉センター）。小惑星探査機「はやぶさ」「はやぶさ2」の成功にこころ動き（宇宙航空研究開発機構 JAXA），日本の政府開発援助（ODA）がエルサルバドルやエチオピアでうまくいったのか心配するかもしれない（外務省・国際協力機構 JICA）。F35戦闘機を147機導入する日本政府の支払いが総額6兆7,000億円だと言われると，とても驚いてしまう（防衛省）。気にするし，こころが動くし，心配はするし，驚くだろう。ただ，それで終わってしまう。

　しかし，2020年に世界中を巻き込んだ新型コロナウィルス（COVID-19）感染症への対策は，行政機関との関わりを強く意識するきっかけになったはずである。私たちは都道府県の自粛要請の範囲を探り，政府の観光支援政策「GoTo トラベル」のキャンセル料を気にし（国土交通省観光庁），検査体制をめぐる都道府県や市区の保健所の余力に不安を抱き，「コロナ専用医療施設」の開設に気を揉む。学童保育，介護士，看護師，保健師，ごみ収集作業員，男女共同参画センターの相談員など，エッセンシャル・ワーカーが身近にいれば，いろいろと考えるのかもしれない。

それでは政策関連の学部の講義ではどうか。教員は学生に政策学を学ぶ理由として「良い政策を作る人になる，良い政策を作る人を選べるようになる，良い政策かどうか分かるようになる」ことだと説明するが，ほとんどの学生はそのための勉強，理論の吸収に無関心である。関心がなくても，生活に支障がないのかもしれない。あるいは日常生活の関わりの中で政策を意識することはないのかもしれない。しょせん他人事，ではなぜ政策学部に入学したのかと問えば，「法学部や経済学部，商学部と違っていろいろな勉強ができると思ったから」と答える。このような学生にとって政策や行政の話は，行ったこともない火星の土壌の話，中国湖南省で出土した2000年昔の竹簡の話題のようにかなり縁遠い。本気でなく，興味半分の勉強なので理解に深みがなく，スマホやネットで目にしたフェイクまがいの情報を政策だと勘違いする。

　少しでも「政策」に関心をもって欲しい，その政策を担当する官公庁（国の府省，独立行政法人，都道府県，市町村，東京23区の総称）にどんな種類があり，どういった特徴や「クセ」をもつのか考えて欲しい。そうすればわたしたちの生活に関わる「この国のかたち」が見えてくるだろう。行政と政策を考える大事なポイントは，誰が，誰に，何を，いつ，どこでやるのかである。そこで本書はまず第一に行政，そして政策を取り巻くさまざまな専門的議論を展開する。行政と政策過程，行政サービスと政策，政策や行政のアカウンタビリティとレスポンシビリティ，政策統制と評価のネットワーク，政策のコントロール，中央・地方の行政と政策，福祉サービスの政策責任，行政組織の再編成，行政の病理と政策汚職などである。行政の実際を理解し，それぞれの特徴・クセを知り，組織文化の違いに気づかなければ政策は理解できない，このように本書は考えている。

　実のところ，行政の現場に一度でも身を置いた経験がある人とそうでない人の差は大きい。官公庁の中にいれば雰囲気，組織文化を実感できるからである。たとえば政策課が建物の何階にあって，政策課長が会議でどんな発言をするのか聴いたことがある，それだけでかなり違ったものになるだろう。その経験から，たとえば日本の外務省では，なぜいくつかの局で筆頭課を「政策課」と呼

ぶのか，政策課の第一の所掌事務は総合調整であるが，なぜ総務課ではなく政策課と名づけたのか，その意味が分かるかもしれない。しかし，現場体験がない人はどうするのか。

　その際はまず本書をひらき，熟読して欲しい。そのうえで各府省や地方自治体が公開するホームページを閲覧しながら組織図（行政体系）を詳細に検討して欲しい。その組織図の知識に従って，各組織に配置されている局や課それぞれが公表する政策文書や評価文書を探してみれば，政策内容，組織活動内容の現実は見えてくるはずである。おそらく，この段階に進むまでかなり多くの時間と手間が必要になるが，その時間と手間から得られる知識は高校までの授業，大学の大規模講義で得られる知識を超えている。格段の違いがある。

　さて，ここで読者にお断りしたいことが二つある。

　一つは，本書の各所で公共政策（public policy）を「政策」，公行政（public administration）を「行政」と書いていることである。もちろん，「公」を省略するのは問題だと批判されるのは承知している。それをあえて省略して書いているのは，自由闊達な議論が起きることを期待するからである。たとえば公を「官」が独占して良いのか，民主主義社会で「官」とは何か，日本の「公」の使い方はおかしくないか，そもそも「公」を担うのは誰かという議論は，行政学で頻繁に出てくる。それをふまえた自由闊達な議論を本書は期待しているのである。

　もう一つは本書の視点である。タイトルが『政策と行政』であり，公共政策について行政学の視点で書いている。中央府省や地方自治体を批判的に見る行政学は，組織体制とその運用について高度に専門的なアプローチを行い，しかも理論が実務と整合性を持つことを大事にする。本書はこの行政学が注目した管理やコントロールの視点に加え，21世紀になって多用される評価を使って政策にアプローチしている。つまり，本書は「政策を行政学で料理している」とご理解いただきたい。政策学はさまざまなディシプリンが関わる学際的分野であるが，そのひとつの見方を本書は示している。

　最後に，本書はわたしたちの執筆を陰で支えてくださったミネルヴァ書房の

石原匠氏，島村真佐利氏の忍耐とお心遣いの賜物である。お二人に心から感謝申し上げたい。

2021年3月

山谷清志

政策と行政

目　次

第Ⅱ部　行政とその統制

第Ⅲ部　行政の生理と病理

xiv

政策と行政のアカウンタビリティ

　多くの人が了解しているはずの事柄について，他の人と話してみたらかなり違う理解をしていると気づいて驚く場面がある。相手と自分の認識がずれているのである。政策学や行政学のように市民が日常的に接する活動を研究対象にする場合，こんな場面に出くわすと議論が止まる。社会で日常的に使用される言葉と，学術用語や研究者仲間の専門用語（ジャーゴン），国の府省や地方自治体で公務員が使う実務の言葉について，わたしたちは使い方に注意する必要がある。同じ言葉で議論していたのに実際は「同床異夢」だった，そんな不幸を回避したいからである。

　この序章では，政策と行政をめぐる諸概念について共通認識を作りたい。とくに，政策と行政はそれぞれどのような責任を果たしているのかを知り，政策現場での議論，政策提言を考える道筋，手がかりを模索したい。ここに実務と密接な関係をもつ政策学と行政学の「学」(discipline) としての可能性，有効性をみるからである。

1　政策とは何か

政策のイメージ

　政策とは何か。一般に政府活動の方針の意味で理解され，具体的には経済政策，刑事政策，社会政策，医療政策，産業政策，外交政策と対象分野で例示する説明が使われてきた。実はこの説明方法には問題がある。経済政策は経済学で経済産業省や内閣府（旧経済企画庁），教育政策は教育学の専門分野で文部科学省や教育委員会の所管に特化されたものになってしまう。これでは，わたし

表序-1　政策のイメージ

政策のイメージ	説　明
①政治的スローガン	社会の問題が政治的手続を経て確認され，解決を目指す政府活動のアウトラインを決める。政策綱領，大綱，基本計画。
②プログラム	政府の行動プログラム（問題解決策）。問題の原因を取り除く専門能力，他プログラムとの整合性，利害関係の調整。プロトコル。
③制度（法律・予算）	関係者を拘束する法律，資源配分を決める予算などの形で政策を置く。基本法，政策金融制度，介護保険制度，税制。
④行政機関の行動基準	担当機関が法律や政令を現実に適用し，目的達成するときの行動基準，判断基準。政策実施機関を管理する立場からの通達や訓令。
⑤実施活動	現場（ストリートレベル）で職員が行う活動。またこの活動が生産するアウトプット。プロジェクトと呼ばれることもある。
⑥政府サービスとしての政策	実施活動のクライアントの目から見た政策。アウトカム。

出典：森田朗（1991）をもとに山谷清志作成。

たちの生活に密接に関わる政策が，官公庁の所掌とそれに関わる学問分野のセクショナリズムの中に閉じ込められ，分断されてしまう。これに満足しない研究者たちは政策とは何かについてさまざまな視点から説明しようと努力してきた。

　まず，政策のイメージである。政策そのものは生活や役所の実務と密接に関わっており，現実に照らし合わせて政策のイメージを分類した研究がある（表序-1）。

政策のイメージ①「政治的スローガン」

　選挙前のマニフェストや閣議決定，首相の施政方針などで表される。また政党が選挙で掲げる公約がこのカテゴリーの代表である。

政策のイメージ②プログラム

　問題解決策が政策目標になるとき，この解決計画はプログラムとして表現さ

れる。政策目標とそれを達成する手段，実施するスケジュール，政策環境への対処方法，関係する複数機関の調整，財政的な中央地方関係などを含む。複数の事業，プロジェクトを包含する入れもののようにみえるが，複数事業を横断した上位目標が必要である。

　日本でプログラムの呼び方はODAのセクター・プログラムが目立つ程度であったが，21世紀になって他の政策分野でも増えている。たとえば総合科学技術・イノベーション会議（内閣総理大臣が議長）が決定した官民研究開発投資拡大プログラム（PRISM）のような規模の大きなプログラムもあれば，高齢受刑者の社会復帰を支援するプログラム（法務省 2017年）のように，規模は小さいが手続やマニュアルを丁寧に示すプログラムもあり，政策の実施運営のガイドライン，現場での活動マニュアルをプログラムが具体的に示す事例が増えている。また，後述する政策デザイン（政策の目標，指標，目標達成手段群）と組み合わせたプログラムも存在する。

政策のイメージ③制度

　制度としての政策，という考えもある。法律（多くの基本法），それらの裏づけになっている予算がまず思い浮かぶが，その代表は沖縄振興特別措置法（2002年）である。沖縄振興予算とセットになったこの法律には産業振興の特別措置，観光振興のための免税，情報通信産業振興計画，産業高度化・事業革新促進計画，国際物流拠点産業集積計画などの内容が込められている。介護保健制度，生活保護制度，認定こども園制度もこのイメージである。

政策のイメージ④行政機関の行動基準

　行政機関がさまざまな行動をするときに従う行動基準である。これは行政内部の政策担当者に共有されている。法律や政令を現実に適用し，政策目的を達成するための担当機関の行動基準，判断基準である。政策の実施機関を管理する立場から出される通達，訓令があり，また政策の適用対象，次期，スケジュールなどが指定されている。

政策のイメージ⑤実施活動

　市民の目に直接触れるのは政策の実施活動であり，行政組織の現場がアクティビティを営み，アウトプットを生産する実施の場面である。これを対象とする研究は，行政学で政策実施（implementation）過程研究と呼ばれ1970年代からさまざまな研究が出てきている。政策の実施とはいいかえると行政サービスの提供活動でもある。

政策のイメージ⑥サービス

　政府と地方自治体が提供するサービスは，政策の生の姿として市民に現れる。福祉サービス，教育サービス，医療サービスが行政によって実施されているときには地域に住む市民の視点からサービス活動とみることができるが，それらを大きな意味でパブリック・サービスと呼ぶこともあり，またこのサービスを担当する組織を 'civil service'（公務員制）と呼ぶこともある。この 'civil service' に対応する 'military service'（兵役，軍務，軍隊）も政府が提供する「サービスとしての政策」と認識される。

政策体系（**Policy System**）

　こうした政策のイメージが，政策現場でどのように組み立てられているのか知る必要がある。

　まず政策体系である（図序 - 1）。政策体系は，そもそもは ODA 評価の分野で知られていた考え方であったが，一般の政策実務の分野では注目されなかった。しかし政策の対象を整理するのに便利なため普及し，日本の政策評価にも取り入れられた。政策体系は評価の対象になる政策，プログラム，プロジェクトの関係を，現場で実践する担当者の視点から具体的に説明する場面で役に立つ。

　ただし，日常の生活の場で市民の目に付くのはプロジェクトである。先の「政策イメージ」で言えば前述の⑤と⑥である。この典型は道路であろう。家の前の道路が渋滞している，だから迂回路のバイパス道路建設をして欲しいと住民から陳情される。道路建設プロジェクトだが、それだけが解決案ではない

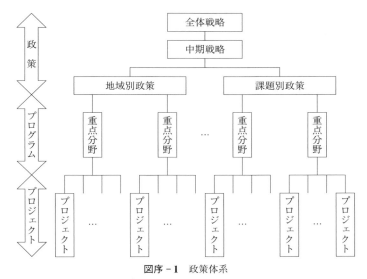

図序 - 1　政策体系

出典：山谷清志作成。

かもしれない。渋滞緩和には時差出勤，公共交通の拡充（電車・乗り合いバス），
ノー・カー・ディ，鉄道やモノレールの建設，市民の都心回帰誘導など他の手
段もあり，それらをうまく組み合わせたところにプログラム（渋滞緩和プログラ
ム）がある。プログラムはプロジェクトの集合体ではない。課題解決をめざす
政策にとって一番良い政策手段（プロジェクト）群を組み合わせた政策のデザ
インは何かを考える思考ツールである。

政策デザイン

　政策目標を達成する手段の組み合わせを考えるのが政策デザインである（図
序 - 2）。政策目標が決まったら，それを達成する政策手段（事業やプロジェク
ト）を考えなければならない。目標に合わせた手段の組み合わせをタイミング
と予算から検討し，市民の選好を調査し，可能であれば他の諸外国や地方自治
体の政策などを参考に，オーダーメードの政策をデザインする必要がある。そ
して政策デザインを構成する政策手段はおよそ5種類考えられる。

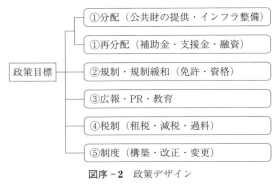

図序 − 2 政策デザイン

出典：山谷清志作成。

第一に政府や地方自治体が財を市民に給付し，供給する活動である（①）。資金交付（生活保護，住宅資金融資，中小企業経営融資など），研究開発（産業技術の試験・研究，原子力開発・宇宙開発など），建設管理（港湾，河川，道路など公共財の建設，改良と維持管理），設置運営（保育所，学校，老人ホーム，図書館など）の分類である。

第二は規制である（②）。政府や地方自治体が法律や条例に基づき，罰則や罰金を背景に個人や企業に制約を科すのが規制で，その規制を創設したり，逆に緩和したりすることで市民生活や企業経済活動に直接介入するのはよく知られる。マンションの高さ規制が代表だが，新型コロナ対策での「自粛要請」は規制ではない。「お願い」は③に入る。

第三は広報である（③）。これについては白書や外交青書などの政策文書，広報，官公庁の政策説明会，外務省のパブリック・ディプロマシー（文化外交・日本語教育支援），プロパガンダなどが伝統的な手段であった。インターネットが普及してからは各府省や地方自治体はホーム・ページを使うようになり，ハザードマップ，災害時の警報や注意情報もここに含まれる。なお，政策目標に指標（数字）を付けて，その達成度を測定する手法も，情報提供の一種として注目される。

第四の税も政策の手段として，さまざまな使い方がある（④）。減税で政策

6

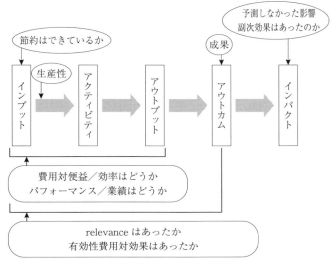

図序 - 3　政策プロセスのロジックのイメージ
出典：山谷清志作成。

目的の方向に誘導をかける方法がある。代表は「エコカー減税」である。新型コロナウイルス感染症緊急経済対策における税制上の措置（納税猶予・テレワークを進める中小企業の税額控除）もある。「地球温暖化対策のための税」は化石燃料使用を抑止する政策手段である。

最後の⑤は制度を置いて政策の実施にあたる体制を作る方法である。高齢者福祉政策の介護保険制度，医療政策の健康保険制度，初等教育政策の義務教育制度のように政策制度が多く存在するが，固定されているわけではなく常に新しい政策アイデアが制度として登場する。代表に「ふるさと納税制度」がある。

政策プロセスのロジックとプログラム

良い政策ならば，その実施プロセスが論理的（ロジカル）に進められているはずだという仮定がある。そのロジックは（図序 - 3）のように説明できる。

インプットとは政策のために投入される資源である。予算，人，資材などがインプットの代表だが，他に事前のニーズ調査（ニーズ評価）に基づく情報，

内閣支持率，マスコミや新聞の報道，苦情申し立て，行政相談，オンブズマン制度，陳情や請願から得られた情報，さらに景気動向指数，株価指数もインプットとして考えられる。かつて世論調査に頼ることが多かったが，SNS（Social Networking Service）によって入手が容易になってきた。

　予算，人，情報を使って営まれる政策活動（アクティビティ）によって，政府や地方自治体がアウトプットを生産する。当初想定した通りのアウトプットが出たかどうかが大事であるが，出ない場合も多い。自然災害や経済不況によって活動の稼働率が悪くなり，パフォーマンスが低くなることもある。

　出ているアウトプットによって政策が狙った目標を達成しているかどうか，成果が出るかどうか，問題が解決したかどうかは政策を作った政府の責任問題になるので，きわめて重要である。もし狙った成果が出ないとき，理由を考え原因を探る必要がある。これが政策の事後評価だが，それを探るのはプログラム評価である。成果が出ないのはなぜか。デザインが悪い，トップが問題の本質を捉えていない，政権幹部が専門家のアドバイスを聴かない，予算の手当が不十分，近隣住民の反対，担当する行政機関のミス・不作為，政策に関わる業務を民間委託した際の行政機関の指示の拙さ，受託した民間団体の杜撰な活動など，その原因は数限りない。

　プログラム評価を行う際には、開始する前にまずインプットからアウトカムまでの流れをみることになる。その重要な視点がプロセスの「適切性」（relevance），つまり問題や課題への対応の適切さ，インプットからアウトプットまで論理的に組み立てた工程が適切に流れているかどうかである。ここでは問題や課題に適切に対応しているのかをまず見たうえで，インプットを使った活動が十分なアウトプットを出し，その解決に向けた成果を出すことになっているのかを見ることになる。政策を実施している機関がいくら努力しても，想定外の外部影響で成果が出ないことが多いのはよく知られている。政策の企画立案から実施の中で，想定しなかったことを「反省する」のが評価であるが，その意味で評価にとって重要な項目は透明性（transparency）であるが，さらに入手した情報に基づいてなぜ失敗したのか，政策過程を遡って確認できる

8

「追跡可能性」（traceability）も重要になってくる。

　なお，長期の影響を監視し続ける難しさから国内行政では敬遠されてきたインパクト評価も，関心を集めるようになってきた。予測しなかった悪影響や副次効果が報道で取り上げられると，市民が苦情や政権批判を表明するからである。ただし，政策の企画立案段階でインパクトを予測するのは難しく，また5年，10年とインパクトを監視し続ける行政機関は少ない。公務員は短期で人事異動し，政治家も選挙のサイクルがあって，長期的にインパクトを見守るのは難しい。また，天災や異常気象，突発的な国際的事件や新型ウィルス禍などで世の中の認識が大きく変わり，政策を作ったときの前提条件が陳腐化していることも少なくない。インパクトの有無を議論すべき政策自体が時代錯誤になっている恐れもある。

　それでもインパクト評価を重視するのは，政策が社会に及ぼす影響を無視できないからである。整備新幹線開通後の地域社会の衰退とさらなる過疎化，男女共同参画政策の好影響，観光政策に執着する無理と不自然など，インパクト評価を求める場面は確実にある。おそらくこのインパクト評価を長期的視点で実施できるのは，人生100年時代の市民と研究者だけだろう。

実務が定義する政策

　法律が定義する政策は「行政機関が行う政策の評価に関する法律」（2001年，以下「政策評価法」）にある。第2条2項に「この法律において『政策』とは，行政機関が，その任務又は所掌事務の範囲内において，一定の行政目的を実現するために企画及び立案をする行政上の一連の行為についての方針，方策その他これらに類するものをいう」と明記されている。これだけでは普通の市民には意味不明なので，解説書では〜方針，〜方策，〜計画，〜構想，〜戦略，〜要綱，〜要領，〜基準をさしていると説明する（行政管理研究センター，2008：43）。それでも具体的に何のことか理解するのは難しい。そこでまず，政策を作って実施する「主体」が誰で，そしてその政策が対象にする「客体」が誰かを考えることになる。

政策主体は憲法の原則，国民主権から考えると国民，ただし政治学や行政学では「市民」である。しかしそれは建前上の話で，市井の生活者である市民が政策主体になるのは難しい。

　それならば，市民の代表である国会や地方議会が政策主体なのだろうか。違うかもしれない。政策を作る場面は「議員立法」の数をみると分かるように，行政が主体になって政策を作る場面に比べると，圧倒的に少ない。市民が政策を作る，それが無理ならば国会や地方議会を通じて，間接的に市民が政策立案を行っていると考えるのは，フィクションに近い。それでは事実上の政策主体である行政とは一体何であろうか。

2　行政とは何か

法律における行政のイメージ

　筆者は毎年最初の講義で学生に「行政とは何だろう」と問うが，具体的なイメージは「役所」「市役所」「県庁」である。それ以上，行政についてはイメージがわかないらしい。

　そんな状況なので，行政学者たちは欧米の三権分立（司法・立法・行政）から行政を説明し，日常生活に関係する行政サービスに例をとって解説する。もちろん裁判所の司法，国会や地方議会の立法に比べ，行政はその機能を担当する組織の大きさ，複雑さ，多様さ，そして行政活動の専門性が高いために，学生たちが分かるように説明するのは難しい。

　行政概念を公式に説明する法律には国家行政組織法，国家公務員法，地方自治法，地方公務員法がある。行政組織とそれを構成する公務員がめざすものを説明している（下線は著者）。

【国家行政組織法】（1948年）

　　第一条　この法律は，内閣の統轄の下における行政機関で内閣府以外のもの
　　　（以下「国の行政機関」という。）の組織の基準を定め，もつて国の行政事務

の能率的な遂行のために必要な国家行政組織を整えることを目的とする。

【国家公務員法】（1947年）

　第一条　この法律は，国家公務員たる職員について適用すべき各般の根本基
　　準（職員の福祉及び利益を保護するための適切な措置を含む。）を確立し，職員
　　がその職務の遂行に当り，最大の<u>能率</u>を発揮し得るように，<u>民主的</u>な方法
　　で，選択され，且つ，指導さるべきことを定め，以て国民に対し，公務の
　　<u>民主的且つ能率的</u>な運営を保障することを目的とする。

【地方公務員法】（1950年）

　第一条　この法律は，地方公共団体の人事機関並びに地方公務員の任用，人
　　事評価，給与，勤務時間その他の勤務条件，分限及び懲戒，服務，退職管
　　理，研修，福祉及び利益の保護並びに団体等人事行政に関する根本基準を
　　確立することにより，地方公共団体の行政の<u>民主的かつ能率的</u>な運営並び
　　に特定地方独立行政法人の事務及び事業の確実な実施を保障し，もつて地
　　方自治の本旨の実現に資することを目的とする。

　ここに述べた日本の行政の本質を規定する法律には，二つの注意点がある。
一つめは，第二次世界大戦直後の1947年から，民主的運用，能率が行政を評価
する基準になっている点である。二つめは，1999年の国家行政組織法の改正に
よって，法律の条文に国の行政機関（とくに府省）が，自ら政策評価をするべ
きことを追加している点である。さらに2001年には念を押すように政策評価法
が制定されている。以上から日本の行政を定義すると，以下のようにいえるだ
ろう。

・　行政とは公共政策の目標を達成するために活動している組織，公務員，
　　およびその活動を言う。
・　その運営の基準は民主的性格と能率。
・　行政が民主的性格を実現しているかどうかは，政治学や法律学で規定し
　　ているように，法令の遵守，規則への準拠，運用手続へのコンプライア

ンスの状況によって判断される。

- この判断は内部で行政官自らが意識して行うのであればレスポンシビリティ（自ら責任をとる）とみなされ，外部から国会・議会・市民が判断するのであればアカウンタビリティ（外部統制による責任確保）になる。

- 行政における能率（efficiency）は職務遂行の能率であり，質の問題や定性的観点も含み，定量分析になじむ経済学の「効率」より範囲は広い。

行政の機能と組織体制

　行政学や政治学では従来，行政を「政治」（国民代表の立法機関）が決めたことを執行する組織の機能だと理解してきた。この古典的，伝統的理解にもとづいて中央府省・地方自治体における公務員の集団作業を「行政」といい（今村，1997：第1章；西尾勝，1990：第1章），あるいはその作業を担う組織体制を「行政」と呼ぶ。古くは国家機能から立法機能，司法機能を除いた残りすべての機能とそれを担う機関を行政と説明する時代もあったが，日本で公務員制度が確立してからは，政治とは距離を置いて権力闘争から中立的な公務員制度，そしてその集団作業を行政と呼ぶようになった。いずれにしても，機能と組織体制の二本立ての理解である。この行政の機能とは公共サービスの運営・提供，法律の執行，制度や施設の管理などであり（英語で言えば administration），こうした運営・提供・執行・管理の執務を行う物理的組織体制（人と建物）を行政と呼ぶ。ただし，これには 'public' が付けられる。それが民営化されたり，民間委託されたりした場合には行っている管理や運営業務は変わらなくても，それを行政とは呼ばない。あえて言えば 'business administration' であろう。

　行政をその機能と組織体制とに分ける考え方からは，行政の機能をその対象に応じてさらに細分化する考えも出てくる。たとえば医療行政や河川行政と呼ぶ考えで（森田，2017：第1章），厚生労働省や国土交通省はこれらの行政機能を運営する制度・体制である。それらが行政学や地方自治研究の重要なテーマであり（たとえば青木，2019；若林，2019），官僚制研究はこの組織としての行政と機能としての行政とを共にみるアプローチのひとつで，日本の行政学の主た

る研究分野でもあった（曽我，2016；村上裕一，2016）。ただし，医療行政，河川行政，教育行政，福祉行政という場合，それぞれ医療政策，河川政策，教育政策，福祉政策と行政を政策に入れ替えて呼んでも，市民が理解する内容はそれほど違わない。それでは行政と呼び習わしている概念は何なのか。

　答えのひとつは，国の府省ではいわゆる官房，地方自治体では総務部総務課，あるいは現場の各課室の庶務担当職員が所掌する仕事に着目する方法である。これは狭く理解すると「内部管理事務」と呼ばれる。人事，会計，文書管理，庶務などの組織を維持するために必要な経常的事務で，行政組織が改編，統廃合を繰り返してもなくならない。その仕事の具体的イメージをアメリカの行政学者ギューリック（Luther Halsey Gulick）は分かりやすく説明した（Gulick, 1937）。計画 Planning，組織 Organizing，人事 Staffing，指導 Directing，調整 Coordinating，報告 Reporting，予算編成 Budgeting が行政の基本活動だと特定し，これらの頭文字を綴り合わせて POSDCoRB と言う用語を合成したのである。今でも有効な概念であり，初学者に説明する際にはとても分かりやすく，重宝する。

行政の三分類

　この 'administration' である行政の仕事には，実務では現場で業務活動をマネジメント（management）する活動と，トップの執行部（executive）やディレクター（とくに director general）が担当する統括とに分けられる（図序 - 4 を参照）。それで考えると，上記の POSDCoRB は中層レベル以下の現場に近い場所で営まれるマネジメントの活動であり，政権（the administration）の中枢を担うトップ・エグゼクティヴでは組織全体の統括に関わる判断が行われる。たとえば行政改革，行政組織再編成，地方分権改革がその代表で，内閣人事局の設置のように政治と行政とのインターフェイス部分での政治的配慮や判断も見られる。

　政策体系に対応して行政体系も三層に分けて考え，その機能を想定すると政策評価や行政事業レビューなどの実務では有効である。分かり易いのは執政が

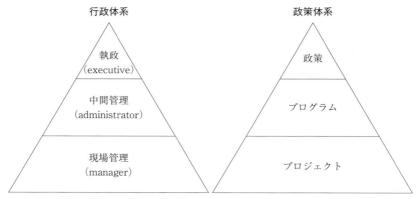

図序 - 4　行政と政策の 3 構造

出典：山谷清志作成。

担当するのは政策，逆に現場のプロジェクトはマネージャー（project manager）
が担当する役割分担である。ここで問題になるのがアドミニストレーターの役
割とマネジャーの役割の違い，そしてプログラムの担当組織は何かである。こ
の 2 つの問題は行政の現場ではそれほど意識されて使われていないが，前者の
問いの答えは既に図序 - 4 で明かである。

　中間管理者が執政の政策意図をくんで，政策の執行方法を現場に向けて指示
するプログラムを作成し，その中に含まれる複数のプロジェクトを現場（地方
工事事務所，独立行政法人，国の補助金で仕事をする地方自治体，入札によって仕事を
引き受けることが決まった民間企業や NPO）に指示する。プログラムにはスケ
ジュール，目標を達成するために選択した政策手段（6 頁図序 - 2），ねらった
アウトカム（どのような目標をどこまで達成すれば成果が出ていると言うのかを 7 頁
図序 - 3 をふまえて決定），アウトカムが出ないときの処理方法（休止・廃止・続
行）などがある。予算があればプログラム予算という表現がとられる。つまり，
中間管理者には一定の裁量の範囲内でプログラムを作成し，実施する権限が与
えられている。この中間管理職の業務が 'administration' である。そうする
と，この 'administration' と 'management' との違いは，何かが問題にな
る。その区別は行政管理 'Administrative Management' という言葉もあるよ

表序 - 2　administration と management との違い

	administration	management
対　象	program を運営する組織	project の業務を担当する現場組織
価　値	価値規範を重視，評価規準の有効性，成果，公正	科学的客観的事実を重視，基準は効率，生産性，無駄削減
データ	定性情報	定量分析可能な数量的データ
手　法	評価，比較による調整	分析による明晰化，活動実績測定
実際の活動	行政管理	業務管理
改善の方法	行政改革，組織再編	業務改善，効率化
配置の基本	本省大臣官房，各局内部	出先機関，法人化，民間委託
代表的組織	行政管理局，省庁各局内の総務課	地方支分部局の事務所や施設の総務，研究所の事務系組織
ツール	行政評価	project management, PCM, MBO, TQC

出典：山谷清志作成。

うに難しい。

　ただし区別の手がかりはあり，その最も明確に違いが出るのはツールである。マネジメントのツールは相対的にミクロ部分に集中する。たとえば現場組織に目標による管理（Management by Objectives：MBO），生産現場の品質改善と生産性向上運動の中で開発された（Total Quality Control：TQC），民間の建設プロジェクトで使われる‘project management’，国際開発高等教育機構（現・国際開発機構，FASID）が1990年代初頭に開発した Project Cycle Management などであり，現場の活動を対象にコントロール可能なように具体化している。2010年代に日本で流行した考え方，「エビデンスにもとづくロジックモデルによってアカウンタビリティを高める」に親和的なのは，プロジェクト・レベルのマネジメントであり，プログラムや政策のアドミニストレーションではない。このような場合，実務を観察したうえでの経験的理解であるが，国際的に標準化されている常識を前提にしないと誤解，誤用を回避できない。それを日本的なアレンジと言うかどうかは別の話になるが，ツールや方法が機能不全に陥る

恐れは常にある。

　以上の概念整理を分かりやすく表にすると，表序‐2になる。Public admi-nistration と Public management とを使い分けるときには，規模の大小，抽象度の高低，価値規範の有無，現場からの距離に注意が必要である。

行政管理と NPM

　一般的な国語の辞書では管理を「管轄し，処理すること，財産の保存・利用・改良をはかること，事務を経営し，物的設備の維持・管轄をなすこと」（広辞苑第6版），「管轄・処理すること，とりしまり」（角川国語辞典新版）と説明している。この管轄は「権限によって支配すること，またその支配の及ぶ範囲。国家または公共団体が取り扱う事務について，地域・事項・人件上，限界された範囲」（上記の広辞苑）と説明する。ここからコントロール（マネジメント・コントロール），現場での管理（現場監督）がイメージされる。

　こうした管理の概念を踏まえて行政学はこれまで，公的な組織における管理に注目してきたが，とくに「行政管理論」に重点を置く古典的な行政学のテキストでは，行政における管理を以下のように説明する。

- 「管理とは，組織体の活動を特定の目的の実現を可能ならしめる状態に保持すること（中略），自覚的行為であり，一切の非合理的要の排除を目的とする」（吉冨重夫，1974：53）。
- 「行政管理の究極の目標とするところは，摩擦の解消，政策の調整および実行手段の統合である」（三宅太郎，1974：20）
- 「『管理』（management）の語意を端的に表現すれば，一般に所与の仕事を効果的に行うためにするくふうないしはたらきであるということができる（中略），管理の真義は，むしろ現状の改善と向上を図る所に存する（中略），管理の指導理念は刷新（innovation）と創造（creation）に求められねばならない（田中守，1976：221-222）．

　ただし，行政（public administration）の 'public' を意識するとしないとで，管理はずいぶん違った様相を示す（岡部史郎，1967：44）。あえて 'public' を付けた行政には権力的機能，つまりその活動について国民・住民に対する強制力が備わっているからである。行政管理が，民間の経営管理（private/business administration）と大きく違うのはこの点である。このような伝統的な行政管理の解釈は，public administration の理解をふまえたものであった。

　ところがこの伝統的な行政管理の考えから外れ，経営管理との違いをなくす思想である新公共経営（New Public Management：NPM）が登場し，1980年代のイギリスやニュージーランド，オーストラリアのアングロサクソン諸国，日本では2000年代になってから流行して，行政管理の意味が劇的に変わった。つまり 'public administration' の権力的部分（法律の理解・予算配分・達成目標の設定）は executive と administrator が握ったまま，'private management' に接近し，それを新公共経営（NPM）と呼んだ。

　日本では中央省庁改革（橋本行革，1996年から1997年），小泉構造改革（2001年から2006年）からこの NPM 路線で改革がすすめられた。とくに小泉構造改革では経済財政諮問会議を使った「骨太方針」（第一弾は2001年6月）が毎年示され，効率的で質の高いサービスの提供，徹底した競争原理の導入（民営化・独立行政法人化），業績・成果の評価（業績目標・成果指標・業績予算），政策の企画と実施の分業（実施については発生主義の公会計の導入検討）が求められ，府省が作った政策を実施する地方自治体には政策の良し悪しを判断する政策評価ではなく実施の効率性や節約を見る行政評価が求められる。このような日本の構造改革の特徴は結果的に次のように要約できる。

- 新自由主義のグローバリゼーションが正当視され，この方向から構造改革，政府改革が実施された。
- 市場機能を活用した。効率（efficiency）がすべての公共部門で主流化（'main-streaming'）したため，福祉や労働の現場にもコスト計算が入り，財政赤字の危機を主張する政治過程で大きな影響力を持ち，選挙でも有

利に働いた。

- 政策の立案・企画と執行・実施とを区別し，前者には政策評価，後者には独立行政法人化した組織にパフォーマンス測定（業務実績評価と呼ぶ）を導入した。ただ，評価と測定の専門知識が伴わなかったので混乱を招き（たとえば政策評価に測定手法を入れた），評価の作業負担が現場にのしかかる「評価疲れ」を伴った。
- 「小さな政府」を実現する手法が流行した。公会計制度や独立行政法人・国立大学法人，指定管理者制度，アウトソーシング，PFI（Private Finance Initiative）などである。新しい手法に慣れない現場の業務は混乱し，長所を生かしきれなかった。
- 成果（アウトカム）についての説明責任（アカウンタビリティ）を求めるが，実態はインプット（経費・人件費）の削減が求められる。
- 企業マインドを重視する NPM では，伝統的な「行政」を改める意識改革として顧客志向，目標管理，報酬や賃金のシステムの柔軟性が求められ，それに対応する評価が導入された。組織管理が組織評価，人事管理が人事評価になり，予算管理の手段に PDCA（Plan Do Check Act）のマネジメント・サイクル型評価（実はパフォーマンス測定）を入れた。
- 公共サービスの顧客としての市民重視を掲げるが，この市民とは納税者である。いっぽうで，大企業には法人減税があり，生活者には貧富の格差感が拡大した。

　ところでこの NPM は手法やスキルを語る精神論だが「学問」ではない。NPM に迎合的な行政学，会計学，経済学，そして実務家が改革・カイゼン運動に参加し，「使える」「役に立つ」と言われると吟味せずに取り入れたツールの総称である。結果として出現したのは評価による効率重視コントロールの多元化・多層化で，たとえば独立行政法人評価，企業会計方式導入による財務諸表整備（貸借対照表・損益計算書・キャッシュフロー計算書），内部管理統制と外部監査の強化，目標管理と人事評価の結合，「お手盛り評価」の多重チェックな

ど，多くの評価がそれ自体の有用性を吟味しないまま導入された。

　もちろん公共部門では多くの評価作業に追われ，「評価疲れ」の原因になった。「アカウンタビリティのジレンマ」，すなわちアカウンタビリティを確保する作業が膨張して，本来の仕事をする時間を圧迫して本業が疎かになる無責任状態が出現する。このような健全な起業家精神（entrepreneurship）をもつ民間企業ではあり得ない事態が公共部門に頻出した。

3　アカウンタビリティとレスポンシビリティとは何か

アカウンタビリティ

　アカウンタビリティ（accountability）の概念は20世紀末，日本の社会科学の研究テーマとして取り上げられ，またウォルフレン（Karel van Wolferen）『人間を幸福にしない日本というシステム』（1994年）の影響もあって，日本社会でよく耳にするようになった。しかし残念なことに，その使い方には問題が多い。アカウンタビリティの本質が反映されていないからである。たとえば「説明責任」の日本語訳には「説明させる責任」（説明を求める人が働きかける義務）が抜け落ちており，また「説明責任を果たす」という言葉には結果責任の視点が抜けており，努力目標レベルでの話で終わっている。そこで以下では，このアカウンタビリティ理解の何が問題なのか，その正しい理解から考えてみたい。

　アカウンタビリティの概念は多様に存在する。それとともに多様なアカウンタビリティを確保する手段や方法が開発されてきた。日本の政策評価，行政評価，事務事業評価，研究開発評価，ODA 評価などの導入は，まさにその実例である。そして，こうしたアカウンタビリティの概念は現在のところ表序－3にあるように，およそ5段階のレベルに分類される。

　全体の基礎にある⑦の法的アカウンタビリティは，政府のアカウンタビリティすべての基本である。法治国家，法治行政の伝統的な言葉に表れている。その対極にある①政治のアカウンタビリティも民主主義社会では不可欠の要素である。

	意味と確保の方法	規準（criteria）
①Political accountability	政治責任，結果責任，選挙，レフェレンダム	民意，政治的正統性
②Policy/program accountability	プログラム評価	有効性，政策手段の目的合理性，成果の有無，結果の公正さ
③Constitutional accountability	制度の適切さと合目的性，予算制度，補助金制度	制度の合目的性，他の制度との一貫性
④Administrative accountability	不正や規則違反のチェック，行政監察，会計検査，行政苦情救済制度，政策実施プロセス	手続きの妥当性・適切性・公平，能率，妥当性，準拠性，
⑤Management accountability	Performance measurement, management review, project management, モニター	効率，業績指標の達成，生産性，節約，経営な持続可能性，顧客満足，赤字の削減，採算
⑥Professional accountability	専門職，研究職の能力，Professional evaluation	専門水準の達成，同じ専門家の納得，EBPM
⑦Legal accountability	裁判，会計検査	合法性，合規性，デュー・プロセス，「法の支配」

出典：山谷清志作成。

　②はプログラム・アカウンタビリティで，プログラム評価で確認される。プログラムを構成するのは目標，目標が期待する達成度，どんな状態を成果と呼ぶか，成果の有無を判断する評価規準（criteria），プログラム関係者（stakeholder），解決しようとする問題・課題に知見をもつ専門家（この点は⑥の責任に関わる），対象地域とその地域に詳しい専門家，担当行政機関，予算，目標を達成する政策手段群，行政機関同士の調整メカニズム，手段の優先順位，スケジュール表，プログラムの寿命（「時限立法」）などである。プログラムの失敗が政策の失敗になる。政策に全国レベルの政策，市町村単位の政策があるのと同じく，プログラムにも全国レベル，市町村単位，場合によっては小学校区規模のプログラムもある。

　なお，アウトカムを考えるプログラム作りはトップダウンの上意下達では難しい。トップは現場の具体的状況の理解が少なく，生情報も不足気味だからである。プログラムはボトムアップで作成するのが好ましいが，それは現場の事情が複雑だからで，トップではそのリアルな情報に気づきにくい。たとえばODA の地域開発プログラムにはポルトガル語，ベトナム語などの言語，手話などの配慮もプログラムの構成要素になり，さらに苦情申し立てのプロセスも必要になるかもしれない（これは④に重なってくる）。わかりやすい例として，たとえば豪雪地帯の青森市と準亜熱帯の那覇市とが同じ地域産業振興プログラムではまずい。

　難しいのは③の制度に関わるアカウンタビリティである。大きな統治全般に関わる制度（constitution）から，健康保険制度，介護保険制度，障害者雇用制度のように中規模の制度もあり，さらに新型コロナ対策の給付金・助成金のような支援制度やふるさと納税制度のようなミクロの制度もある。それぞれの制度が，本来の政策目標達成に貢献しているかどうかを調査し（この制度調査も政策評価のひとつ），貢献していない場合には制度設計者にアカウンタビリティ問題が発生する。

　次の④は政策のプロセス、実施過程（作業工程），仕事の進め方についての責任であり，行政活動のマニュアルや指示・通達・指導が常識的に考えてその活動に適切であるかどうかの妥当性，これらを守ったかどうかの準拠性，業務の円滑でスムーズな運用がアカウンタビリティを確認するときの基準になる。その意味では，⑤の現場管理者の責任，マネジメントのアカウンタビリティと重なるところもある。ただ，④と⑤の決定的な違いは，④には民間企業が重視する利潤，黒字や損失・売り上げ減を重視するマインドが少ないことである。民間によくある経営破綻，破産による会社の売却は公共性を重視する部門においては原則見られない。逆に⑤ではサービスの公平性，全国一律性はあまり重視されないだけでなく，場合によっては特定の政策対象にプレミアムを付けることも奨励される。

　⑥は専門家のプロフェッショナリズムに基づくアカウンタビリティである。

医学，工学，法曹，会計士などの専門職，研究者のプロフェッショナリズムに期待するアカウンタビリティである。ただしこのアカウンタビリティは高度に専門的なところにあるので，専門職や研究者の説明を一般市民は理解できない。結果として責任を追及できる外部者が存在しないことが多い。そうすると，後述するレスポンシビリティ（responsibility）という，もうひとつの責任の範囲に議論は進んでいく。

レスポンシビリティ

　英語で‘accountability’‘responsibility’と2種類存在する「責任」の意味の違いは，日本語にはない。そこで日本語を話す人が責任の意味を厳密に使うとすれば，アカウンタビリティには「説明責任」「弁明責任」「結果責任」，レスポンシビリティには「応答責任」「自己責任」「道義的責任」と複数の単語を合成した語を用いざるをえず，説明も簡単ではない。それなのに，なぜ行政学ではこのアカウンタビリティとレスポンシビリティを区別する議論が出てきたのであろうか。そのきっかけには行政学の学説史上の有名な論争がある。1930年代にはじまるいわゆる行政責任論争である。

　いっぽうの論者フリードリヒ（Carl J. Friedrich）は，時代が進み社会が複雑になったので新しい行政責任の考え方が必要であると主張した。行政官が重視すべきなのは民衆の感情に対する配慮・応答であり，そして科学的な知識とプロフェッショナルのスタンダードに対する責任感が重要だという。とくに後者をフリードリヒは「機能的責任」（functional responsibility）と呼び，制度を重視する責任追及，統制とは異なるタイプの責任を考えた。フリードリヒの主張はレスポンシビリティの議論の洗練と進化だった。

　これに対してファイナー（Herman Finer）は憲政の原則的立場から伝統的な憲法規範に基づいた行政統制，議会による行政の統制，司法による法的規範の重視などを主張した。つまりアカウンタビリティである。行政責任論争は決着しないまま現在に至っているが，どちらも正しく，その後の行政学は二人の主張を単になぞるだけではなく，それぞれ時代の状況に合わせて進化させ，実際

表序 - 4　アカウンタビリティとレスポンシビリティの違い

	responsibility	accountability
フォーマルかインフォーマル	明確に区別されない	フォーマルな制度的責任
主観的責任か客観的責任	主観的に責任を感じる	客観的手続で判断される
責任判断者はどこにいるか	内部，（自己の）恥	外部から強制
責任の対象と確保・統制手段	抽象的	法令で具体的に明記
責任の取り方	自主的・自律的	他律的・強制
制裁の有無	無	有
日本語	応答責任と倫理観	説明させる責任で統制
行政観，公務員のイメージ	性善説	性悪説

出典：山谷清志作成。

　の行政改革のアジェンダに載せてきた。ここに行政責任論の意義がある。たとえば政策評価（プログラム評価）の導入，議会改革や会計検査機関の強化，行政倫理の洗練とその法制化，行政官や公務員のプロフェッショナリズムの向上など，実際に多くの試みがなされてきた。こうして，行政責任論は行政管理論とともに，行政学教科書の理論上の柱になっている。

　さて，行政責任論でのレスポンシビリティは「責任を取る」「責任を感じる」「応答責任」というように，主体性をもった言葉に訳すことが多い。自らすすんで責任を取る，あるいは職業意識をもつ公務員が責任を全うするプロフェッショナリズムに近い言葉として理解され，他人から強制されるという責任感ではない。この点が，監督者を意識する責任，受動的な責任であるアカウンタビリティとは大きな違いである。レスポンシビリティとアカウンタビリティの本質の違いを比較すると，表序 - 4のように説明できる。

　レスポンシビリティの特徴はアカウンタビリティと対比するとより鮮明になり，よく理解できる。

　第一に，フォーマルかインフォーマルかの比較である。法律や制度でフォーマルに統制する責任はアカウンタビリティで，他方、自分で「責任があると思う」のがレスポンシビリティである。倫理観があって責任観が強い人の議論である。具体的にはエグゼクティヴやプロフェッショナルの内心の義務感や倫理観のことで，このレスポンシビリティが成立する背景には公務員，行政に対す

る市民の信頼，性善説がある。

　第二に，主観的な責任か，それとも客観的に確認できる責任かの区別である。主観的な責任とは，自分の主観で「これは私の責任である」と思うときである。客観的な責任とは，法律や規則に書かれ，誰が見てもその人の責任であると分かる場合である。

　これに関連して第三に，責任を判断する人がどこにいるかが両者の区別にとって重要である。レスポンシビリティの場合は，「自分」が判断する自己責任である。これに対してアカウンタビリティは法律やルールで明示され，関係者も了解しているので外部の第三者でも責任の有無を判断できる。

　第四に，責任の対象と確保・統制手段についてである。アカウンタビリティの方は分かりやすく，法令違反，ルール無視などはアウトだと事前に具体的に明記されている。どのように追及するのかも手続きで決まっている。他方，レスポンシビリティは非常に抽象的で，よく分からない場合が多く，そもそも統制手段がないことが多い。レスポンシビリティは組織の上部・上層にいる人が自主的・自律的に責任を取る場面や，現場の責任者（プロフェッショナル）がプロとしての責任を果たす場面で見られるからである。

　第五に，制裁の有無である。レスポンシビリティに制裁はないが，アカウンタビリティにはある。この場合の制裁とは組織とそのメンバーにとって大きなダメージになる政策終了，組織の廃止，定員削減，予算カット，組織の民営化，左遷などが考えられる。

政策責任としてのレスポンシビリティ

　実は行政責任論のアカウンタビリティの見方には限界がある。「政治が政策を決め，行政が実施する」，この構図がフィクションになっているからである。政治と行政の役割は政策において融合しており，政治が行政を監督すると考えた原則が揺らいでいるとみるのが本書の出発点である。そこで，現代の状況から説明するために，レスポンシビリティに注目したい。レスポンシビリティはそれを構成する諸価値からみることによって，具体的にイメージできるからで

ある。

　行政学では古典になっているギルバート（Charles Gilbert）の1959年の議論を借りて説明すると，レスポンシビリティは複合概念である。応答性，柔軟性，首尾一貫性，安定性，指導力，誠実さ，率直さ，有能さ，効能（効き目があること），慎重さ，適正手続つまりデュー・プロセスの遵守，そして「アカウンタビリティ」の諸価値から構成される。当時のアカウンタビリティはレスポンシビリティの一構成要素だったのである。これらレスポンシビリティを構成する諸価値は行政官の個人的なモラール（志気）や能力に関わる価値であるが，政策責任を議論する場合においても参考になる諸価値であろう。

　このレスポンシビリティから政策責任をみるアプローチは，政策過程にレスポンシビリティを構成する諸概念を探す作業になる。政策における応答性とは政策形成，決定，実施，評価においてその社会の市民ニーズを適切に把握し，タイムリーに対応できる能力である。また柔軟性とはこうして決定され，実施されている政策に万一問題が出たとしても，社会環境，時代背景を考慮したうえで適切に調整，修正できる余裕である。ただし場当たり的修正，上司（エグゼクティヴ）への過剰な「忖度」では困るので，中間評価（モニターの監理）のメカニズムを導入し，修正が正統な民主的手続に従って，少数意見も反映させて調整されているかどうかを確認する必要がある。いったん調整された政策が再度現場で実施にまわったときには，惰性が働いて元に戻らないように，社会に存在するさまざまな利害関係に左右されないように，首尾一貫した修正方針に基づいて政策を運営する安定性も求められるのである。政策実施，政策運営における首尾一貫性と安定性は，強力なリーダーシップを必要とする。このリーダーシップ，指導力が欠けると，アナクロニズム思考から抜け出せない行政担当者が惰性で，政策を続行する恐れが出てくる。そこでこのリーダーシップには，もしうまく進まない場合には自らの非を率直に認める誠実さが必要になる。なお，このギルバートの考えに付け加えるなら，政策の現場でアカウンタビリティの7種類（20頁表序-3）を調整し，対応する能力もリーダーシップの役割になるだろう。

以上の応答性や柔軟性，首尾一貫性，安定性，そして指導力と誠実さ・率直さ，アカウンタビリティへの対応は，有能という言葉で語られる。この有能さをもって効能のある政策を作り，運営することが責任として求められるのであるが，しかし有能な人間が慎重さを欠くと市民の支持を失いかねない。そのためにデュー・プロセス（適正な手続）を遵守することが大事で，かつ有能さをもって適正に政策を実施したことを，政策の結果（results）と成果（outcomes）によって説明し，市民の納得を得なければならない。この能力が，レスポンシビリティの概念を構成する価値の最後に出てくるギルバートの「アカウンタビリティ」なのである。

　こうして考えてみれば，政策責任とは政策に対するレスポンシビリティのことで，政策を作る側，政策を実施する側，両方に政策能力が問われることになる。この能力，レスポンシビリティを欠いた政策の被害者が市民であることは言うまでもない。

4　「民主主義のリテラシー」を考えよう

政策学の「学」としての可能性

　政策と行政がどのような責任を果たすのかについて，この章では議論してきた。ここに実務と密接な関係をもつ政策学の「学」（discipline）としての可能性，有効性をみようとしたからである。その可能性，有効性の所在はこれまで述べた中にある。すなわち政策体系の中間で重要な役割を果たすプログラムのアカウンタビリティである。政策デザイン，政策目標を達成する手段の組み合わせの有効性，デザインが問題・課題に対処する適切な関連性，中長期的視点からの成果（outcome）を考えるのがプログラムだからである。仮に政策目標が達成されていない，成果が出ていない場合には，プログラムに問題がある。

　解釈が難しいプログラムを理解するためには「地方創生」を考えるとよい。さまざまな施策を続けても東京一極集中が止まらないいっぽうで，青森県や秋田県では10万人規模で人口が流出・消滅した。政策目標自体に問題があるから

か，手段が適切でないからか，いずれにしても再調査が必要で，それがプログラム評価になる。

　プログラムは1970年代から政策実施研究や政策評価で議論されてきた概念で，21世紀になって実務でも耳にする言葉である。ただ 'policy' の政策官庁，'project' の事業官庁やかつての特殊法人（国際協力事業団，水資源開発事業団，宇宙開発事業団などで現在は独立行政法人や研究開発法人）と違い，プログラムには組織実体が伴わないので，抽象的な性格を脱しきれないところに難がある。一般市民や行政関係者もイメージできないのである。

プログラムへの注目

　しかしプログラムは政策にとってきわめて重要である。課題の認識，課題の解決方向，解決のメリットとデメリットの計算，対象地域や人の選定，必要な情報（エビデンス）の収集と分析，長期と短期の解決スケジュール，基本計画と実施計画の策定，列挙された解決手段間の調整，手段を担当する行政機関名，その担当行政機関間の調整，解決に至る道筋（ロジックモデル）の説明，想定されるマイナスのインパクトの見積もり，現場移譲する権限の重さ，予算と交付金・補助金の運用方法，法令での制度化など，これらすべてがパッケージになったのがプログラムの機能である。プログラムは政策学と行政学の接点にあり，またそれが何をすべきなのか実務の責任を考えるときの手がかりになる。政策の有効性，行政の有能さを考えたい市民にとっては，政府のガバナンスを考え，選挙における重要な選考ポイントになるので，プログラムを考える政策評価は「民主主義のリテラシー」だと言うこともできる。

　政策と行政を，プログラムに注目したアカウンタビリティとレスポンシビリティから考察することが，新しい政策学，新しい行政学の入り口になるだろう。

参考文献

今村都南雄（1997）『行政学の基礎概念』三嶺書房。

岡部史郎（1967）『行政管理』有斐閣。

行政管理研究センター編 (2008)『詳解・政策評価ガイドブック』ぎょうせい。

曽我謙悟 (2016)『現代日本の官僚制』東京大学出版会。

田中守 (1976)「管理の動向」辻清明編集代表『行政学講座』東京大学出版会, 221-222。

西尾勝 (1990)『行政学の基礎概念』東京大学出版会。

三宅太郎 (1974)『行政学と行政管理』酒井書店。

村上裕一 (2016)『技術基準と官僚制』岩波書店。

森田朗 (1991)「『政策』と『組織』——行政体系分析のための基本概念の考察」総務庁長官官房企画課編『行政体系の編成と管理に関する調査研究報告書（平成元年版)』行政管理研究センター, 第4巻, 81-119。

森田朗 (2017)『新版 現代の行政』第一法規。

若林悠 (2019)『日本気象行政史の研究』東京大学出版会。

山谷清志 (2020)「アカウンタビリティと評価——再び『状況と反省』」『会計検査研究』(62), 巻頭言。

吉冨重夫 (1974)『現代の行政管理』勁草書房。

Gilbert, Charles (1959), 'The Framework of Administrative Responsibility,' *The Journal of Politics,* 21 (3) (August, 1959), 373-407.

Gulick, Luther Halsey, (1973), 'Notes on the Theory of Organization,' in Gulick L. and Lyndall Uruick, eds., *Papers on the Science of Adminitration,* Institute of Public Administration.

Hodgkinson, Christpher (1978), *Toward a Philosophy of Administration,* Oxford : Basic Blackwell.

Mosher, Frederick (1979), *The GAO : The Quest for Accountability in American Government,* Westview Press, Colorado.

United Nations (2015), *Responsive and Accountable Public Governance,* World Public Sector Report 2015, New York.

（山谷清志）

第 I 部
政策とその管理

第1章

行政責任と公共政策

── この章で学ぶこと ──

　行政学のテキストでは，現代政府において行政が果たすべき責任，すなわち「行政責任」が論じられている。「行政責任」は行政学の最重要テーマであり，公務員試験でもよく出題されている。本章では，行政学における行政責任論を参照しつつ，「アカウンタビリティ」と「レスポンシビリティ」を議論する。「無責任な政策」をどうするか。行政性責任論の中核はこの点にある。

　本章のポイントは，行政責任を追求するためには，行政における専門性や行政裁量に覆われた領域を可視化する必要があるという点にある。そのために必要となるのが，行政における「プログラム」概念である。

　民主主義社会において，行政責任を確保していくためには，どのような論点と向きあうべきなのか。それが本章のメインテーマである。

1　責任論の議論の前提

責任論の重要性

　行政責任は政策責任の重要な基礎である。現代行政は多くの政策領域に大きな責任をもつようになっている。

　ある行政学者は，「行政の範囲および位置確認が行政学のアルファだとすれば，責任論は行政学のオメガである。」という（西尾隆，1995：268）。なぜそれほどまでに行政責任論は重要視されているのだろうか。

　別の行政学者は，その理由について，「官僚制は『無責任の体系』だと言われたりするが，それだけに，行政官僚制における責任確保の問題は重要である。」（今村，2015：232）と指摘している。ここで登場する「無責任の体系」と

は，戦後政治学の泰斗・丸山眞男が用いた言葉として知られている。丸山は「軍国支配者の精神形態」という論文において，東京裁判の戦犯たちがほぼ共通して自身の無責任性についての主張を繰り返していたことを，このように表現していた（丸山，2006：129）。なお，類似の主張でより人口に膾炙しているのは，山本七平の『「空気」の研究』だろう（山本，1977）。

　行政責任の問題は，かつての東京裁判のみならず，現代においても依然として目が離せないテーマである。

政府の責任の範囲

　政府・行政・政策の責任論を扱うにあたり，最初に注意を促しておきたいことが二点ある。第一点は，行政責任は政府責任とイコールではないということである。第二点は，行政責任は行政の政策責任ともイコールではないということである。

　第一点の「行政責任は政府責任とイコールではない」とはどういうことなのか。現行の日本国憲法では，第4章に「国会」，第5章に「内閣」，第6章に「司法」が置かれている。「国会」「内閣」「司法」は，それぞれ「立法権」「行政権」「司法権」に対応しており，しばしば「三権分立」という説明がなされる。

　日本国憲法に描き出された「国会」「内閣」「司法」は，憲法上の文言ではないが，「統治機構」と呼ばれている。その中にある憲法第65条では，「行政権は，内閣に属する。」と規定されている。すなわち，統治機構全体からみれば，「行政」はそのごく一部を構成するに過ぎないものといえる。

　さらに，第7章では「財政」が置かれており，ここには「会計検査院」が登場する。会計検査院については，「第四の憲法機関」と称されている。また第8章には，「地方自治」の規定が置かれている。「地方自治」については権力分立の観点から，統治機構の主体としてみなすべきではないか，という論点も提起されている。地方分権改革によって国と地方の関係が法的な意味において，「対等・協力の関係」にあるといわれるようになった今日では，なおさらだろ

う。「会計検査院」と「地方自治」を加えれば，「行政」の範囲はいっそう限定的なものとして理解することができる。

　さらに，憲法上の「行政権」には，職業政治家で構成される「執政」と職業公務員によって構成される「行政官僚制」とが含まれる。これを踏まえれば，「行政責任」は，この「行政官僚制」に限定され，この場合の「政府責任」は，憲法上，内閣に属する行政権が負うべき責任のことを指すものとなる。すなわち，「行政責任」と「政府責任」は一致しないものとなる。

　「行政責任」がなぜ「政府責任」と同一視されがちなのか。それは，行政官僚制が政策の企画立案から実施までの幅広い領域に対して積極的な役割を果たしていること，このことを基礎として執政を含めた内閣の行政権が「三権分立」の中において突出した強い権力をもっているからである。ただし，これらは分けて観念した方がよいものである。

行政の政策責任

　第二点に，「行政責任は行政の政策責任とイコールではない」についてである。「行政の政策責任」とは何か。この議論をするために必要な前提は，「『行政の政策』とは何か」である。

　「行政の政策」とは何かについては，実定法上の定義を参照できる。政策評価法（行政機関が行う政策の評価に関する法律）第2条では，「この法律において『政策』（行政機関が行う政策）とは，行政機関が，その任務又は所掌事務の範囲内において，一定の行政目的を実現するために企画及び立案をする行政上の一連の行為についての方針，方策その他これに類するものをいう」とされている。すなわち，「行政の政策」とは，各府省の「任務又は所掌事務の範囲内」を指すものである。ここでは，「行政の政策責任」が，行政部内の行政裁量の領域にまでひろがっていることが示唆されている。

　まず注目しておきたいのは先の条文の「企画及び立案」という部分である。現代政府では，政策の企画・立案作業の大半を行政機関が担っている。法律の立法・改正作業も，政策を支える予算編成作業も同様である。

　つぎに注目しておきたいのは「行政の政策」が，個別具体的な「政策実施」の領域にまでひろがりをもっている点である。あらためて先の条文の，「行政上の一連の行為についての方針，方策その他これに類するもの」に注目したい。「行政上の一連の行為」の中には，政策を具体化する一連の行政活動——具体的な事務事業の実施まで——が含まれている。

　「政策実施」は，いわば「行政の政策」そのものであるといっても過言ではない。政策はしばしば，それが実施されていく中で具体化する。このような意味での政策は，社会環境の変化によって，当初ほどの社会的重要性をもたなくなることもある。そして，行政部内の多くの政策は，しばしば人々に注目されないまま，あるいは関心も持たれないまま存在している。

　「行政の政策」について注目しておくべきポイントは，「政策立案」や「政策実施」がその射程に入っているということである。そのうえで，これらに対する「責任とは何か」を考える際には，政策の企画立案やその実施が適正な「政策効果」（outcome）を発現しているかどうかに注目することになる。「行政の政策責任」は，その中に「政策効果」の発現を見据えているのである。

　かつて，「政策効果」は政治家の「結果責任」の領域に属するものと考えられていた。「政治は結果責任を負う」といわれる。著名なウェーバー（Max Weber）の「責任倫理」論である。しかしながら，現代社会では，行政責任においても「結果責任」に考えを巡らせなければならない。職業公務員で構成される行政官僚制は，「最終責任」を負うことはもちろんできない。しかしながらこのことは，行政が「結果責任」を軽んじてよいことを意味していないのである。

2　行政責任の三つの次元

議会へのアカウンタビリティ

　本章では，行政学での蓄積をふまえ，行政責任を三つの次元に整理する。第一の次元は議会へのアカウンタビリティ（説明責任）である。第二の次元は行政のプロフェッショナリズム（専門性）である。第三の次元は市民へのレスポ

ンシブネス（応答性）である。行政学の行政責任論で論じられているのはこの
三つの次元の責任であり，これらは相互緊張の関係にある。

　まず，第一の次元である。ここでは，「議会へのアカウンタビリティ」（説明
責任）を議論する。行政責任として最初に問われるべきなのは，議会に対する
説明・弁明責任，あるいは，権力分立をまたぐ制度的な問責に対する応答責任
である。このような意味での行政責任は古くから「行政のアカウンタビリ
ティ」として論じられてきた。ここでは国の統治機構を念頭に，議会に対する
執政以下の「アカウンタビリティの連鎖」に注目し，以下の三つの階層に区分
して議論する。

　第一階層は，議会に対する政府のアカウンタビリティである。国会では与野
党から政府に対して質疑・監視が行われる。これらに的確に対応することが，
行政権を預かる内閣の重要な職務のひとつとされている。このことは議会制民
主主義においてもっとも重視されなければならないものである。

　第二階層は，政府を構成する大臣・副大臣・大臣政務官等の政務に対する事
務方，すなわち執政を支える行政機関にとってのアカウンタビリティである。
行政機関側は日常的に，執政に対する政策内容の説明を行っている。ここは，
政府部内の〈政務〉と〈事務〉のインターフェイスである。

　第三階層は，行政機関内部のアカウンタビリティである。国の行政機関は，
事務次官を頂点とした階統制組織（ピラミッド構造）になっている。府省によっ
て異なるが，一般的には，事務次官の下に官房長・局長が置かれ，その下に
課・室が編制されている。それは指揮命令を効率的に伝達するためのものであ
ると同時に，組織の頂点に立つものが責任を負うための構造である。

　この第一階層から第三階層までのアカウンタビリティは，理念的には，「連
鎖」していなければならない。これが，「アカウンタビリティの連鎖」である。
ところが，現実の政府部内においては，この「アカウンタビリティの連鎖」は
とてももろく壊れやすいものとなる。

　第一階層では，とくに野党の質疑等に対して，十分な説明が得られないこと
がしばしば起きる。野党の質疑等に対する政府答弁では，議論のすり替えが頻

繁に行われる。それは，「霞が関文学」「ご飯論法」などと揶揄されているものである。もっとも，野党にしてみれば，与党を攻撃する隙をうかがう姿勢を崩すわけにもいかない。他方，野党は正確な情報をもたないことが往々にしてある。このことにより国会での質疑がかみ合わないことも起こる。

　第二階層では，〈政務〉と〈事務〉のインターフェイスが問題となる。〈政務〉については，システムとしての政官関係もさることながら，〈政務〉側の個人的資質も無視できない。同じ質疑への対応振りについても，説明者が変われば国会審議のありようは変質する。〈事務〉側の説明の巧拙もそこに影響する。複雑な問題をわかりやすく整理して〈政務〉に届ける役割が〈事務〉には期待される。しかし，個人的資質や相性，人事異動などの諸要因により，それが常にうまくいくとはかぎらない。

　もっとも深刻な問題は，〈政務〉の任期である。短いときには1年にも満たないまま〈政務〉は交代する。〈政務〉と〈事務〉との適切なコミュニケーションを確保するためには，〈政務〉の在任期間はより長くあるべきである。行政の専門性に照らせばこれは当然だろう。ところが，首班の交代，内閣改造などの政治的事情によってこの関係は不安定なものとなりがちである。

　システムとしての政官関係に注目するならば，政治任用の層の厚さも重要である。小選挙区制を採用し，政権交代可能な二大政党制となっている国々では，政治任用の層が厚い。日本では〈政務〉の意思の〈事務〉への伝達を，内閣人事局を通じた幹部人事の任用の拡大によって対応しようとしている。その取り組みが奏功するかどうかを判断するには，いまだ蓄積が十分でない。

　第三階層では，顕著な成果など，行政機関側の手柄になることについては，行政の説明は積極的なものとなる。他方，行政機関側にとって開示したくない情報，開示すべきでない情報，より具体的には無理筋の政策や失敗政策，不始末・汚職などの情報，そして機密情報については，隠蔽・不作為等が起こりがちである。なお，この階層でもっとも重要な点は，それが「有権者の見えにくいところにある」という点である。行政機関の仕組みや手続き，特定の行政文化によく通じていないと，その透明度はいっそう低くなる。

行政のプロフェッショナリズム

　つぎに，第二の次元である。ここで取り上げるのは，「行政のプロフェッショナリズム」（専門性）の議論である。「行政のプロフェッショナリズム」として取り上げるべきテーマは三つある。第一に，府省の内部の「局・課レベル」である。府省の局・課は，行政機関の専門性の基礎単位となっている。第二に，独立行政法人や国立大学法人等の「専門組織」である。独立行政法人や国立大学法人は組織の業務そのものに専門性が付随している。なお，この他にも施設等機関，特殊法人，認可法人，特例民法法人などがあるが，ここでは制度化の程度から独立行政法人や国立大学法人に焦点を絞る。第三に，「技術官僚」である。行政部内の専門性について論じる際には，任用の段階から専門性を帯びる「技術官僚」を避けて通るわけにはいかない。

テーマ①：府省の局・課

　第一に，府省の「局・課レベル」である。現代政府においては，行政活動は議会制定法をはじめとする公式のコントロールに服さなければならない。これは規範命題である。しかし，現実の行政活動はこの規範どおりには行われているわけではない。ここに介在するのが，「行政裁量」である。行政裁量は，専門性が高くなればなるほど，行政活動の範囲がひろがればひろがるほど拡大する。それは同時に，行政への「公式のコントロール」の限界を顕在化させる。まずはその規模感に触れておこう。

　中央省庁等改革基本法第16条3項においては，1の府省に置かれる局の数は，「基本として十以下」であることが目標とされていた。また，同法第47条の1では，「府省の編成の時において，府省の内部部局として置かれる官房及び局の総数をできる限り九十に近い数とすること。」とされていた。これらを受け，1998年11月20日の「官房及び局の数の削減について」では，官房および局の総数が96とされた。こうしたことに基づき，中央省庁等改革前には128あった官房および局の総数は，中央省庁等改革後には96に整理された。現在，この数字は国家行政組織法第23条において，「九十七以内」とされている。

　同様に，課室については，中央省庁等改革基本法第47条の２において，「府省の編成の時において，府省，その外局及び国家公安委員会に置かれる庁の内部部局に置かれる課及びこれに準ずる室の総数（次号において「課等の総数」という。）を千程度とすること。」とされていた。また，同法第47条の３では，「府省の編成以後の五年間において，課等の総数について，十分の一程度の削減を行うことを目標とし，できる限り九百に近い数とするよう努めること。」とされていた。数値目標としていえば，課室の数900というのが中央省庁等改革時の基準であったということである。中央省庁等改革前はこの数は1,166であった。中央省庁等改革後はこれが995となった（なお，課室の実際は，内閣府設置法および各省組織令で定められている）。すなわち，国の府省には100に近い局と1,000前後の課室があるということである。

　「100に近い局，1,000前後の課室」は，専門分化の結果として長い年月をかけて形成されてきたものであり，これらの部局はそれぞれ，高い専門性を帯びている。とくに課室については，各部局において補助金制度，交付金制度，許認可権限などをもち，部局によっては所管する法律や政令等をも管理している。

　課室はいずれも専門知に裏打ちされた行政活動を展開させている。先に「公式のコントロール」と書いたが，その内容に立ち入った実質的なコントロールがいかに難しいかは，この規模感が如実に物語ってくれる。

　もちろん，政府部内において行政規模抑制の取組はこれまでにいくつも試みられてきた。伝統的には機構定員の総量規制やスクラップ・アンド・ビルド方式などが採用されてきた。また，予算編成過程におけるシーリングもそのような試みのひとつである。近年では，政策評価や行政事業レビューなどの取組によって，さらなる抑制が目指されている。

テーマ②：独立行政法人・国立大学法人等

　第二に，独立行政法人や国立大学法人等の「専門組織」である。独立行政法人制度は，2001年４月１日の独立行政法人通則法の施行によって登場し，当初，57の試験研究機関が独立行政法人に移行し，ついで2003年10月に特殊法人等整

理合理化計画に盛り込まれた30の特殊法人が移行した。また，国立大学法人法に基づく国立大学法人制度では，89の国立大学法人と４の大学共同利用機関法人がそれぞれ新たな法人形態へと移行した。

　当時の主たる政治目的は公務員総数の削減にあった。このため，まずはその削減規模について触れておこう。中央省庁等改革時の行政機関の職員数は，約84.1万人であった（自衛官を除く。以下同じ）。現在の行政機関の職員数は約30万人である（内閣人事局「省庁再編以降の国の行政組織等の職員数の動向」）。その差は約54万人である。この約54万人を削減するために独立行政法人化，国立大学法人化，郵政三事業の民営化，特殊法人改革などが行われてきた。

　独立行政法人制度については，2014年に独立行政法人通則法の大幅な改正が行われており，2015年４月からは新たに「中期目標管理法人」「国立研究開発法人」「行政執行法人」という３つの法人形態が登場している。このうち，「専門組織」との関係で注目しておきたいのは「国立研究開発法人」である。

　2019年３月現在，独立行政法人の総数は全部で87であるが，このうち「国立研究開発法人」は全部で27（約31％）となっている。さらに，「国立研究開発法人」のうち，理化学研究所，産業技術総合研究所，物質・材料研究機構の３法人については，2016年５月に成立した特定国立研究開発法人特措法（特定国立研究開発法人による研究開発等の促進に関する特別措置法）に基づき，「特定国立研究開発法人」に移行している。

　これらの法人において際立つのはその専門性の高さである。文部科学省は国立研究開発法人について，「研究開発の持つ長期性，不確実性，予見不可能性，専門性といった特性」があることから，これらの特性を踏まえた「目標設定・評価を行うことがこれまで以上に求められる。」としていた。またあわせて，「国立研究開発法人に係る目標設定・評価等が，科学的知見や国際的水準等に即したものとなる」ことも強調されていた（文部科学省科学技術・学術政策局「国立研究開発法人審議会について」2015年４月）。

　注意を要するのは，国立研究開発法人の専門性にかかる論点が，法人の「目標・評価等」に置き換えられて説明されている点である。いま少し補足するな

ら，国立研究開発法人制度は，それらの法人の業務内容や研究内容のコントロールについて接近しようとしている。ただしそのコントロールは，先の第一階層から第三階層までよりもいっそう深いところにある。その深度にまで到達しうるほどに，「アカウンタビリティの連鎖」は強靱ではない。このことは，研究開発を手がける他の法人等でも同じことがいえる。

テーマ③：技術官僚

　第三に，「技術官僚」についてである。国家公務員試験については，2012年度試験から変更された。これにより，2011年度までの「14種類15回試験」は，「21種類24回試験」へと変化した（人事院，2012）。従来の国家公務員試験は「Ⅰ種試験」「Ⅱ種試験」「Ⅲ種試験」という三つの枠組みの中で行われていた。2012年度からはこの枠組みが見直され，「総合職試験」「一般職試験」「専門職試験」「経験者採用試験」となった。

　「総合職試験」は，旧Ⅰ種試験に相当する。人事院によればこの試験によって採用する官職の特徴は，「主として政策の企画立案等の高度の知識，技術又は経験を必要とする業務に従事することを職務とする官職」（平成26年人事院公示第13号）とされている。総合職試験によって採用される職員は，「キャリア職員」とよばれる。キャリア職員は，各省庁の課長職以上の幹部職員となることを前提としたキャリアパスを経験していく予定のものである。ただし，キャリア職員の全員が幹部公務員となるのではない。とくに，事務次官・局長・審議官といった指定職にまで上りつめるのはそのごく一部である。

　この「総合職試験」の中には大学院卒業者試験も含まれている。その受験資格は，「大学院修士課程又は専門職大学院の課程修了者」および「見込みの者」，あるいは人事院がこれと「同等の資格があると認める者」である（同上）。具体的な試験の区分は，「行政」「人間科学」「工学」「数理科学・物理・地球科学」「化学・生物・薬学」「農業科学・水産」「農業農村工学」「森林・自然環境」の5つの区分である。この他，正規の試験に準ずる試験として，厚生労働省や農林水産省では「獣医学」区分の大学院卒業者を対象とした総合職試験が，

特許庁では「意匠学」区分の大学院卒業者を対象とした総合職試験が，それぞれ行われている。

　同様に，大学卒業程度の総合職試験についても「技官」の枠がある。大学卒業程度の総合職試験は，「教養区分以外」と「教養区分」に分かれている。重要なのは「教養区分以外」である。まず，「教養区分以外」の具体的な区分内容は，「政治・国際」「法律」「経済」「人間科学」「工学」「数理科学・物理・地球科学」「化学・生物・薬学」「農業科学・水産」「農業農村工学」「森林・自然環境」の10区分である。これらのうち，「政治・国際」「法律」「経済」の文系3区分は，旧国家Ⅰ種試験の「行政職」「法律職」「経済職」に対応している。「技官」は同様にそれら以外で採用された職員のことを指している。

　公務員試験は「成績主義」に基づくとされる。その重大な弊害として繰り返し指摘されてきたのは，①キャリア採用試験（旧Ⅰ種試験および総合職試験）における東京大学出身者の比率の高さおよび女性の比率の低さ，②採用試験制による学歴格差，③ゼネラリストとスペシャリストのキャリアパス（昇進経路）上の差の3点である（西尾勝，2001：142-145）。

　2012年度の公務員採用試験制度改革によって今後の変化が期待されているのが上記の③の「ゼネラリストとスペシャリストのキャリアパス上の差」である。2012年の国家公務員採用試験制度改革では，事務官系の区分が複雑化したこともあって，ゼネラリストとスペシャリストは以前ほど明確ではなくなった。

　技官の分布は省庁によって異なる。文科省の技官は旧科技庁系の職員が多い。また，国交省では土木行政を担う技官が存在し，事務次官のポストは技官と事務官が交互に務めることが不文律となっている。技官には国家公務員試験以外での採用ルートもある。たとえば厚労省では医師免許をもつ医系技官が存在する。医系技官の採用ルートは国家公務員試験とは異なる。

　技官がどのようなキャリアパスを通るのか，どのような省内での影響力をもつのかという点については，いつの時代をとらえていうのか，また，どの官庁を取り上げて議論するのかによって異なる。さらには，一部の技官（たとえば医系技官）の人事については学会等の影響も無視できない。したがってこれを

一般化して表現することはむずかしい。

「技官」の重要性はまず，個別政策への影響力の強さにある。また，その専門性と裏腹の関係にある透明度の低さも問題であるとされている。

市民へのレスポンシブネス

最後に，第三の次元である。ここでは，「市民へのレスポンシブネス」（応答性）について議論する。専門性に裏打ちされた行政活動は，その専門性が高いものであればあるほど，市民感情への応答感度を高めていかなければならない。この応答感度をどのように高めることができるのか。行政責任として問われる論点はここにある。

行政のプロフェッショナリズムに対し，議会制民主主義に基づくコントロールははなはだ脆弱である。それは日本だけのことではない。これを，「行政国家現象」という。「行政国家現象」とは，政府部内において，行政権に対する立法権のコントロールが機能しなくなる現象のことである。ここでとくに強調しておきたいのは，行政組織の専門分化，行政活動の専門性の向上が事態を深刻化させているという点である。

現代政府では，いかに高度で専門的な行政活動であれ，市民感情を無視したままでいることは許されない。それは冒頭に触れた「無責任の体系」の温床ともなりかねない。かつての行政責任論争のいっぽうの当事者であったフリードリヒ（Carl J. Friedrich）が問題としていたのも，この「無責任な政策」であった。そこに必要なのは，「対市民規律」（松下圭一，1991：215）である。

行政のプロフェッショナリズムは「政策の合理性」を高める方向に作用する。しかし，そのような政策の合理性は，かならずしも市民感情に応答的であるとはかぎらない。それはしばしば，「想定の範囲内の合理性」にとどまりがちである。そこに求められるのが，「想定の範囲内の合理性」を〈予測〉として相対化し，社会的妥当性の獲得に向かって〈調整〉を加えていくことである。

行政活動が特定の顧客集団の満足度を追求することも問題である。それはバランスを欠く行政活動を生んでしまう。この点については，再び政府全体の観

点からの〈調整〉が待たれる。

行政責任の再整理

　行政責任の全体像は，ここまでに述べてきた三つの次元に整理できる。これを模式的に示したものが図1-1である。

　図1-1については，以下の四点の説明を補足として付け加えておきたい。

　第一に，図中の「Ⅰ　議会へのアカウンタビリティ」「Ⅱ　行政のプロフェッショナリズム」「Ⅲ　市民へのレスポンシブネス」は，行政責任として一括りにされている。だが，三つの次元ではそれぞれ，異なるモードが作動している。この次元やモードの相違を曖昧にしてしまうと，何に対するどのような種類の行政責任を議論しているのかが不明瞭となる。なお，この三つの次元の行政責任は相互依存の関係にあり，同時に，相互緊張の関係にもある。まずはその次元とモードの相違を十分に識別するようにしたい。

　第二に，「アカウンタビリティ」と呼ばれるものは，これらのうちの「Ⅰ　議会へのアカウンタビリティ」を基軸としている。それは，図1-1の上から下に向かって徐々に深くなっていくものである。

　第三に，「レスポンシビリティ」は，「Ⅱ　行政のプロフェッショナリズム」および「Ⅲ　市民へのレスポンシブネス」の両方を含む。それらは，行政官個人の内面における職業倫理や矜持，モラール（士気）として発露する。この意味において，「Ⅱ　行政のプロフェッショナリズム」と「Ⅲ　市民へのレスポンシブネス」の関係は，同じコインの表裏の関係にある。

　第四に，民主主義社会においては，議会の構成を選ぶのは有権者である。ここからいえば，「Ⅰ　議会へのアカウンタビリティ」「Ⅱ　行政のプロフェッショナリズム」「Ⅲ　市民へのレスポンシブネス」の行政責任は，循環するべきものである，ということになる。「Ⅱ　行政のプロフェッショナリズム」「Ⅲ　市民へのレスポンシブネス」は，政策効果に深く関係しており，その結果責任については「Ⅰ　議会へのアカウンタビリティ」へと連なる。

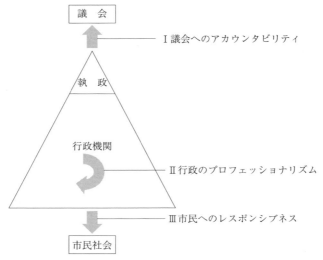

図1-1　行政責任の模式図
出典：南島和久作成。

3　政策とアカウンタビリティ

アカウンタビリティと会計責任

　ここまでの議論を基礎とし，以下では発展的な議論を試みよう。アカウンタビリティは外在者の問責を前提とする。単に「行政が説明したいことを説明する」というだけでは「アカウンタビリティ」という専門用語を持ち出す必要はない。

　アカウンタビリティはもともと会計用語である。民間の会社組織を念頭に置けば，株主に対する経営者の果たすべき責任がアカウンタビリティである。その意味においてアカウンタビリティは，「会計責任」でもある。その中核にあるのは，貸借対照表・損益計算書などの「財務諸表」である。経営者が株主に対して〈説明すべき〉ことは，経営状況やルールに基づいた客観的な経営情報である。また，その経営情報を記載した財務諸表を取り扱う専門家が，企業内

の出納・経理部門や企業外の税理士・公認会計士・監査法人などである。これらの専門職は「アカウンタント」と呼ばれている。アカウンタビリティの概念は，元来，コントロールと表裏一体のハードな責任概念なのである。

　アカウンタビリティの概念は，会計用語を中核としながら，次第に行政活動に応用されるようになった。行政活動はとくにアングロサクソン諸国において，「経営」としてとらえられている。さらに，20世紀中頃にはアメリカ合衆国において，連邦議会のチェック機関として会計検査院（GAO：2004年までは General Accounting Office，2004年以降は Government Accountability Office）がこの概念を積極的に用いるようになった。連邦議会付属機関たる会計検査院は，このアカウンタビリティを価値として重視し，当初は決算の監査，1970年代以降はプログラムの評価へとその業務内容を発展させてきた。

　ここで，もうひとつ注意を促しておきたい点がある。それは，アカウンタビリティが「事後」（ex-post）の属性をもつものであるという点である。財務諸表の作成，決算，プログラム評価はいずれも諸活動の「事後」において行われるものである。それらは諸活動の「事前」（ex-ante）には行われない。諸活動の「事前」に行われるのは，計画や方針などの策定である。

　以上を踏まえていえば，アカウンタビリティの議論をする際には最低でも，①問責する外在者の存在，②諸活動の事後検証，③客観性と厳格性の3点を踏まえておきたい。

アカウンタビリティの5つのレベル

　アカウンタビリティの概念について，なぜこうした説明をするのか。それは，アカウンタビリティが誤解を生みやすい多義的な概念だからである。

　表1-1は，多義的なアカウンタビリティ概念を5種類に集約し，整理するものである。この表は「アカウンタビリティの階梯」と呼ばれている。

　レベル1は「政策のアカウンタビリティ」である。これは主に執政部門の責任領域として観念することができる。また，有権者に対する最終的な結果責任を議論するのもこのレベルである。なお，レベル1のアカウンタビリティはこ

表1-1　アカウンタビリティの階梯

レベル	アカウンタビリティの種類	政策体系上の位置の目安
レベル1	政策のアカウンタビリティ（政治責任・結果責任）	政　策
レベル2	プログラムアカウンタビリティ（アウトカム（政策効果））	施　策
レベル3	パフォーマンスアカウンタビリティ（実績・業績）	事務事業
レベル4	プロセスアカウンタビリティ（手続・ルールの遵守）	
レベル5	合法性のアカウンタビリティ（違法・不当性の排除）	

出典：Stewart（1984：17-8），Tomkins（1987：60），山谷（1999：22-54），南島（2009：1-12），同（2018）をもとに南島作成。

れ以下の階層を包摂する。だが，それは完全な形で担保されていない。なぜなら，現実の政策の規模は膨大であり，その内容は専門的であるからである。

　レベル2は「プログラムアカウンタビリティ」である。これは主に企画立案を担う行政の責任領域として観念できる。このレベルでは，とくにプログラムアウトカムが重要である。なお，ここでは先に登場した「プログラム評価」とリンクしうる可能性がある。ただし，そのためには多面的なプログラムの効果の検証の手法が必要となる。それは手間暇がかかり，難易度も高い。

　レベル3は「パフォーマンスアカウンタビリティ」である。これ以下のレベルは，主に政策実施を担う行政責任の領域にある。このレベルでは，とくに行政活動の直接的な業績の説明が求められる。なお，ここでは複雑な価値操作は行われず，所期の目標に対する達成度のみが問われる。この達成度を測定する評価手法が「業績測定」である。このレベルは行政実務上の評価が充実している。ただし，それはプログラムレベルのそれとは次元が異なる。

　レベル4は「プロセスアカウンタビリティ」である。このレベルでは，遵守すべき規則やルール，手続きなどが守られているかどうかが問われる。また，浪費やマネジメントの失敗，過去の反省から導かれる教訓についての遵守の確認もここでの監視対象となる。このレベルの責任は外形的に確認しやすい。

　レベル5は「合法性のアカウンタビリティ」である。このレベルでは，違法不当な業務運営がないか，執行上の瑕疵はないかなどが問題となる。このレベ

── コラム①　芸術専門家と行政責任 ──

　「あいちトリエンナーレ」とは，2010年から2019年にかけて行われてきた愛知県の国際芸術祭である。これまでにこのイベントは合計4回，行われてきた。

　これらのうち，2019年の「あいちトリエンナーレ」（以下「トリエンナーレ2019」という）において，行政責任のあり方を問う論争が起きた。それはどういうものだったのか。

　トリエンナーレ2019では，「表現の不自由展・その後」という企画展示が行われた。その一部には「平和の少女像」（「慰安婦像ではない」）などを含む展示物が含まれていた。これらが論争を呼び，いわゆる「電凸」（電話による突撃を意味するスラング）が生じ，8月2日にはガソリンテロ予告の事案が発生し，8月3日には知事と芸術監督の判断で展示中止となった（参照，岡本有佳・アライ＝ヒロユキ『あいちトリエンナーレ「展示中止」事件──表現の不自由と日本』岩波書店，2019年）。

　本事案について名古屋市長は8月2日付の文書において，「本事業は，本市の負担金2億円余を含む10億円を超える多額の税金が使われている展示会である。その一企画である『表現の不自由展・その後』は，表現の不自由という領域ではなく，日本国民の心を踏みにじる行為であり許されない。行政の立場を超えた展示が行われていることに厳重に抗議するとともに，即時，天皇陛下や慰安婦問題に関する展示の中止を含めた適切な対応を求める。」と述べていた（下線南島）。さらに国会議員や他の自治体の首長や議員などの複数の政治家がこの論争に加わった。

　こうした政治の動きは，アーティスト側からは憲法21条の「表現の自由」への政治的関与，あるいは「検閲」であると受けとめられた。なお，最高裁は同条にいう「検閲」を限定的に解釈しており，アーティスト側のいう「検閲」は国際常識に照らした概念であることから，論点のズレも指摘されている。

　ここで，先の名古屋市長の8月2日付文書の「行政の立場を超えた展示」が行われているという点に注目しておきたい。この問題は行政責任との関係で捉えられていた。この事例において行政責任はどのように論じられるべきなのだろうか。

　政治・行政は芸術を評価する十分な能力を有していない。それが可能なのは芸術専門家のみである。「能力」を持たないものに，「責任」を負わせたり，「権限」を付与することはできない。この議論の出発点はまずここであるはずである。

　それでは，芸術専門家と社会の風潮が異なった場合はどうなるのだろうか。芸術専門家と社会との十分な対話が不足していたことは率直に反省されるべきだろう。政治争点については職業政治家間の熟議，議会での真摯な討議が十分になされていたのかという点が反省されなければならないだろう。

ルで問われるのは，もっぱら法的責任や法令違反である。「外形的な確認のしやすさ」はここにも該当するのである。

プログラムのアカウンタビリティ

　アカウンタビリティの概念は多義的であるが，アカウンタビリティとして語られているものはこの5種類で網羅されている。そのうえで，表1-1の特徴は，下位のレベルから上位のレベルに向かって階層構造になっている点にある。このことは，政策体系上の位置の目安として「政策」「施策」「事務事業」を書き加えていることからも類推されるだろう。

　先に，アカウンタビリティの要件として，「外在者の問責」をあげていた。外在者にとっては，いったいどのレベルのアカウンタビリティが追求しやすいのだろうか。端的にいえば，外在者が追求しやすいアカウンタビリティは，レベル3からレベル5であり，かつ，下位のレベルの方がより追求しやすい。

　それでは行政側が説明しやすいのはいったいどのレベルのアカウンタビリティだろうか。行政側も同様に，レベル3からレベル5の説明であれば問題なく対応できる。それは，実務現場の議論そのものだからである。ただし，レベル4からレベル5のアカウンタビリティでは，説明の主軸はコンプライアンス面に集中する。このため，行政側が説明に際して積極的な姿勢でいられるのはレベル3のみとなる。

　表1-1の中で重要なのはレベル2のアカウンタビリティ，すなわち「プログラムアカウンタビリティ」である。このレベル2のアカウンタビリティは容易に果たすことはできない。それはなぜか。

　有権者の側からいえば，個々の行政活動ではなく，それらが総体として発揮する「機能」が何であるのかが重要である。しかしこの説明をするためには，行政の側では「所管の壁」や「予算の壁」を越えた説明をもたなければならない。これらを越えた説明は，行政部内においては常備されていない。このような2つの壁を越えた機能的存在が「プログラム」である。それは「望まれる説明の単位」でありながら，他方で，「説明の難易度が高いもの」でもある。

4　四分五裂するアカウンタビリティ

無責任な政策

　かつて行政責任論争の当事者のひとりであったフリードリヒが掲げていた論文のタイトルは，「公共政策と行政責任の性質」（Friedrich, 1940）であった。この論文でフリードリヒは「無責任な政策」を批判してやまなかった。その対策として期待されていたのが行政官の中に内面化されているはずの，「機能的責任」（functional responsibility）と「政治的責任」（political responsibility）であった。公共政策にとって，これらが必要であるとフリードリヒは説いていた。

　現代社会において「無責任な政策」はもはやないのか。その答えは否である。「無責任な政策」はむしろ日常化している。新藤宗幸は，「現代では行政の『責任』が問われる事象や事件は，休みなく生じている」と説いている（新藤, 2019：1）。この説が正しいとするならば，社会的な努力は，「無責任な政策」を阻止することではなく，その原因を究明し，それが繰り返されないような社会の仕組みを設計し，それを社会的に実装していくことでなければならない。

　まさにこのために，政策評価には期待が寄せられている。しかしながら，政策評価は，実際の実務上において，「無責任な政策」を反省するために活用されているわけではない。どこでこの二つはすれ違ってしまったのか。

見失われた環

　アカウンタビリティは政府部内で「連鎖」すべきものである。しかしそれはもろく壊れやすい。それでもなおアカウンタビリティを重視すべきであるとしていたのが，行政責任論争のもういっぽうの当事者，ファイナー（Herman Finer）であった。ファイナー論文の題名は，「民主的政府における行政責任」（Finer, 1940）であり，その内容は，「XはYに関してZに対し，説明・弁明しうる」（X is accountable for Y to Z）の公式として知られている。

　ここで今一度強調しておきたいのが，議会側から見たとき，「アカウンタビ

リティの連鎖」には「専門性の深度」を考慮する必要があるという点である。行政部内にひろく深くこの鎖を届くようにしようとするとき，それはもろく壊れやすいものであることに気づかされる。そして，いつしかその鎖は見失われ，多くの行政活動が人目につかないまま長い年月にわたり温存されてしまう。

　それを可視化するための道具が，行政における「プログラム」の概念である。政策評価とアカウンタビリティが密接な関係にあるとされるのは，この「プログラム」を可視化しようとするためである。

参考文献

今村都南雄（2015）「行政責任と行政統制」今村都南雄・武藤博己・沼田良・佐藤克廣・南島和久『ホーンブック基礎行政学　第3版』北樹出版。

石橋章市朗・佐野亘・土山希美枝・南島和久（2018）『公共政策学』ミネルヴァ書房。

宇賀克也（2019）『行政法概説Ⅲ——行政組織法／公務員法／公物法　第5版』有斐閣。

新藤宗幸（2019）『行政責任を考える』東京大学出版会。

人事院（2012）『公務員白書（平成24年度）』。

南島和久（2009）「行政の信頼確保と政策評価に関する考察——アカウンタビリティ・システムの再構築」『季刊行政管理研究』(128)，4-15。

————（2013）「政策評価とアカウンタビリティ——法施行後10年の経験から」『日本評価研究』13（2），53-67。

————（2017）「行政管理と政策評価の交錯——プログラムの観念とその意義」『公共政策研究』(17)，83-95。

西尾隆（1995）「行政統制と行政責任」西尾勝・村松岐夫編『講座行政学第6巻　市民と行政』有斐閣。

西尾勝（1990）『行政学の基礎概念』東京大学出版会。

————（2001）『新版　行政学』有斐閣。

松下圭一（1991）『政策型思考と政治』東京大学出版会。

丸山眞男（2006）「軍国支配者の精神形態」『現代政治の思想と行動　新装版』未来社。

山本七平（1977）『「空気」の研究』文藝春秋。

山谷清志（1999）「自治体の行政責任」『年報自治体学』(12)，22-54。

マックス・ウェーバー著，脇圭平訳（1980）『職業としての政治』岩波書店。

Finer, H., (1940), "Administrative Responsibility in Democratic Government", *Public Administration Review,* Autumn (1).

Friedrich, C. J., (1940), "Public Policy and The Nature of Administrative Responsibility", C. J. Friedrich and E. S. Mason ed., *Public Policy,* Harvard University Press.

Stewart, J. D., (1984), "The Role of Information in Public Accountability", in A. Hopwood and C. Tomkins eds., (1984), *Issues in Public Sector Accounting,* Philip Allan Publishers Limited., 17-8.

Tomkins, C., (1987), *Accounting Achiving Economy Efficiency and Effectiveness in the Publicsector,* Kogan Page, 60.

■　■　■

読書案内

丸山眞男（2015）『超国家主義の論理と心理　他八篇』岩波書店。

　戦後民主主義の出発点となった表題の論考を収めた岩波文庫による普及版。敗戦の翌年に書かれた表題の論考は，日本の官僚主義的無責任性や超国家主義ともいわれた戦争遂行の責任の問題を鋭く摘出している（Kindle 版あり）。

松下圭一（1991）『政策型思考と政治』東京大学出版会。

　1991年の初版から30年が経つが，いまだに色あせない名著である。都市型社会においてわたくしたちは政策とどのように向き合うべきか，責任ある政府をつくりだすためにわたくしたちは何をどのように考えるべきかを理論的に明らかにしてくれる。

新藤宗幸（2019）『行政責任を考える』岩波書店。

　政治主導，天下り，有識者会議，法科大学院，原子力ムラ，地方創生，道徳教育，過労死，貧困と虐待など，今日的な具体的なテーマとともに行政責任をわかりやすく論じている。同書では，行政活動を批判的に取り扱うことこそが行政責任にとって重要だと指摘されている。

練習問題

①　アカウンタビリティの五つのレベルについて説明してみよう。

②　レスポンシビリティとアカウンタビリティはどのように違うのだろうか。

（南島和久）

第2章

政策過程と実施過程

─ この章で学ぶこと ───────────

　政府責任の基礎が権力分立にあることはだれもが知るところである。権力分立論では，特定の権力が暴走することを抑制するため，政府部内の権力間の抑制均衡を目指す。しかしながら，現代政府においては，この抑制均衡を実態として担保することがむずかしい。20世紀の政府規模の拡大は，行政機能の量・質両面での膨張をもたらし，その結果，「行政国家現象」と呼ばれるような，立法権による行政権へのコントロール能力の低下現象をもたらした。このとき，あらためて政府責任はどのように担保されなければならないのか。

　本章で論じる政策過程の段階モデルは，この問題に対し，政策に対するコントロールを目指すべきことを主張するものである。政策過程とは，「課題設定」「政策立案」「政策決定」「政策実施」「政策評価」といった政策の循環構造のことをいう。本章のもっとも重要な論点は，政策過程と行政との関わりの核心が「政策実施」にあるという点である。

─────────────────────────

1　政策過程の段階モデル

サイバネティクス（**Cybernetics**）

　「課題設定」「政策立案」「政策決定」「政策実施」「政策評価」からなる「政策過程の段階モデル」（あるいはたんに「政策過程」という。）は，政策を軸として，政府活動の全体像を包括的に説明するための枠組みである。このモデルの前提となるのは「インプット／アウトプットモデル」である。さらにその背景には，「サイバネティクスモデル」がある。

　本章の前半では，政策過程についてより深く理解するため，「サイバネティ

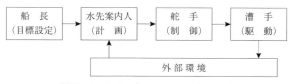

図 2-1　サイバネティクスのイメージ

出典：クーベ（1970：16）。

クスモデル」や「インプット／アウトプットモデル」（政治システム論）から議論をはじめよう。

　図 2-1 は，サイバネティクスモデルをわかりやすく表現するため，これを航行する船にたとえようとするものである。ここには，「船長」「水先案内人」「舵手」「漕手」が登場する。まず目標を指示するのが「船長」である。「船長」は行き先を決める船の総責任者である。つぎに「水先案内人」である。「水先案内人」は，船長の目・耳となり船の現在の状況を正確に把握し，目標に向かって具体的な航路の助言を行う。最後に，「舵手」と「漕手」である。「舵手」は具体的な操舵・制御を行い，「漕手」は船の推進力となる。

　図 2-1 の船の航行をサイバネティクスモデルを表現するものとして見た場合，ポイントは以下の三点となる。第一に，船はある種の《システム》であると理解することができる。第二に，このシステムには，「船長」「水先案内人」「舵手」「漕手」からなる《構造》がある。第三に，このシステムは，外部環境からの《フィードバック》を受けながら，目標に向けて《制御》される。

　サイバネティクスという言葉は，「舵手」を意味するギリシャ語（κυβερνήτης^{キベルネテス}）からウィナー（Norbert Wiener）が造語したものであるという（ウィナー，1962：15）。ウィナーは，非線形のシステムを「ブラック・ボックス」として括り，システムの理解を妨げる複雑性を縮減しようとした。ウィナーが提案したサイバネティクスは，生物学，医学，数学，物理学，電気工学，機械工学などの複数の分野をつなぎ，新たな学問的パラダイムをひらくものとなった。このようなサイバネティクスの考え方を援用したものが，政治システムに関する「インプット／アウトプットモデル」と「政策過程の段階モデル」である。

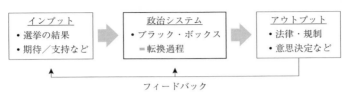

図2-2　インプット／アウトプットモデル

出典：南島和久作成。

「インプット／アウトプットモデル」（政治システム論）

　まず，サイバネティクスを援用して政治システムを説明しようとしたのが，イーストン（David Easton）の政治システム論である。そのおおまかなイメージは図2-2のように描くことができる。

　イーストンが提示したモデルは「インプット／アウトプットモデル」とよばれる（Birkland, 2015：29）。このモデルでは，複雑な政治をある種の《システム》と見立て，これを「ブラック・ボックス」に入れて括り出し，さらにこの「ブラック・ボックス」が，「インプット」を「アウトプット」に変換する装置である（転換過程）とみなす。イーストン（1968：129）は，この「ブラック・ボックス」とされた《政治システム》の《制御》と《フィードバック》に注目しようとした。

　「インプット／アウトプットモデル」は，政策過程の全体を俯瞰するものがある。そこで森脇（2010：25）はこのモデルを，「政策過程のマクロモデル」と呼んでいる。だが，このモデルでは，「どのようにして政策が作られているのか」を説明することはできない（See, Dye, 2008：31）。「どのようにして政策が作られているのか」に迫るためには，「ブラック・ボックス」の《構造》にさらに踏み込む必要がある。

政策過程の段階モデル

　「政策過程の段階モデル」は，「ブラック・ボックス」であるとされた《政治システム》内の《構造》を解明する手がかりを与えてくれる。その普及版のモ

表2-1　ダイの政策過程の段階モデル

過　程	活　動	参加者
問題の定義 Problem Identification	社会問題の表出 政府行動への要求の顕在化	マスメディア，利益集団，市民の イニシアティブ，世論
アジェンダ設定 Agenda Setting	対応する争点をどれにするかの 政府の判断	エリート（長＋議会）， 選挙の際の候補者，マスメディア
政策の形成 Policy Formulation	争点の再定義および状況の改善 に向けての政策案の立案	シンクタンク等，長＋執行部，議 会＋委員会，利益集団
政策政統化 Policy Legitimation	政策選択，政治的な支持の調達， 法律の制定，合憲性の判断	利益集団，長，議会，裁判所
政策の実施 Policy Implementation	執行機関の編制，受益と負担の 設定，課税徴収	長＋執行部，執行機関
政策の評価 Policy Evaluation	政府プログラムの出力の報告， 対象集団への政策の影響の評価， 改革の方途に関する提言	執行機関，議会の監視機関，マス メディア，シンクタンク等

出典：Dye（2017：26）を南島訳。

デルを提示したのが，ダイ（Tomas Dye）であった。ダイは政策過程を表2-1のように整理していた。

　表2-1で示されているのは，①問題の定義，②アジェンダ設定，③政策の形成，④政策正統化，⑤政策の実施，⑥政策の評価の六つの段階である。なお，政策過程をいくつの段階にわけるのかについては学説は分かれている。表2-1のポイントは，合計六つの過程の一つひとつが「ブラック・ボックス」であること，そしてこれらが因果の鎖でつながれていることなどである。

　本章では，政策過程を便宜的に，「課題設定」「政策立案」「政策決定」「政策実施」「政策評価」の五段階として表現する（参照，石橋・佐野・土山・南島，

2018)。さらにこれらのうち，本章は政策過程と行政との関わりについて，「政策立案」と「政策実施」に注目する。なぜなら，行政国家現象下において行政の影響力が顕著に拡大してきたのがこの二領域だからである。

2　政策立案と行政

合理的選択のモデル

政策過程は，「政策決定」を境として，「前決定過程」と「政策実施過程」とに分かれる。前決定過程には「課題設定」と「政策立案」が含まれる。また，政策実施過程には，「政策実施」とともに「政策評価」が含まれている。

政策過程の各段階のうち最初に関心を集めたのは「政策決定」であった。「政策決定」が合理的ならば「政策アウトプット」も改善されるのではないか，「政策決定」が合理的でないからこそ，「政策は失敗してしまうのではないか」と素朴に考えられてきたためである。

「政策決定」を合理化するためにはどうすべきなのか。サイモン（Harbert A. Simon）は以下の三つを含むとしている（サイモン，2009：118：144）。

(1)　意思決定に先立って代替可能な選択肢をすべて網羅し列挙すること
(2)　それぞれの選択によって生ずる複雑な結果のすべてを考慮すること
(3)　全選択肢から一つを選択する規準となる価値体系をもっていること

上記の(1)から(3)を踏まえていえば，「合理的な政策」の前提は，一元化された価値体系の中で，あらゆる選択肢を網羅し，その帰結をあますところなく予測し尽くすこと，ということになる。これを「合理的選択のモデル」という。ところが，現実の政府の行動はこのモデルのとおりにはならない。サイモンの説明には，以下のような補足がつづいている（同：145）。

(1)　合理性は，各選択に続いて起こる諸結果についての完全な知識と予測

を必要とする。実際には，結果の知識はつねに断片的なものである。

(2)　これらの諸結果は将来のことであるため，それらの諸結果と価値を結び付ける際に想像によって経験的な感覚の不足を補わなければならない。しかし，価値は不完全にしか予測できない。

(3)　合理性は，起こりうる代替的行動の全てのなかから選択することを要求する。実際の行動では，これらの可能な代替的行動のうちのほんの2，3の行動のみしか心に浮かばない。

　この補足を踏まえれば，「政策決定」を科学的に合理化すればよいという発想は，理論的には正しかったとしても現実の説明としては相応しくないということになる。それが人間の合理性の限界であることをサイモンは指摘していた。

　こうした人間の合理性の限界を前にしてもなお，「合理的な政策」に近づくためにはどうしたらよいのか。そこにあるのが「価値前提」である。そもそも，ある問題は状況の変化に応じて変容し，判断の基礎となる価値体系は不安定化するものである。すなわち，最適解の追求は常に暫定的かつ部分的なものにとどまるのである。

　サイモンがこの一連の議論でこだわりをみせていたのが，「選択肢」というキーワードであった。「合理的選択のモデル」においては，「政策立案」と「政策決定」は一体不可分の関係にあるとされる。しかし，人間の合理性の限界を踏まえるとき，「合理的選択のモデル」と「実際の選択行動」とは乖離する。このとき，「政策立案」と「政策決定」との間には区別が必要となる。

政策過程における政治・行政

　あらためて，図2-3を見ながら「課題設定」「政策立案」「政策決定」「政策実施」「政策評価」の五つの段階のどこに政治責任があり，どこに行政責任があるのかを確認してみよう。

　図2-3は，「政治過程」「政策過程」「行政の活動」の時系列上の関係を示している。「政治過程」は権力と権力との関係に関心をもち，「行政の活動」は業

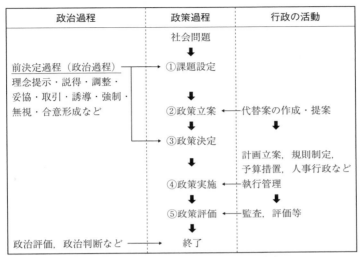

図 2 - 3　政治過程・政策過程・行政の活動
出典：山谷清志（1997）をもとに南島作成。

務の定式化やその能率的執行に関心をもつ。これに対して「政策過程」は政策
の結果や成果に関心を寄せる。図 2 - 3 を踏まえていえば，政治が主に関与す
るのは，「課題設定」と「政策決定」である。

　他方，行政が主に関与するのは，「政策立案」「政策実施」「政策評価」であ
る。また，行政の活動の主要な舞台となるのは「政策実施」である。ここでは
政策の具体化にかかる厖大な業務が生じる。「政策実施」は具体的には，法律
や予算の執行にはじまり，中央地方関係，外郭団体の活動，民間企業の参画を
交えた規制活動やサービス提供活動が含まれる。「政策評価」はこれと表裏の
関係にある。そして，そこで得られた経験や知識はさらなる「政策立案」の原
動力となる。ここで重要な点は，「政策実施」で蓄積した経験・知識が，再帰
的に新たな「政策立案」の基盤となるという循環構造をなしているという点で
ある。現代政府においては，行政活動の量と質が膨張し，古典的な意味での権
力分立のバランスが崩れている。政策過程はこれを再整理するための枠組みと
しての意義がある。そのためには政治・行政の責任と重ねながらこのモデルを

59

見る必要がある。

　なお，中央省庁等改革の際には「国の行政機関における政策の企画立案に関する機能とその実施に関する機能とを分離すること」が「基本」とされていた（中央省庁等改革基本法第4条）。ここでは，行政の中に「政策立案」と「政策実施」に関する機能の両方が一体不可分のものとして含まれていること，このことを前提として「政策立案」と「政策実施」との間の分離が改革の基本であるとされていた。現代政府では，「政策立案」と「政策実施」は，行政権の中に含まれており，それらは渾然一体となってしまっている。それらを分離するために提案されていたのが，「政策実施」をめぐるアウトソーシング手法であった。

政策立案の合理化

　前決定過程の中で，行政の役割が拡大してきたのが，「政策立案」である。この「政策立案」を対象とする研究は二種類ある。第一に規範科学型のアプローチである。たとえばそこには，「合理的選択のモデル」が含まれる。第二に経験実証型のアプローチである。そこには，政策決定プロセスに関する研究，具体的には族議員の研究，政府・与党の二元体制論，稟議制論，審議会論などが含まれる。これらの研究蓄積は相互補完の関係にある。

　たとえば，近年 EBPM（Evidence-Based Policy Making：証拠に基づく政策立案）が政府部内で注目を集めている。EBPM は，物語的叙述（ナラティブ）や「勘と経験と思い込み」（KKO）に基づく局所的な事例や体験（エピソード）に基づく政策立案のあり方を批判しつつ登場してきた。そのエッセンスは，「合理的選択のモデル」を究極の理念とし，各種のデータや科学的知見を踏まえ，因果関係の分析を進め，科学的分析を行政内部で行われる政策立案に積極的に活用しようとするものである。

　こうした規範科学型のアプローチは目新しいものではない。1960年代のアメリカでは，EBPM と同様の発想に基づく政策決定の合理化のための，PPBS（Planning, Programming, and Budgeting System）という手法があった。PPBS も

またその中核に「合理的選択のモデル」を据えるものであった。PPBS は，中長期の予測に基づき，行政の諸活動を費用便益分析に付し，予算配分の合理化を目指そうとするものであった。しかし，1970年代になると PPBS は廃止されてしまった。なぜ，PPBS は失敗したのか。

　そこには先のサイモンの補足にあるような人間の合理性の限界が伏在していた。ここでは本章の議論にとって重要な論点を二点提示しておきたい。

　第一に，PPBS は，理論的なフェイズと制度・組織・予算などの各種の制約下にある現実の行政活動のフェイズとの境界線を曖昧なままとしていた。PPBS は科学的な知見がそのまま現実の政策を合理的なものにするかのように取り扱っていたのである（秋吉他，2015）。

　第二に，政策は「実施してみなければわからない」ということである。この論点は「政策実施」に関係する。いくら政策が合理的決定の下にあったとしても，それは仮説にとどまる。そして，その後につづく「政策実施」過程の試行錯誤によって，有意義なものにも無意味なものにもなるのである。

3　政策実施と行政

政策実施の意義

　20世紀の中頃までは，政策のよしあしは「政策決定」によるものと素朴に思われていた。このため，「政策決定」をめぐり，これを合理化したり，説明したりする努力が繰りひろげられてきた。このとき暗黙の前提とされていたのは，「政策実施」が単なる機械的な過程である，あるいは法律・予算のたんなる執行過程に過ぎないという思い込みであった。すくなくとも1960年代まで政策実施が研究対象になるとは認識すらされてこなかった。「政策実施」の紹介は，そのような前置きからはじめられる（真山達志，1983：113）。

　政策実施研究の意義は，「なぜ意図した通りの政策効果が発現しないのか」をめぐる考察を主軸としている。だが，政府政策の失敗やその効果についての検証は，それに責任をもつ政府当局を批判する可能性もある。政策を主導する

政府も，政府政策を担当する行政も，あるいはそれをとりまく関係者も，このような問題にはかかわりあいになりたくはない。そうであるがゆえに，政策実施研究が展開するためには，政府規模の拡大とそれにともなう民主主義の進展が不可欠の条件であった（参照，今村都南雄，1997：309-312）。

1960年代以降，アメリカ合衆国連邦政府では，政府政策の実施過程が障害にあうことについて関心が高まっていた。それは，ケネディ政権のあとを継いだジョンソン政権の「偉大な社会」（The Great Society）の取り組みによって，社会政策が急速に拡大したことと関係していた。ウォラス（Graham Wallas）の古典的名著，『巨大社会』（*Great Society*, 1914）の名を受けつぐ「偉大な社会」の政策群は，かつて指摘されていたように，「人類を悩ます悪に対して不断の戦いを続ける」ことをその理念として掲げていた。この「偉大な社会」による社会政策の拡大ののち，政策実施のあり方が注目されるようになった。

「偉大な社会」による社会政策の拡大は，それが挑戦的・実験的なものを含むものであったこともあって，いくつもの失敗政策を顕在化させることとなった。1973年に，プレスマン（Jeffery L. Pressman）とウィルダフスキー（Aaron Wildavsky）の『政策実施』（*Implementation*）という研究が登場したのは，このような時代背景のもとであった。この研究は，政策実施の過程が，決定された政策を機械的に執行するだけのものにとどまらず，ある種の政治過程であり，解明されるべき研究対象であることを明らかにしたものであった。

オークランドの EDA プログラム

プレスマンとウィルダフスキーの『政策実施』は，連邦政府商務省経済開発局（EDA：Economic Development Administration）のあるプログラムを対象とした事例研究であった。「あるプログラム」とは，オークランド市の経済開発と雇用促進に関する連邦政府のプログラムである。このプログラムが失敗に直面し，メディアで大きな話題となった。

『政策実施』の重要な論点は，実施過程に参加したアクターの多様さおよびそれらの視点・意図の分裂状況を指摘したところにある。表2-2は，同書で

── コラム②　最終処分地選定にかかる文献調査 ──

　2020年11月17日，NUMO（原子力発電環境整備機構）は，最終処分法第64条に基づく2020事業年度実施計画の変更認可申請について経済産業大臣から認可が下りたことをプレスリリースした。そこには北海道寿都町・神恵内村での「核のごみ」（高レベル放射性廃棄物）の最終処分場選定にかかる「文献調査」が含まれていた。

　「文献調査」とは，核のゴミを廃棄する「最終処分施設建設地」の選定を目的とした長い道のりの最初のステップのことである。「文献調査」の後には，「精密調査地区」（地層等の物理的・科学的性質を調査する地区）および「概要調査地区」（地層等の地下水の状況等を調査する地区）の選定が行われる。「文献調査」はその前提として，あらかじめ文献その他の資料による調査（地震や活断層などの調査）を行おうとするものである（最終処分法）。

　「文献調査」へ応募には前例がある。2007年1月25日の高知県東洋町の応募である。2006年3月20日，東洋町町長は文献調査への応募の意思をかため，NPO法人理事を介して応募書類をNUMOに送付した。これは秘密裏に行われたが，NUMO側は受理しなかった。その後，2006年8月に交付金額が増額されたことで，町内の議論があらためて活性化することとなった。そこで，町を二分した論争に発展した。

　2007年1月25日，町長は文献調査への応募を正式に発表した。これが全国初の応募事例となった。これに対し高知県知事と徳島県知事は東洋町の応募受理の撤回をNUMOに申し入れた。この間，前年度の応募の事実の発覚，近隣の市町村や高知県議会での応募反対の決議等，そして住民の反対署名などが起きた。

　東洋町では核廃棄物持ち込み禁止条例制定の動きが顕在化した。条例案は否決され，同時期に町長のリコールに向けた動きが起きた。さらに，これに対抗するかたちで町長は辞職し，4月22日の出直し選挙に打って出た。だが，再選かなわず，選挙の翌日には東洋町から文献調査応募の取り下げが通知された。

　冒頭に触れた北海道の文献調査応募はここから13年振りのことであった。応募した二つの自治体のうち先に手をあげたのは寿都町であった。寿都町長は，2020年10月2日の会見において，「核のごみの部分について，一石を投じて，全国的な議論の輪を広げるべきではないか」「核のごみについて，これは日本のどこかで処理をしなきゃならない」と述べていた。なお，北海道は2000年に，最終処分場を受け入れる意思がないという考え方を示す「北海道における特定放射性廃棄物に関する条例」を制定していた。道によればこれはいわゆる宣言条例であり，市町村の意思を拘束しないという。NUMO，電力会社，科学者，国，北海道，応募自治体，そして住民。10万年の安全管理の責任をだれが負うべきなのかが，厳しく問われている。

表2-2　オークランドのEDAプログラムの参加者と全体像

参加者	プログラムとの つながり	視点と主要目的	強制の意図
EDA-フォーリィ，ブラッドフォード，オークランドのタスクフォース	制度設計，オークランド・プロジェクトの仕組みの立ち上げ	黒人失業者に対する雇用確保のための経済発展プログラムの可及的速やかな推進	きわめて高い
EDA-ワシントンの企画部門	プロジェクトの実施，建設工事，財政処理など	効率的で行政手続に則った建築物の建設	高い（タスクフォースのいくつかの敵意。過程が行政規準に合致するよう強制）
EDA-フォーリィ後の指導部	1966年の指導部交代後のプロジェクトへの権限行使	プロジェクトによる当初雇用目標へと回帰する方法の模索	適度（プログラムとの個人的接続の否定。商務省検査官の熱意なき指示）
EDA-シアトル地方事務所	不明瞭-文書手続の処理，最終権限なき財源への関与	プロジェクトに関する行政権限拡大意図	適度
EDA-オークランド事務所	地方レベルでの事業監視	初期雇用目標達成およびプロジェクト完遂への期待	個々の職員でさまざま
米国会計検査院（GAO）	EDA政策が重視した港湾事業への補助金・貸付金比率への疑問	連邦基金の配分基準に対する疑念	低い
保健教育福祉省（HEW）	空港の格納庫関連事業についての職業訓練基金に対するコントロールへの参加	オークランドにおける職業訓練目標を支援するが，既存センターへの関与にとどまる	低い（航空会社の訓練プログラムを避け西部港湾技能センターで実施）
労働省（DOL）	国際線格納庫事業の職業訓練基金に対するコントロールへの参加	主要な関心は職業訓練	低い
海軍（Navy）	航空面の安全性の観点からターミナル構造物へ異議	アラメダ海軍航空基地の業務に港湾建築物が影響を与えることに主な関心	低い
オークランド市（市長）	EDAとの交渉事に関する市側の代表。プログラムの支援体制整備	経済開発と新規雇用創出に関する強力なEDA目標への強力な支援	高い
オークランド市（行政部門）	EDA基金による公共事業の誘致（競技場アクセス道路整備事業の認可）	市公共事業への支援の可能性としてのEDA基金の誘導	低い
オークランド港湾（民間）（Port of Oakland）	地元での公共事業の主要な受託者	EDAプログラムの港湾事業の有力支援者だが，連邦ガイドラインの複合により困惑	適度
オークランド黒人指導部	フォーリィとブラッドフォードを早期に訪問。数名は雇用計画評価委員会委員	マイノリティに対する雇用創出を希望	高い
環境保護団体	オークランド港湾の活用に対する抵抗	港湾や環境への損害発生に強く抗議	低い
オークランド港（テナント）	EDA財源による利益があるなら雇用合意書にサイン	事業そのものの成功	低い

出典：Pressman and Wildarsky（1978：95-97）を南島訳。

整理されたアクターの一覧表である。表2-2の「視点と主要目的」に注目するとそこには，異なる視点と目的の下で事業が行われていたこと，そしてそれらが十分に統合されていなかったことが表現されている。

　プレスマンとウィルダフスキーの実証研究を契機として政策実施は注目を集めた。政策実施研究は1970年代から1980年代にかけて盛り上がりをみせた。やがて，政策実施研究にも理論的整理が求められるようになった。そこで登場したのが，「トップダウン／ボトムアップアプローチ」論争であった。

トップダウンアプローチ

　トップダウンアプローチは，政策デザイナーの視座に立ち，政策実施過程の目的合理性を追求しようとするものである。そのため，しばしば政策デザイン段階での明確な目標設定，あるいは政策手段の明確な規定，政策とこれを取り巻く状況要因の識別，政策立案と政策実施の明確な分離，あるいは政策実施の始点と終点の厳密化などにこだわりをみせる。たとえばその代表格が，マズマニアン（Daniel Mazmanian）とサバティア（Paul Sabatier）であった。

　当初，政策実施過程のモデル化はイーストンの政治システム論（インプット／アウトプットモデル）を拡張するところからスタートした。それは「政策デリバリーシステム」（policy delivery system）とよばれるものであった。そのうえで，1980年にはマズマニアンとサバティアの分析枠組みが登場した（Mazmanian & Sabatier, 1989：19）。彼らは，政策実施の分析には二つの視座があるとしていた。第一に，プログラムを作動させるための政策実施に関する知識を求める実務家の視点であった。第二に，政策実施過程の研究を行う研究者の視点であった。彼らによれば，良質の政策実施分析者は実務家の視点と研究者の視点の双方を有しなければならないという。そのうえで，とくに強調されていたのが，政策実施担当者の法的なコントロールの問題であった。

　図2-5のマズマニアン＝サバティアモデルの重要な点は以下の二点である。第一に，政策実施過程の諸段階に影響を与える要因として，従来の研究では非制度的要因ばかりが注目されており，制度的要因が軽視されていたことを指摘

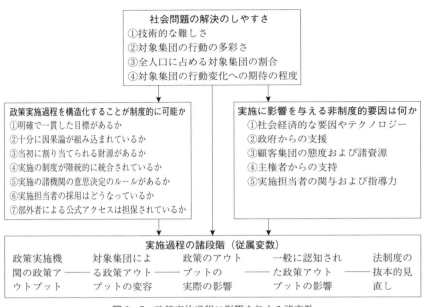

図2-5　政策実施過程に影響を与える諸変数

出典：Mazmanian and Sabatier（1989：22）を南島訳。

していた点である。第二に，政策実施過程が，「解決のしやすさ」「制度要因」
「非制度要因」の従属変数の位置に置かれていたという点である。

　政策実施過程において，「解決のしやすさ」「制度要因」「非制度要因」は制
御不可能な外部要因であると整理される。したがって，政策実施におけるアウ
トプットやアウトカムを観察しようとする場合，これらの点について十分に注
意しなければならない。彼らはこれらの点を指摘していたのである。

ボトムアップアプローチ

　こうしたトップダウンアプローチに対する批判を試みたのが「ボトムアップ
アプローチ」である。「ボトムアップアプローチ」の要点は，現場レベルの
「実施構造」（implementation structure）への注目にあった（Hjern & Poter：1980）。
これは，トップダウンアプローチのように実施構造を従属変数として扱わず，

表 2-3　トップダウンとボトムアップアプローチの比較

	トップダウンアプローチ（サバティア＆マズマニアン）	ボトムアップアプローチ（イェルン他）
初期段階の関心の焦点	（中央）政府の決定	政策エリア内での「地方での政策実施構造」（ネットワーク）
政策実施過程の主要アクターの設定	トップダウンの観点からの分析を行う。政府から民間企業へという観点（対象集団のインセンティヴ構造についての正確な理解を伴う）が顕著である。	（政府および民間企業における）ボトムアップの観点からの分析を行う。
評価の基準	公式の政策目標の達成状況に焦点を当てる（慎重な分析を行う）。政治的に重要な観点や意図せざる結果についても追加的に注目する。	評価の基準は不明瞭である。分析者はさまざまな手段を講じて争点や社会問題に関連するものを分析しようとする。だが，公式の政府決定を慎重に分析するようなことは求めない。
全体的な視点	政策立案者が意図した結果に達する制御系をどのように（設計）すべきか。	政策ネットワークにおける多彩なアクター間の戦略的な相互作用

出典：Mazmanian and Sabatier（1989：298）を南島訳。

実施構造内部のアクターの目的や行動に焦点を置こうとするものであった。

　ボトムアップアプローチの元祖とされているのがリプスキー（Michael Lipsky）である。リプスキーの研究は1971年には発表されていたが，1980年の書籍の出版およびボトムアップアプローチの認知によりその先駆者として位置づけられた。

　リプスキーが提起した「ストリートレベルの官僚制」（street-level bureaucracy）は行政学において有名である（別名，「第一線職員」（front-line staff）論）。その内容は，高い裁量権をもつ現場専門職の職員がさまざまなジレンマ，すなわち慢性的な資源不足，不確実性，複数のクライアント，それらクライアントとの価値観の相違などに直面しつつ，裁量を発揮するというものである。このような第一線の職員は，上司からの命令などの階統制型コントロールやアクター間の関係の狭間においてジレンマ状況に陥りがちであるという。

　1980年代には，ボトムアップアプローチとトップダウンアプローチの論争が

顕在化した。表2-3はマズマニアンとサバティアによる「実施研究のための
トップダウンとボトムアップのアプローチ：批判的分析と統合理論の提案」に
登場する二つのアプローチの対比である。ここでマズマニアンとサバティアは
とくにイェルンらの批判を取り上げていた。ボトムアップ論者からのトップダ
ウン論者に対する典型的な批判は，①政策現場の専門的規範やモチベーション
が軽視されているのではないかということ，②現場のネットワーク構造（実施
構造）を介し政策実施が展開する中で政策が形成されていくという視点が欠如
しているのではないかということ，③政策現場の目線からいえば「政策立案」
と「政策実施」は表裏一体であるのではないかということなどであった。

　表2-2でよく見ておきたいのは，トップダウンアプローチが「評価」にな
じみやすく，ボトムアップアプローチがそうではないこと，トップダウンアプ
ローチが政策デザイナーの視点で描かれているのに対して，ボトムアップアプ
ローチが政策現場からの論点提起となっていることなどである。

4　新たな三つの研究領域

政策実施論からの派生

　政策実施過程研究は概ね1990年代には収束したとされる。もちろん，政策実
施は依然として重要な研究領域である。ただし，研究パラダイムとして見た場
合，そこに大きなイノベーションはみられない（参照，森田朗1988：3-16）。

　他方，政策実施研究の蓄積を継承しながら，1990年代から2000年代には，
「ガバナンス論」「公共管理論」「政策評価論」が台頭するようになった。それ
らは，「政策実施過程をいかにコントロールすべきか」という課題を共有して
いた。しかし，それらはもはや，政策実施研究とは呼ばれなくなっていた。

　本章の最後に，これらの研究と政策実施との関連性について言及しよう。

ガバナンス論

第一に，「ガバナンス論」についてである（Rhodes，1998）。

　先に紹介したボトムアップアプローチでは,「実施構造」には多様なアクターが含まれており, それぞれのアクターの目的・行動に注目すべきことなどが提起されていた。ボトムアップアプローチの重要な点は, 政府政策に限定されていた政策実施研究を, 社会的な公共政策に拡張した点にある。とくに, 政府部内のコントロール構造たるトップダウンアプローチとは異なり, 政府, 民間企業, 市民団体などの社会的な広がりの中で広い意味での政策形成を捉えようとした点に, その意義を見いだすことができる。

　日本では1990年代半ば以降の地方分権改革において, ガバナンスの概念が注目された。より具体的には, 国と地方との関係を, 補完性の原理を軸として,「上下・主従」ではなく「対等・協力」の関係であるとしたことや, 機関委任事務や通達・通知等を廃止した2000年の地方分権改革 (第一次分権改革), その後の地域社会における新たな市民参加・協働や自治基本条例・議会基本条例を議論した自治体改革などの登場をあげておくことができる。

公共管理論

　第二に,「公共管理論」(Public Management) についてである。

　政策実施過程は, 20世紀最終四半期以降の政府改革の進展とともに政府政策に限られなくなった。そこに登場したのは, 民営化, 市場化テスト, 民間委託の推進, 執行エージェンシー化や独立行政法人化, PFI (Private Finance Initiatives) などの諸制度であった。これらは公共サービス改革あるいは NPM と呼ばれている。それは, 民間企業や政府以外の法人に政策実施過程を担わせ, 政府財政の効率化を焦点化しようとするものである。ここには経済学説や管理者主義 (manageralism) の影響が顕著にみられる。

　こうした公共管理のコントロールのあり方をめぐる行政論議 (administrative argument) は, 政治的にも, 実務的にも, そして理論的にも注目を集めた。効率性を軸とした「政策実施過程をいかにコントロールすべきか」に関する議論が集積されるようになったのである。

　NPM が国境を越え, 世界的に類似の管理手法が共有された点は, 注目に値

する。さらにいえば，それらの改革の対象が，「政策手段」としてのサービス
提供システム＝政策実施過程に集中していた点をここでは強調しておきたい。
こうした議論ではトップダウン・アプローチの視座が顕著であり，次に触れる
「評価」が付随している点に特徴がある。

政策評価論

第三に，「政策評価論」（Policy Evaluation）についてである。

政策評価論のメインストリームはトップダウンアプローチの視座の延長線上
において展開している。プレスマンとウィルダフスキーがこれを政策実施と
「同じコインの裏表」と表現していたのは，彼ら自身がトップダウナーであっ
たことと無縁でない。

政策評価論は，政策目的と政策効果を因果の鎖によって結び付け，政策実施
過程のコントロールを志向する。ところが，ボトムアップアプローチとの論争
を経た政策実施論は，その後の政策評価論と接合しなくなった。政策評価論は，
行政実務に寄り添い，独自の発展を遂げていくこととなった。

あらためて，トップダウンアプローチの意義は，「政策決定」や「政策実施」
の研究において十分に解明されなかった論点，すなわち「なぜ意図した通りの
政策効果が発現しないのか」という問題に向き合おうとした点にあったことを
確認しておきたい。政策評価はこれを継承するものである。

参考文献

今村都南雄（1997）『行政学の基礎理論』三嶺書房。

石橋章市朗・佐野亘・土山希美枝・南島和久（2018）『公共政策学』ミネルヴァ書房。

秋吉貴雄・伊藤修一郎・北山俊哉（2015）『新版　公共政策学の基礎』有斐閣。

大橋洋一編著（2010）『政策実施』ミネルヴァ書房。

大森彌（1979）「政策」『年報政治学』（30），130-142。

新川達郎編（2011）『公的ガバナンスの動態研究——政府の作動様式の変容』ミネル
　　ヴァ書房。

廣瀬克哉（1998）「政策手段」森田朗編著『行政学の基礎』岩波書店。

松下圭一（1991）『政策型思考と政治』東京大学出版会。

真山達志（1986）「行政研究と政策実施分析」『法学新報』92（56），97-162。

———（1991）「政策実施の理論」宇都宮深志編『行政と執行の理論』東海大学出版会。

———（1994）「実施過程の政策変容」西尾勝・村松岐夫編『行政学講座 第5巻』有斐閣。

———（2013）「政策実施過程での政策の変容」新川達郎編『政策学入門』法律文化社。

村上芳夫（2003）「政策実施（執行）論」足立幸男・森脇俊雅編『公共政策学』ミネルヴァ書房。

森田 朗（1988）『許認可行政と官僚制』岩波書店。

森脇俊雅（2010）『政策過程』ミネルヴァ書房。

山本啓編著（2008）『ローカルガバメントとローカルガバナンス』法政大学出版局。

山谷清志（1997）『政策評価の理論とその展開——政府のアカウンタビリティ』晃洋書房。

Cube, F., (1967), *Was ist Kybernetik? Grundbergriff, Methoden, Anwendungen*, Carl Scunemann Verlag Berlin.（＝柴山幸治監訳（1970）『サイバネティックス入門』創元社）

Birkland, T. A., (2016), *An Introduction to The Policy Process: Theories, Concepts, and Models of Public Policy Making*, 4th ed., New York: Routledge.

Dye, T. R., (2017), *Understanding Public Policy*, 15th ed., Pearson.

Easton, D., (1968), *A Systems Analysis of Political Life*. New York: John Wiley & sons.（＝片岡寛光監訳（1980）『政治生活の体系分析』上・下 早稲田大学出版部）。

Pressman, J. and Wildavsky, A. (1978), *Implementation*, 3rd ed., University of California Press.

Hill, M. and Peter Hupe, (2014), *Implementing Public Policy, An Introduction to The Study of Operational Governance*, 3rd ed., Sage.

Hjern, B., and Poter, D. O., (1980), 'Implementation Structures: A New Unit of Administrative Analysys', *Organizational Studies*, 2 (3): 211-227.

Lipsky, M. (1980) *Street Level Bureaucracy*, MIT Press.（＝田尾雅夫訳（1998）『行政サービスのディレンマ：ストリートレベルの官僚制』木鐸社）

Mazmanian, D. and Sabatier, P., (1989), *Implementation and Public Policy With a New Postscript*, Univ. Press of America.

Simon, H. A., (1997), *Administrative Behavior : A Study of Decision-Making Processes in Administrative Organizations*, 4th ed., Free Press.（＝二村敏子・桑田耕太郎・高尾義明・西脇暢子・高柳美香訳（2009）『新版　経営行動──経営組織における意思決定過程の研究』ダイヤモンド社）。

Wiener, N. (1961) *Cybernetics*, 2nd ed., The MIT Press.（池原止戈夫・彌永昌吉・室賀三郎・戸田巌訳（1962）『サイバネティックス　第 2 版』岩波書店）。

■　　■　　■

読書案内

石橋章市朗・佐野亘・土山希美枝・南島和久（2018）『公共政策学』ミネルヴァ書房。
　公共政策学のエッセンスをコンパクトにまとめた入門書。公共政策学の全体像を体系的に描き出している。政策過程の段階モデル，政策実施については本書の内容の基礎が描かれている。政策評価の概要についても，まずは同書を参照のこと。

真山達志編（2016）『政策実施の理論と実像』ミネルヴァ書房。
　政策実施研究の第一人者が編者となり政策実施に関する論攷を集めた論文集的教科書。執筆陣には，大学の研究者のみならず自治体の実務家，シンクタンク等での勤務経験のある人なども含まれている。政策実施研究の広がりを見渡せる。

武藤博己編（2014）『公共サービス改革の本質──比較の視点から』敬文堂。
　NPM や公共サービス改革と呼ばれる政策実施過程改革のための諸制度，すなわち，地方公営企業，第三セクター，PFI，指定管理者制度，地方独立行政法人制度，市場化テスト，住民協働と公共サービスなどを具体的に取り上げて議論している。

練習問題
①　政策過程と行政責任との関係はどのようにいうことができるのだろうか。
②　政策実施過程とは何か。説明してみよう。

（南島和久）

第3章

政策過程と政策終了

この章で学ぶこと

　「政策終了」の概念は政策過程の最終段階で登場する。すなわち，「課題設定」「政策立案」「政策決定」「政策実施」「政策評価」の後につづく位置に「政策終了」は登場する。このとき，「政策終了」と「政策評価」は，責任論といかなる関係にあると説明できるのだろうか。

　上記の論点に深く関係しているのは，「政策終了」が，政治責任の範疇で議論するべきものなのか，それとも行政責任の範疇で議論すべきものなのかという点である。政治責任の範疇で捉えるとき，「政策終了」はその時々の政治判断が介在するものとなる。他方，行政責任の視角から捉えようとするとき，「政策終了」に対して何らかの一般理論を見いだすことができないかという問題意識が頭をもたげてくる。

　本章では，政治・行政責任論の観点から，「政策終了」を再検討する。

1　政策終了の概念

2つの政策過程モデル

　政策過程の段階モデルには，「評価最終段階説」と「終了最終段階説」がある。これらのうち通説であるのは，ダイ（Thomas Dye）に代表される「評価最終段階説」（政策評価を政策過程の最終段階とするもの）である。

　評価最終段階説では，政策過程の最終段階は「政策評価」となる。この説では，「政策評価」の後に「政策終了」がつづくことはなく，「政策評価」から先は，それ以前の各段階へのフィードバックがなされるものとされている。

　「政策終了」の概念が登場するのは，もうひとつの「終了最終段階説」においてである。この説においては，「政策終了」は政策過程の最終段階において

登場する（See, May and Wildavsky ed., 1978；Hogwood and Gunn, 1984）。

　なぜ，通説は評価最終段階説となっているのだろうか。またなぜ，終了最終段階説を議論する必要があるのだろうか。この点については，1970年代のアメリカの経済状況を踏まえつつ二つの重要な指摘が行われている（Hogwood and Gunn, 1984：241）。

　第一に，政策評価の結果が良好でない場合，その論理的帰結として政策の廃止・刷新・差替が求められることとなる。その場合，「政策評価」と「政策終了」の間に密接な関連性があることが前提となる。

　第二に，予算縮減の政治思潮が蔓延する中，政府の撤退やより安価な政策への変更が求められていた。ここから浮かび上がってくるのは，財政危機の中での「政策終了」への時代の要請である。

　「政策終了」が議論されるようになった1960年代後半から1970年代にかけてのアメリカの経済は右肩下がりであった。世界の戦後復興を軌道に乗せたブレトンウッズ体制（ドル・金の兌換を前提とした固定相場制。1ドル＝360円時代）とベトナム戦争によって，アメリカは貿易赤字と財政赤字に陥った。さらに，1960年代のジョンソン政権下における「偉大な社会」や「貧困との戦い」による社会保障費の増加と税収減がこれに拍車をかけた。ニクソン政権下ではいわゆるニクソンショック（「ドルショック」ともいう。1971年8月。金・ドルの兌換停止。あわせて10％の輸入課徴金によるドル防衛を発動）を契機とし，ブレトンウッズ体制の終焉，変動相場制への移行（1973年）の中，物価上昇もあいまってスタグフレーションが顕在化するようになった。

　もっとも，アメリカが本格的な経済不振にあえぐのはさらにこの後のことである。貿易赤字と財政赤字の「双子の赤字」がいわれるのは，1980年代のレーガン政権であり，その解消を目的とした大胆な経済政策として，「レーガノミクス」が注目される。ここでは，「政策終了」が経済不振によって産み落とされた「時代の産物」であることを確認しておけばよいだろう。

政策終了とは何か

　政策終了論の先駆者である岡本哲和は，「政策過程の最終ステージである政策の終了についてはこれまで充分な関心が払われてきたとは言えないし，それを説明するための分析枠組みも未構築の状態にある。しかしながら，先進国において共通に見られる財政状況の深刻化の中で，既存の政策をいかに打ち切るかは重大な関心の一つとなってきている」（岡本 1996：17-18）と指摘していた。四半世紀前のこの指摘は，今日でもなおその意義を失っていない。そればかりかこの指摘は，こんにちの日本の財政状況にとっては，いっそう深刻なものとなっているといっておかなければならない。

　それでは，「政策終了」とは具体的にどのような状態を意味するのだろうか。柳至（2018）は全体がなくなる場合を「廃止」，一時的に動きを止めるものを「中断」とよび，さらに「廃止」については徐々に起こる場合と一度に起こる場合とを識別している。そのうえで，「徐々に起こる場合も廃止とするとすれば，廃止の時期については分析者の主観に大きく影響されることになる」ことから，「一部を廃止するものも廃止とすれば，廃止と削減の区別が困難になる」と述べている。すなわち，「政策終了」概念は「終了」よりも，その対象となる「政策」の射程と範囲に依存するものであると指摘している。

　「政策終了」のうち「政策」概念については，デレオン（Peter deLeon）の議論がよく知られている。デレオンは，表3－1に示すように，広義の「政策終了」概念を，「政府職能の終了」「政府組織の終了」「ポリシーの終了」「プログラムの終了」の四つに分けて議論しようとしていた（deLeon, 1978：283-5；岡本，2012；山谷，2012；三田，2012）。

　デレオンのいう「政府職能」とは，国民に対するサービスであり，具体的には州際通商委員会のように，「政府組織」「ポリシー」「プログラム」の枠を越えるものであると考えられている。デレオンは，経済学でいうところの「公共財」（public goods），すなわち防衛，州を超えるような司法裁定，所得再分配などがここに含まれるとしている。また，「政府職能の終了」は，その他の「政府組織」「ポリシー」「プログラム」のそれよりも難しいとしている。

表 3-1　デレオンの政策終了概念のイメージ

概　念	レベル	意　味	終了の可能性と頻度
政策終了	政府職能の終了	公共財・市場の失敗への政府の職能の限定	終了はきわめて困難で，低頻度
	政府組織の終了	公的部門における組織等への資金停止や廃止	終了は観察可能だが，低頻度
	ポリシーの終了	問題解決のためのまとまりの中止・休止・廃止	終了は比較的容易で，中頻度
	プログラムの終了	効果測定が可能な単位の中止・休止・廃止	終了はもっとも容易で，高頻度

出典：deLeon（1978：283-5）をもとに南島和久作成。

デレオンのいう「政府組織」とは，公的機関一般のことである。「政府組織」は，しばしばそのドメインを拡張しようとする存在であり，その終了は，頻繁に起こるものではないという。もっとも，上述の「政府職能」に比べると，「政府組織の終了」は難易度が低いと考えられている。

デレオンのいう「ポリシー」とは，組織が特定の問題を解決しようとして実施するものであり，上述の「政府組織」よりもさらに終了が容易なものである。政権枠組みの変更によって変化するのも，この「ポリシー」である。

最後にデレオンのいう「プログラム」であるが，これは「ポリシー」よりもさらにミクロの，終了が容易な，政治的防御も予算規模も小さいものとしてイメージされている。また，解決しようとする問題との距離が近いがゆえに，このレベルはその効果判定が容易であるとされている。ただし，このレベルの終了は「部分的廃止」（partial termination）でしかないとも指摘されている。

デレオンの業績の意義は，「ポリシー」「プログラム」を包摂する「政府職能」「政府組織」にまで議論の射程を拡張し，概念の交通整理を行っている点にある。

2　政策評価と政策終了

政策評価との関係

デレオンのいう，広義の「政策」概念，すなわち「政府職能」「政府組織」「ポリシー」「プログラム」の全体を包含する枠組みは，政策学で共有されているものとは異なるオリジナルなものである。「政策終了」論に着手する場合には，「終了しにくいもの」を排除しておく必要がある。そのためにデレオンは，「政策終了」の対象となるこれらの概念に注目したのであろう。

「政策終了」を論じる場合，とくに注目すべきであるのが「政策評価」との関係である。そもそも，「政策終了」と「政策評価」は，いかなる関係にあるものと説明できるのだろうか。

まず，「政策終了」と「政策評価」の違いについて検討しよう。

通説的にいえば，「政策評価」には「政策分析」「プログラム評価」「業績測定」の三つのタイプがある。詳細についてはここでは割愛するが，その概要については，表3−2のように整理することができる（参照，南島 2020）。

これらのうち「政策分析」は，もっぱら「政策立案」段階に行われるものであり，政策過程の最終段階である「政策終了」とは距離がある。それよりも優先して検討しなければならないのは，「政策終了」の直前に位置している「事後評価」である。ここには，「プログラム評価」と「業績測定」ある。

「プログラム評価」は，「プログラム」という問題解決の機能的なまとまりを対象とし，アウトカムや政策実施過程に対する綿密な調査を念頭に置くものである。「プログラム評価」には，「政策終了」に向けた提案も含まれる。アメリカの GAO（会計検査院）の取組もそうであるし，日本でも，会計検査や旧行政監察，現在の行政評価局調査においても同様のことが取り組まれてきた。

注意を喚起しておきたいのは，「プログラム評価」と「政策終了」とが機械的に連動しているわけでも，それらがイコールであるわけでもないという点である。この点についてはあくまでも，「プログラム評価」において提案された

表 3-2　政策評価の3つのタイプ

	政策分析型 (policy analysis)	プログラム評価型 (program evaluation)	業績測定型 (performance measurement)
特　徴	個別型・予測型	個別型・深掘型	総覧型・悉皆型
評価の時点	事前 (ex-ante)	事後 (ex-post)	
科学主義の程度	非常に強い（科学主義）	強い	弱い（実用主義）
基本的手法	費用便益分析等	社会諸科学の調査分析手法	実施状況の監視
アウトカムへの態度	政策決定前にアウトカムを予測・分析	政策実施後にアウトカムを多面的に検証	計画で示されたアウトカムとの離隔を事後に測定
具体的制度（米・日）	PPBS，公共事業評価・研究開発評価・ODA評価，規制影響分析，租税特別措置の評価等（事業評価方式）	GAOのプログラム評価，行政評価局調査（総合評価方式），会計検査院の有効性検査，社会的インパクト評価等	GPRA，自治体評価，独法評価，府省の目標管理型評価（実績評価方式），公共サービスの評価，事業仕分けや行政事業レビュー等
学問的背景	経済学，OR，システム分析，工学など	経済学，社会学，統計学，政治学，行政学など	経営学，会計学，管理会計論，企業経営モデルなど

出典：南島（2018：187）をもとに南島作成。

結果に基づき，政府において別途，「政策終了」にかかる判断が行われる。

　このことは，「業績測定」についても同様である。「業績測定」は，あらかじめ設定された目標に基づき，現状との差分を測定しようとするものである。このとき，対象となる「業績」（performance）の概念には，有効性のみならず，効率性も含まれる。後述する「事業仕分け」や「行政事業レビュー」もこの「業績測定」の要素を含んだ取組である。

　「業績測定」と「政策終了」についても，両者の機械的な連動は否定される。「業績測定」は，そもそもあらかじめ設定された目標を達成できたかどうかを測定しようとするものであるため，評価結果も判断の材料にとどまる。もちろん，「業績測定」の結果が政策に反映されることはあったとしても，「業績測定」が「政策終了」に直結するものとはならない。

サンセット法

「政策評価」は，「政策終了」とは一定の距離がある。それらの違いについては，「政策評価はもっぱら情報の整理を担い，政策終了はこれを活用した政治判断を含む政策判断となる」と説明しておくことができる。

ところが，終了最終段階説においては，こうした現実世界のありようについては十分に考慮されていない。むしろ，「政策評価」と「政策終了」の関係については，より密接な関係をもつものと考えられている。このことが明確となるのが，「サンセット法」（Sunset Law）と「ゼロベース予算」（ZBB：Zero-Based Budgeting）の事例である。これらは，1970年代のアメリカで登場した「政策終了」の具体的なツールである。

サンセット法は，政府政策にタイムリミットを設ける法制度として登場し，最初は1976年のコロラド州で成立した。ついで各州に広がり，連邦政府においても議論されるようになった。その発端となったのは，ジョンソン政権時の保健教育福祉省（HEW）長官であったガードナー（John W. Gardner）が創設した公益市民団体，「コモンコーズ」（Common cause）の主張であった（森田，1980；畠山，1999）。

サンセット法の理念は，1976年にガードナーが連邦上院の規制および行政委員会で示した基本10原則（サンセット原則）において示されている。その内容は以下のとおりである（U. S. Sanate, 1978：101）。

① 法による積極的な再設定がない場合，サンセット法の対象となるプログラムや機関は特定の日をもって自動終了する。

② 再評価（reevaluation）のプロセスを制度化するため，終了は定期的（6年から8年毎）に行われる必要がある。

③ あらゆる有意義な革新がそうであるように，サンセットメカニズムの導入はもっとも適切なプログラムから着手し，段階的に導入すべきである。

④ 統合や責任ある無駄の削減を行うため，同一政策領域内のプログラム

や機関は同時にレビュー（review）されるべきである。

⑤　関連する議会委員会での審議の際には，有意義な予備的な調査研究が行われなければならない。

⑥　既存の機関（執行機関や GAO）は，予備的な評価業務（evaluation work）を引き受けるべきであり，その評価能力（evaluation capability）については強化する必要がある。

⑦　委員会メンバーの入れ替えを含め，実質的な委員会の再編がサンセットの有効な監視のために必要である。

⑧　サンセットの提案にとって有意義なレビューを促すため，レビューと評価（evaluation）プロセスを導く評価規準を定めるべきである。

⑨　恣意的な終了を防止し，省庁の債務や職員の配置転換に備えるため，防護措置がサンセットメカニズムに組み込まれなければならない。

⑩　情報へのパブリックアクセスと公聴会形式による市民参加は，サンセットプロセスの基幹部分である。

　サンセット法について一般によく知られているのは①のみである。だが，②から⑩をみると，サンセットの前提として，「評価」「再評価」「レビュー」が含まれている。これらは「サンセット評価」と呼ばれている。そして，この「サンセット評価」こそがサンセット法の最大の難点といえるものである。

　畠山によれば，サンセット評価については，(i)行政組織の削減効果は十分とはいえず，(ii)総じて膨大な時間と人手を必要とするものであり，(iii)議会自身がサンセット評価にさほど熱心であったとはいえず，(iv)市民参加についてはみるべき成果はないが，(v)行政の効率化や議会へのアカウンタビリティの向上の面においては一定の貢献があったとされている（畠山，1999）。ここでは，課題の大半を「評価」が占めている点に注目しておこう。

ゼロベース予算（ZBB）

「政策終了」のもうひとつの手法として注目を集めたのが「ゼロベース予算」

である。ゼロベース予算が注目されたのはサンセット法とほぼ同時期であった。なお，州によっては双方を組み合わせて導入したところもあった。

　ゼロベース予算の端緒は，テキサス州ダラスに本社を構える半導体企業，テキサスインスツメンツであった。当時経営危機にあった同社は，ピアー（Peter A. Pyhrr）を中心にゼロベース予算の開発を行い，これを導入することで売り上げを回復した。他方，ピアーはゼロベース予算に関する論文を1970年，『ハーバード・ビジネス・レビュー』誌に掲載した。それが当時ジョージア州知事に就任直後のカーターの目にとまり，1971年には同州予算に導入されることとなった。のちにカーターの大統領選出馬の際にゼロベース予算は選挙公約となり，1978年度予算から連邦予算に取り入れた（西澤，1980：2-5）。

　ゼロベース予算とは何か。西澤侑によればそれは，「ゼロから出発して（zero-base），業務計画を立て（planning），採用された計画についてのみ予算をつける（budgeting）方式（system）」（西澤，1980：7）であるという。このうち「計画」とは，トップダウンの計画ではなく，業務活動の単位で作成されるディシジョン・パッケージ（個別業務計画表）のことである。この「ディシジョン・パッケージ」は，事業の順位付けの対象単位であり，最終的には組織の上層部において予算措置がなされる単位となるものである。

　ゼロベース予算は，単にゼロベースから予算を組み立てるのみならず，1960年代に連邦政府に導入されていた PPBS の欠陥を補完し，現場参加型の予算編成を志向し，プログラムの不断の評価を行おうとし，既存プログラムの存否にまで踏み込もうとする試みであった（西澤，1980：16-17）。

　ゼロベース予算の最大の難点は，サンセット法と同様，その「評価」が実務上の負荷となっていた点にあった。ゼロベース予算を理念どおりに実現しようとすれば，人員の増加とコスト負担を避けてとおることができない。また，民間企業で必要とされる迅速な環境適応と意思決定のための手段が，公的部門の安定性と意思決定にどれほど適合的なのかという問題もあった。実際に1990年代になると，連邦政府のゼロベース予算は廃止された。それは，1994年のクリントン政権下でのことであった。

3　政策終了の三つのモデル

評価最終段階説

　終了最終段階説は，いわば1970年代という時代の産物であった。そこには，「政策評価」が「政策終了」をもたらすという素朴な期待が込められていた。だがこの説は，現実において安定性を獲得するには至らなかった。山谷清志はこのことについて，「『客観的で科学的な政策分析に裏付けられた政策評価が政策終了，政策変更，政策再形成を導くはずだ』と考えた楽観的な思い込みが批判されたのである。」と指摘している（山谷，2012：62）。

　1980年代から2000年代にかけては，「政策終了」（政府組織の終了）を実現する手法として，民営化，規制緩和，PFI，エージェンシー化などのアウトソーシングの手法が世界的に注目を集めるようになった。これらは，政府財政の効率化の観点から，政策実施過程を政府以外の主体——民間企業，外郭団体など——に委ねようとするものであった。さらに，2010年代の日本では，「政策終了」（ポリシーの終了およびプログラムの終了）を実現する政府部内の取り組みとして「事業仕分け」や「行政事業レビュー」（以下「事業仕分け等」という）が登場した。これらは政府部内の予算編成の単位に近いレベルで事業の「廃止」を提起するものであり，大きな注目を集めるものとなった。

　ここでクローズアップしておきたいのが，「政策終了」の政策過程内の位置である。アウトソーシング手法においては，まず政府政策から政策実施部門の切り離しが起きた。政府政策の側から見れば，これを「政策終了」（政府組織の終了）とみることができると同時に，それは大きな「政策決定」が作動していた。また，事業仕分け等においては，それ自体が「政策終了」（ポリシーの終了およびプログラムの終了）を志向するものであると同時に，予算編成過程において，個々の事業を廃止するという「政策決定」を伴うものであった。重要なのは，「政策終了」と「政策決定」とが重なり合っている点である。

　日本のアウトソーシングの手法については，小泉純一郎政権下の取組を抜き

── コラム③　Go To キャンペーン ──

　2020年11月21日，政府は「GoTo キャンペーン」事業の一部見直しを表明した。

　「GoTo キャンペーン」事業とは，「新型コロナウイルス感染症緊急経済対策〜国民の命と生活を守り抜き，経済再生へ〜」（2020年4月7日閣議決定）に含まれていた取組項目であって，その趣旨は以下のようなものであった。すなわち，「新型コロナウイルス感染症の拡大が収束し，国民の不安が払拭された後は，反転攻勢のフェーズとして，今回の事態により甚大な影響を受けた分野に重点的にターゲットを置き，国民広くに裨益する，短期集中の思い切った支援策を講ずる。官民を挙げた大規模なキャンペーンを展開することを通じて，国内の人の流れと街の賑わいを作り出すとともに，消費需要を大胆に喚起し，日本経済を再び確かな成長軌道へ一気呵成に回復させていく。同時に，インバウンド復活への取組や農林水産業への経営支援等も通じ，地域経済の再活性化の機運を盛り上げる」。

　政府の新型インフルエンザ等対策特別措置法に基づく緊急事態宣言は，4月7日に発出された。最初は7都府県であったが，4月16日には全都道府県が対象とされた。この緊急事態宣言は，5月14日には八つの特別警戒都道府県を除いて解除された。その後は「社会経済活動」と「感染拡大防止」の両立を図るため，「新型コロナウイルス感染症の流行収束後の一定期間に限定」された「GoTo キャンペーン」が，スタートした。このときの事業規模は，1兆6,784億円であった。

　このキャンペーンには，「Go To Travel キャンペーン」「Go To Eat キャンペーン」「Go To Event キャンペーン」「Go To 商店街キャンペーン」などが含まれていた。これらのうち「Go To Travel キャンペーン」については，東京都以外は7月22日から，東京都は10月1日から開始されることとなった。また，同キャンペーンでは，国際旅行については最大35％の割引に加えて旅行代金の15％相当分の地域共通クーポンが付与された。普通ではできないすさまじい値引きである。

　ところが，11月21日になると「第三波」の到来への懸念から，キャンペーンは見直しを余儀なくされることとなった。その際，政府と東京都との間では認識のズレが目立った。政府側は経済への影響を念頭に，「まずは知事に判断していただきたい」としていたが，これに対し東京都知事は，「しっかり国の方でご判断いただきたい。それが責任だと考えています」とコメントしていた。

　この事業についてはいったいだれが責任をもつべきだったのか。また，1兆6,784億円は何をもたらしたということになるのだろうか。今後の検証がまたれる。

にして議論することはできない。また事業仕分け等については民主党等連立政権への政権交代を無視することができない。

　ここで注目しておきたいのは、「政策終了」が政治的な「政策決定」を伴って顕在化してきたという点である。「政策決定」の分析について有名なのはアリソンモデルである（Alison, 1971）。アリソンモデルには「合理的行為者モデル」「組織過程モデル」「政府内政治モデル」の三つが含まれるが、このモデルの重要な点は、経済学説、行政学説、政治学説を識別し、再整理しようというところにある。

　そこで以下では、「政策終了」の本質を「政策決定」であるとみなし、アリソンモデルを援用しつつ、日本における「政策終了」の具体的事例に関する再解釈を試みたい。さしあたりそれぞれのモデルの名称については、アリソンモデルに倣ってナンバーを付し、「第一モデル」「第二モデル」「第三モデル」と呼ぶことにしよう。

第一モデル

　経済合理性を基礎とし、その下で「政策終了」を説明することはできないか。これが第一モデルである。この第一モデルは、経済合理性に基づく「政府の撤退」を説明する際に有効である。先に登場したサンセット法やゼロベース予算も、この第一モデルに基礎をおいている。第一モデルは別名、「合理的行為者モデル」ともいう。ここでは「合理的終了モデル」と呼ぼう。

　合理的終了モデルについて、日本では具体的にどのような議論があったのか。その一例として挙げられるのが、『行政関与の在り方に関する基準』（1996年12月16日、行政改革委員会）である。同報告においては、次のように述べられていた。

　　「当委員会は、行政の関与の在り方を整理するための基準の必要性を認識し、あらゆる行政活動は財政的措置や経済活動への関与など経済的側面を有しているという点に着目して、行政全般を対象とする汎用性のある判断

基準を策定した。今後，ここに示す判断基準を適用し，行政が何をなすべきか，なすべきでないかについて整理することが必要不可欠であると確信している。」（「Ⅰ．問題意識」※下線筆者）

『行政関与の在り方に関する基準』は，「市場原理」について，「機会均等の原則」「効率的な資源配分」「創造性の発揮，活動の改善などのインセンティブ（誘因）」のあるきわめて優れた仕組みであるとし，「政府の失敗」「市場の失敗」という経済学説上の概念を用いて，公的部門の非効率性を指摘し，「行政関与の可否に関する基準」として以下の六点を提示していた。なお，同報告では先述の「サンセット法」にも触れられていたことを指摘しておきたい（「3．行政関与の仕方に関する基準」）。

① 公共財的性格を持つ財・サービスの供給
　　（経済安全保障，市場の整備，情報の生産，文化的価値）
② 外部性
③ 市場の不完全性（特に不確実性と情報の偏在（非対称性））
④ 独占力
⑤ 自然（地域）独占
⑥ 公平の確保（地域間の所得再分配，産業間の所得再分配，世代間の所得再分配）

　上記の六つの基準は，「行政の関与は，市場原理が有効に機能しない『市場の失敗』がある場合に限り，関与も必要最小限にとどめる。」という考え方に基づくものであった。「市場の失敗」とは，市場原理が働いていたとしても効率的な資源配分（パレート効率性）が達成されない状況を表現している。要するに上記の六つの基準は，「市場の失敗」の範囲に政府職能を限定し，それ以外の領域への政府の関与を「否」とすることを提案するものであった。
　政府の関与を「否」と判定することは「政策終了」の提起を意味する。この

モデルは，デレオンのいう「政府職能」レベルに合致している。すなわち，このような行政関与の可否の判定はその具現化が容易ではないものである。

第二モデル

　組織内のプログラム，ルーティン，標準作業手続（SOP：Standard Operating Procedure）に注目して「政策終了」を説明することはできないか。このような関心にアリソンの第二モデルは基づく。アリソンがその対象にしようとしていたのは，「意図と実際の行動のギャップ」，すなわち「政策実施」であり，このモデルの別名は「組織過程モデル」である。

　理念的にいえば，「政策実施」は「機械的な執行過程」であり，「ルーティン化されたプログラム」である。しかし，現実は理念どおりにはならない。それが，「意図と実際の行動のギャップ」をもたらすのである。

　「意図と実際の行動のギャップ」を捕捉するにはどうすればよいのか。そのためには第一に，「意図」があらかじめ明確な形で設定されなければならない。また第二に，「実際の行動」の帰結が「意図」と比較可能な形で示される必要がある。そして第三に，「ギャップ」が生じた原因を特定していくことが求められる。さらにそのためには「政策実施」の全体像が可視化されなければならない。

　この第二モデルについて，日本における具体例として参照できるのは，国の府省で行われている「行政事業レビュー」である。「行政事業レビュー」とは，「各府省自らが，自律的に，概算要求前の段階において，原則全ての事業について，予算が最終的にどこに渡り（支出先），何に使われたか（使途）といった実態を把握し，これを国民に明らかにした上で，外部の視点も活用しながら，過程を公開しつつ事業の内容や効果の点検を行い，その結果を予算の概算要求や執行等に反映させる取組であり，いわば『行政事業総点検』ともいうべきもの」とされている（行政改革推進会議「行政事業レビュー実施要項」，2020年3月27日改正）。

　行政事業レビューは，2010年に導入され，毎年，国の府省の事業のすべての

表3-3　国の行政事業レビュー「公開プロセス」における標語と判定基準

標　語	判 定 基 準
廃　止	「事業目的に重大な問題がある」，「地方自治体や民間等に委ねるべき」，「効果が見込めない事業内容や実施方法となっている」などの状況にあり，事業の存続自体に問題があると考えられる場合。
事業全体の抜本的な改善	事業の存続自体を問題とするまでには至らないが，事業全体として「事業内容が事業目的の達成手段として有効でない」，「資金が効率的に使われていない」，「効果が薄い」など，十分に効果的・効率的な事業となっておらず，事業内容を大幅かつ抜本的に見直すべきと考えられる場合。
事業内容の一部改善	より効果的・効率的な事業とするため，事業の中の一部のメニューの改廃，事業実施方法や執行方法の一部の改善等によって，事業内容の一部を見直すべきと考えられる場合。
現状通り	特段見直す点が認められない場合等

出典：行政改革推進会議「行政事業レビュー実施要項」（2020年3月27日改正）をもとに南島作成。

事業（約5,000件）を網羅的に点検するものであり，統一した様式（行政事業レビューシート）を用いて，事業の執行状況，成果，資金の流れ，自己点検の内容を公表するものである。これらの事業の中の一部は，公開の場で外部有識者を交えながら点検を受け（「公開プロセス」），さらに行政改革推進会議の下での検証も受けることとなる（「秋のレビュー」）。

　行政事業レビュー「公開プロセス」に参加する外部有識者は，対象となる事業について表3-3に示すような4種類の標語による判定を行っている。府省での会議に参加する外部有識者は5名前後であり，それぞれの有識者は標語による判定を行い，投票によってこれを集約する。そのうえで，各府省側はこの結果を参考としつつ，対応を図るのである。

　行政事業レビューは，いわば「公開型の予算査定」である。「政策終了」との関係では，この標語の中に，「廃止」が含まれている点が重要である。「廃止」という標語によって緊張感が生まれ，報道機関も関心を寄せる。

　行政事業レビューの単位は，デレオンのいう「プログラム」のレベルに合致している。行政事業レビューでの「終了」は，より包括的な「政策終了」の概念からいえば，「部分終了」でしかない。ただし，ここでの終了は予算査定の

レベルに近いことから登場頻度が高い。以上をふまえ，このモデルを「プログラム終了モデル」と呼ぶことにしよう。

　プログラム終了モデルの最大の難点は「評価」のあり方にある。行政事業レビューでは，目標に対する達成度や資金の流れ，アウトカムの発現状況などを明らかにすることが求められるが，有識者を交えた「公開プロセス」において常に争点となるのは，「上位目標との関係」「目的目標の明確化」「政策効果の発現状況」などである。また，これらの解決策として「今後，評価についてしっかりと取り組んでいく」ことが指摘されることが少なくない。この点については，サンセット法やゼロベース予算に付随した課題と共通していることを指摘しておくことができるだろう。

第三モデル

　政府部内のプレイヤー間の駆け引きの結果として生じる「政策終了」を説明することはできないか。第三モデルはこのような政治的な駆け引き，調整，取引に注目しようとするものである。別名は，「官僚政治モデル」「政府内政治モデル」である。ここは「政治的終了モデル」と呼ぼう。

　バーダック（Eugene Bardach）は政策終了の条件として，①既存の政策に縛られないあるいは過去との断絶の可能性がある政権枠組みの変化（政権交代を含む），②当該政策を包摂する信条基盤の権威の失墜，③多くの人々の期待が揺らぐ混乱期，④政策終了が惹起する衝撃緩和措置（戦略的な政策終了プロセスの設計），⑤政策終了のためのデザインの五つがあるとしている（Bardach 1976：130）。バーダックは，「政治過程」（political process）の中で「政策終了」を検討しようとしていた。確かに，上記の①から⑤はいずれも，政治の要素を排除して議論することができない。

　先に触れた行政事業レビューの取組は，民主党等連立政権が設置した行政刷新会議の下の「事業仕分け」を原型としていた。行政事業レビューが各府省内部での取組であるのに対し，事業仕分けは政府横断的な取組として政治主導の下で取り組まれたものであった。

表3-4 初期の事業仕分けの概要

	時　期	対　象
第一弾	2009年11月11-13日；16-17日；24-27日	各省の予算要求の449事業（約1.0兆円の歳出削減，約1.0兆円の財源確保（国庫返納など））
第二弾	2010年4月23-28日；5月20-25日	独立行政法人が行う事業（47法人151事業）や政府系の公益法人等が行う事業（70法人82事業）
第三弾	2010年10月27-30日；11月15-18日	「特別会計の徹底見直し」（18会計51勘定）および「再仕分け」（行政事業レビューや過去の仕分けの検証など112事業）

注：行政刷新会議の HP（http://www.cao.go.jp/gyouseisasshin/）をもとに南島作成。
出典：南島（2011：58）。

　事業仕分けは，2008年の自民党無駄遣い撲滅プロジェクトチームが手がけていたものであったが（「政策棚卸し」），2009年9月に政権交代を果たした民主党等連立政権下の行政刷新会議の取組として，高い国民的関心を集めた。この事業仕分けには第一弾から第三弾までがあった。この他，行政刷新会議の下で行われた取組には，「提言型政策仕分け」と「規制仕分け」もあった。表3-4は，事業仕分け第一弾から第三弾までの事業仕分けの概要である。

　「事業仕分け」はなぜ国民的関心をあつめることになったのか。それについては，①政権交代に連動する取組であったこと，②その構図が既存レジームとの対決型であったこと，③HP やメディアの報道を通じ，全面的な公開原則の下で取り組まれていたこと，④継続的な取組であることを前提に，ルールが明示されていたこと，⑤個別事業のレビューであり，内容が具体的でわかりやすかったことなどをあげておくことができる。

　このうち，ここでとくに重要なのは，①の「政権交代に連動する取組であったこと」である。政権交代が行われた際には，「政策終了」は顕在化しやすい。それは，前政権と新政権との間では，優先順位が異なるからである。

　たとえば，アメリカにおいて2009年に誕生したオバマ政権では，行政管理予算局（OMB）より，『政策終了・縮減・節約』（*Terminations, Reductions, and Savings: Budget of the United States Government, Fiscal Year 2010*）が示された。この文書の中では，設定された目標を達成しない，効率的な実施でない，また

は重複するプログラムを特定し，それらのプログラムを終了・縮減することが推奨されていた。なお，同文書では翌年の予算縮減額が約170億ドル（約2兆円）と見積られていた（南島，2020）。

　政治的終了モデルにおいて注目しておきたいのは，「政策終了」が政治変動を伴っている点である。デレオンの「政府職能」「政府組織」「ポリシー」「プログラム」の枠組みからいえば，これはいったいどこに該当するだろうか。ここではそのレベルを，「ポリシー」であると考えることができる。「ポリシー」は実務的な「プログラム」よりも抽象的な位置にあり，異なる政党間では「ポリシー」が異なる，と説明しておくことができる。

　ポリシーレベルの「政策終了」の提起は，既存のレジームへの挑戦である。そうであるがゆえに抵抗も激しく，ときの政権にとっては緊張を強いるものともなる。それを政治的に乗り越えるためには民意からの支持が不可欠であり，その民意を調達するためにも情報公開の度合いが重視される。それは政権交代が生じた際に，もっとも顕在化しやすい。

4　責任論と終了論

政治責任と行政責任

　「政策終了」の責任は政治が負うべきものなのか，それとも，行政が負うべきものなのか。本章の最後の問いはこれである。

　政治責任の視座から捉えるとき，「政策終了」はその時々の政治判断が介在する。他方，行政責任の視座から捉えようとするとき，「政策終了」に対しては，理論的な一般化ができないかという問題意識が頭をもたげてくる。アリソンモデルを応用する中で見えてきたのは，「政策終了」には政治責任と行政責任が混在しており，それらが十分に識別されていないということである。

　終了最終段階説は，政策過程の最後に「政策終了」の段階を追加しようとするものであった。本章は理念としてのこの説における「政策終了」の位置を否定するものではない。そのうえで，この説において「政策評価」と「政策終

了」との関係はどのように表現できるのだろうか。

　終了最終段階説は，サンセット法やゼロベース予算の例において明確に示されているように，ある種の価値を前提としている。これらの手法の中核にあったのは，「サンセット評価」や「プログラムの不断の評価」であった。それが現実的でなかったところに，これらの手法の限界はあった。それでは，「サンセット評価」や「プログラムの不断の評価」は誰が行うことが想定されていたのか。それは政治の責任で行われようとしていたのか。それとも，行政責任の範疇においてのみ試みられようとしていたものだったのだろうか。

　これらの手法をもう一度よく見てみると，「サンセット評価」にしろ，「プログラムの不断の見直し」にしろ，より事務的なレベルにおいて機械的に処理されようとしていたことがうかがえる。サンセット法については，ガードナーのサンセット原則においてそれが示唆されていた。また，ゼロベース予算においては，現場レベルで作成されるディシジョン・パッケージの作成過程と審査過程に「評価」が内蔵されようとしていた。それは行政責任の範疇において「政策評価」と「政策終了」を捉えようとするものであった，ということができる。

　これに対し本章は「政策終了」を「政策決定」の中に読み込もうとした。「合理的終了モデル」「プログラム終了モデル」「政治的終了モデル」は，「政策終了」を「政策決定」とみなし，政治責任の下で捉えようとしたのである。

何を「終了」すべきなのか

　「政策終了」の本質は，それが行政に対するコントロールである，という点にある。どのような形で行政に対するコントロールが可能なのか。それがこの問題の核心である。ここからいえば，行政内部に自動制御を組み込めばよいとする単純な説では不十分である，といっておきたい。

　行政に対するコントロールはどのようにすれば可能となるのであろうか。行政機能の量・質両面での膨張を前に，どのような手段を講じることができるのか。それが「政策終了」が直面している課題である。この問いに対する答えは，政治・行政の責任バランス，すなわち権力間の抑制均衡の仕組みをどのように

デザインするのかという点にある。もう一度，事業仕分けの例をみておこう。

　ここで留意しておきたいのは，「政策終了」が「既存レジームとの対決」となる点である。「既存レジーム」とは，具体的には，事業継続・承継をその本務とする行政官僚制の惰性を意味する。

　事業仕分けでは，権力分立のラインはどこに引くことができるのだろうか。それは，内閣・政務と行政官僚制の間であったのではないか。内閣・政務は職業政治家である。それは，とくに政権交代期においては，「既存レジーム」としての行政官僚制と明確に区別されなければならない存在となる。

　松下圭一は次のように述べている（松下，2009：173-4）。

　　日本で行政というとき，これまで内閣・省庁をまとめて行政府とよびがちでした。だが，憲法六五条で「行政権は，内閣に属する」というとき，第一に自治体の行政権をのぞき，第二に行政機構の省庁をのぞきます。国レベルの政府の「最高機関」である国会が首相を選んで構成される内閣の政治権限を「行政」とよんでいるのであって，このとき，官僚組織ないし行政機構としての省庁は，ここにはふくめません。国会・内閣は市民の「代表機構」たる憲法機構つまり《政府》ですが，省庁は税金によってまかなわれる市民の「代行機構」として，国会・内閣が立法でいつでもつくりかえうる〈補助機構〉にすぎません。

　OECD 諸国の中で最悪水準の1,200兆円を超える国・地方をあわせた長期債務残高を前に，新型コロナ感染症対策も加わり，財政状況はきわめて深刻な状況にある。今後は，歳出抑制を避けてとおることはできない。

　何をコントロールすべきなのか。この問いは政治責任と行政責任を論じる際のキーパーツである。この問いは，「政策終了」では，「何を『終了』すべきなのか」に置き直される。その際には，「誰がその責任を負うのか」という議論も忘れないようにしたい。

参考文献

石橋章市朗・佐野亘・土山希美枝・南島和久（2018）『公共政策学』ミネルヴァ書房。

岡本哲和（1996）「政策終了理論に関する一考察」『関西大学総合情報学部紀要　情報研究』（5）。

───（2012）「二つの終了をめぐる過程──国会議員年金と地方議員年金のケース」『公共政策研究』（12），6-47。

松下圭一（1998）『政治・行政の考え方』岩波書店。

───（2009）『国会内閣制の基礎理論』岩波書店。

南島和久（2011）「府省における政策評価と行政事業レビュー──政策管理・評価基準・評価階層」『会計検査研究』（43），57-71。

───（2020）『政策評価の行政学──制度運用の理論と分析』晃洋書房。

西澤侑編著（1980）『ゼロベース予算の導入と事例』税務経理協会。

畠山武道（1999）「サンセット法の成果と展望」『会計検査研究』（17），23-38。

三田妃路佳（2012）「政策終了における制度の相互関連の影響──道路特定財源制度廃止を事例として」『公共政策研究』（12），32-47。

柳至（2018）『不利益配分の政治学──地方自治体における政策廃止』有斐閣。

山谷清志（2012）「政策終了と政策評価制度」『公共政策研究』（12）。

Bardach, E., (1976), "Policy Termination as a Political Process," *Policy Sciences,* (7), pp. 123-31.

Biller, R. P., (1976), "On Toleration Policy and Organizational Tremination : Some Design Considerations," *Policy Sciences* (7).

Brewer, G. D. and Peter deLeon, (1983), *The Foudations of Policy Analysis,* The Dorsey Press : Cicago, Illinois.

Dery, D., (1984), "Evaluation and Termination in the Policy Cycle," *Policy Science* (17).

Hogwood, B. W. and Lewis A. Gunn, (1984), *Policy Analysis for the Real World,* Oxford University Press : New York.

May, J. V. and Aaron B. Wildavsky eds., (1978), *The Policy Cycle,* Sage Publications : Beverly Hills and London.

U. S. Senate, (1978), *Hearrings Before the Committee on Rules and Administration United States Sanate : Ninety-Fifth Congress (S. 2 and S. 1244),* Committee on Rules and Administration U. S. Senate.

■　　■　　■

読書案内

グレアム・アリソン＝フィリップ・ゼリコウ著，漆嶋稔訳（2016）『決定の本質──
　　キューバミサイル危機の分析　第二版』（上下）日経 BP。
　　公共政策学の古典的名著。第三次世界大戦直前といわれたキューバミサイル危機に
ついて，アリソンモデルを用いて見事に分析している。英語版が刊行されたのは1971
年。そこから半世紀となるが，いまなお世界中で親しまれている。

柳至（2018）『不利益配分の政治学──地方自治体における政策廃止』有斐閣。
　　政策終了を表題に掲げた唯一の研究書。同書で政策終了は「政策廃止」とされてい
る。政策終了の理論と現実の事例研究を組み合わせ，政治学の観点から分析を行って
いる。政策終了を「不利益配分の政治」であると表現している点にも注目したい。

セドオア・M. ポーター著，藤垣裕子訳（2013）『数値と客観性』みすず書房。
　　ひとはなぜ数字で表現されると，客観的だと考え，信頼するのか。なぜそれは一人
歩きすることになるのか。PPBS，サンセット，ZBB の背景にはこの問いが横たわる。
本書は信頼の技術としての「数」をめぐる重要な示唆を与えてくれる。

練習問題
①　サンセット法とは何か。その特徴はどういうものか。
②　ゼロベース予算とは何か。その特徴はどういうものか。

（南島和久）

第4章
行政責任の空洞化

┌─ **この章で学ぶこと** ─

　本章では，障害者福祉政策を事例として行政責任確保の具体的なあり方を学ぶ。まず，障害者の権利尊重や社会参加推進という理念が社会に浸透し，障害者福祉政策のパラダイム転換が生じたことを明らかにする。しかし，パラダイム転換が生じているにもかかわらず行政の対応は不十分である点を述べる。次に，障害者福祉政策における行政責任の考え方について説明する。

　第一に，アカウンタビリティおよびレスポンシビリティの観点から行政責任確保の態様を検討する。第二に，行政改革が進む中で，福祉サービスにおける民間への権限移譲が進み行政責任の空洞化が進んでいる点を明らかにする。第三に，作為過誤や不作為過誤による障害者の権利侵害が明らかになったときの行政責任確保について検討する。とくに，三点めについては，障害者の強制不妊手術問題や官公庁における障害者雇用率の水増し問題に対する行政の対応を事例として考察を深める。最後に，行政責任確保のためには，過去の反省をふまえた人権擁護施策の推進が必要である点を示す。また，地域住民や民間組織に福祉サービスの権限を移譲している現状では，行政責任の空洞化がますます進む可能性について述べる。

└─────────────

1　障害者福祉政策からみえるもの

社会状況の変化と行政の対応

　現状として，障害者福祉政策の枠組みは大きく進展を遂げつつある。日本政府が2014年に障害者権利条約に批准するにあたって，障害者基本法改正や障害者差別解消法制定などの法整備が行われ，障害者の社会参加の促進や人権尊重の流れが強まっている（岡村，2015）。社会においても，たとえば，障害者の強

制不妊手術問題が大きくマスメディアなどで報じられ，超党派の国会議員に
よって被害者に対する救済法案の立法化が進む（『朝日新聞』2019年3月15日朝刊
2面）など障害者の人権に関する理解は高まっている。もちろん，相模原障害
者施設殺傷事件（津久井やまゆり園事件）に象徴されるように障害者差別はいま
だ残存しているが（熊谷，2017），障害者が家庭あるいは施設に隔離されている
ことが当然と認識されていた時代（北川，2018）と比べれば隔世の感がある。

　しかし，政策実施を担う行政は，政策環境や社会状況の変化に対応できてい
ない。とりわけ，厚生労働省は，財政難や制度の持続可能性を理由として，障
害当事者の個別ニーズをできる限り尊重する抜本的な改革に反対し，その改革
は頓挫してきた（北川，2018）。また，後述する国の行政機関や地方自治体にお
ける障害者雇用の水増し問題は，行政組織内部では障害者の社会参加に関する
理解が定着していないことを如実に表している（『朝日新聞』2018年10月23日朝刊
2面）。行政責任を構成する価値概念の一種として，社会のニーズを適切なタ
イミングで政策過程に反映させる「応答性」があると言われているが（Gilbert,
1959），現状では応答性の価値は実現できていない。同様の議論は，日本の公
務員制度に関する文献でも言及されており，今後の公務員制度は「応答的政
府」を志向すべきという主張がなされている（西尾隆，2018）。

自律的な行政責任確保の困難

　もうひとつ重要な点は，国家の空洞化（hollowing out of the state）現象（R. A.
W. Rhodes, 1994）が，自律的な行政責任確保を困難にしている点である。国家
の空洞化とは，行政が公共サービス提供の主体からサービスを行政の代わりに
提供する NPO や民間企業と契約を行うだけの単なる融資者へと役割転換し，
行政の活動範囲が縮小する現象を意味している（Lee, 2012）。これは，公共
サービスの実施部分を行政活動から除外し，行政はサービス内容の決定部分に
専念するという NPM（New Public Management）の手法を反映している（曽我,
2013）。

　障害者福祉政策の分野でも，2000年代に施設サービスや在宅福祉サービスを

中心に，行政の判断によりサービス提供を行う「措置型福祉」から利用者個人とサービス提供者となる民間主体との主体的な契約に基づき利用料助成を行う「契約型福祉」へと移行している（小澤，2016）。しかし，サービスの提供部分を行政以外の主体に委託するならば，サービス提供の失敗の責任を実施主体に押しつけるという選択肢がとりやすくなるし，行政がサービス提供過程に関与しないならば自律的な責任の確保も難しくなる。つまり，行政責任の「空洞化」が障害者福祉政策においても生じやすくなる。

　以上から，障害者福祉政策における行政責任を検討する試みは，社会状況の変化に伴って行政が負うべき責任の内容が変わったとき，行政はどのように対応するのかという点を明らかにするには適切であろうと考えられる。くわえて，行政による福祉サービス提供システムの構造転換が進む中で，行政責任が空洞化する可能性を明らかにできる。そこで，本章では，障害者福祉政策に焦点をあてて，行政責任のあり方と作動状況について検討することにしたい。

2　障害者福祉政策と行政

障害者福祉政策の行政体系

　まず，障害者福祉政策に関わる行政組織の体系（国の府省レベル）について整理しておく。行政責任を考えるうえでは，どの組織がどのような権限をもっているのかを把握しておく必要があるためである。

　障害者福祉政策において一番注目を浴びやすいのは厚生労働省である。厚生労働省は，障害者に対する福祉サービスだけでなく，医療・雇用（あるいは福祉的就労）・所得補償（障害年金）などの広範な分野を所管している。障害者福祉政策の分野では，政策実施機能の根幹を担う府省である。その他にも，たとえば，国土交通省はバリアフリー住宅の助成，経済産業省は福祉関係機器の開発，文部科学省は特別支援教育といった形で障害者福祉政策に関与している。

　他方で，障害者福祉政策の企画立案は，内閣府の役割となっている。内閣府は，障害者基本計画（現在は，第4次障害者基本計画）の策定の役割を担ってい

る。障害者基本計画は，障害者福祉政策の体系の基盤となっており，基本理念だけでなく生活支援，医療，雇用，教育などの分野別施策の方向性・目標や各施策に共通する横断的視点（たとえば，障害のある女性への配慮）を定めている（北川，2018）。つまり，内閣府は，「一段上の立場」から各省の政策を統制している。

　しかし，実情として，内閣府は障害者福祉政策の企画立案に大きな影響力を発揮できるわけではない。障害者福祉政策における内閣府の役割は，各省庁の政策を束ね利害調整を行う「総合調整」にある（牧原，2009）。そのため，自律的に政策の企画立案を行うわけではなく，各省庁の政策立案内容のとりまとめを行うことが中心となる。また，内閣府は，障害者福祉政策のみならず，沖縄振興，防災，男女共同参画など総合調整を必要とする多様な政策領域を所管している（五十嵐，2013）。それゆえに，内閣府の職員は，厚生労働省の職員と比較すると，人事異動に伴う政策領域の担当の変化幅が大きいため，障害者福祉政策に精通していない可能性が高い。

　このように，政策実施部分は厚生労働省など各省庁が所管するいっぽうで，政策の企画立案部分は内閣府が所管するというややいびつな構造となっているため，行政責任の所在が不明確となりやすい点に留意する必要がある。たとえば，消費者庁のように，対象主体別の省庁であれば，責任主体はある程度明確である。しかし，「障害者省」あるいは「障害者庁」が日本の府省においては存在しない現状では，責任主体は分散せざるをえない。

障害者福祉政策のパラダイム転換

　次に，障害者福祉政策の歴史を簡単に振り返り，行政が責任を負うべき内容の変化を整理する。障害者福祉政策は，戦後からその体系が整備されはじめるが，1970年代までは障害者を家庭内あるいは施設内で保護する施策が推進されており，障害者は社会参加の場から実質的に排除されていた（北川，2018）。しかし，1980年代からは国連の国際障害者年キャンペーンや女性の社会参加推進など人権意識が高まる中で，障害者福祉政策も少しずつ自立支援や社会参加を

推進する方向へと変化していった（北川，2018）。

　とくに大きな転換点となったのが，2009年の自由民主党から民主党への政権交代後に行われた「障がい者制度改革」であった。これは，2014年の障害者権利条約批准に向けた動きであった（北川，2018）。障害者権利条約への批准は，障害の社会モデルを政府の政策に反映させることを意味する（岡村，2015）。従来の障害者福祉政策においては，障害者が経験している不利は障害者自身の機能障害が原因であるから治療によって不利の解消を目指す医療モデルを基調としていたため，障害者は受動的な「客体」として捉えられてきた。他方で，社会モデルにおいては，社会が作り出す制度や慣習が障害当事者に「障壁」を感じさせると捉える。それゆえに，障害当事者が社会参加にあたって障壁を感じる場合には，障害者自身が障壁を解消するための配慮を行政機関や民間事業者に求める権利を保障する制度の整備が必要となる。そのような制度の例が2013年に制定された障害者差別解消法における「合理的配慮」の規定であった。

　つまり，近年では，障害者福祉政策のパラダイム（認識枠組）が医療モデルから社会モデルに転換し，[2]行政が負うべき責任の内容にも変化が生じている（北川，2018）。障害者にとっての社会的障壁を解消するという政策理念が存在する以上，第三者の医学的基準ではなく，障害当事者が感得する生活ニーズに沿った基準に依拠した政策実施が必要となる。家庭内や施設あるいは病院内での障害者の保護ではなく，障害者が地域社会で自由に社会参加できる体制の整備が行政に求められる役割となったのである。くわえて，社会モデルへの転換に伴って，保健・医療分野や生活支援分野の施策の充実だけでなく，雇用・教育・防災などの面での社会的障壁の解消に向けた，より包括的な施策の充実が求められる。

パラダイム転換に対する行政組織の対応

　以上のようなパラダイム転換に対して，行政はどのように対応しているのであろうか。行政は，一方的に障害者に対して政策を実施するのではなく，障害者の意見やニーズを丁寧に聞き取ったうえでそれを反映した政策を実施して行

政責任を確保する必要がある。

　たしかに，障害者基本計画の策定や計画の実施状況の監視の場において当事者参画のしくみが整備された点は高く評価できる点である。国レベルでは，2009年に内閣府と厚生労働省の共同事務局体制の下で障がい者制度改革推進会議（2012年に内閣府所管の障害者政策委員会へと発展改組）が設置され，大半の委員が障害当事者あるいはその親という形態の審議会が実現した。くわえて，参加委員の障害の種別が多様であり，聴覚障害や視覚障害などを持つ委員に対する情報保障（手話通訳や点字版資料など）が充実している点が従来の審議会と異なる特色である（佐藤，2015；石川，2014）。ただし，障害者政策委員会が2018年に一度も開催されなかった事態については批判がなされている（内閣府，2019）。

　しかし，実際には，国や地方自治体を問わず，パラダイム転換後の政策理念に沿って行政が障害者に対応していないと思われる事例が多々ある。たとえば，ALS（筋萎縮性側索硬化症）を患い発音障害を有している埼玉県吉川市の男性が，重度訪問介護サービスの訪問介護時間数に関する訪問調査を行っていた市の障がい福祉課職員からの質問に五十音の書かれた文字盤を使い回答していたところ，市職員から「時間稼ぎですか」との暴言を受けた事例がある（『毎日新聞』2019年4月17日埼玉地方版朝刊23面）。これは，政策理念に関する理解が浸透していない状態を端的に表している。くわえて，人権侵害に値する発言は，障害者差別解消法第7条における不当な差別的取扱いに該当する可能性がある。また，後述する官公庁における障害者雇用の水増し問題は，障害者の社会参加の理念を軽視している行政の現状を象徴する事例である。

3　障害者福祉政策における行政責任

障害者福祉政策におけるアカウンタビリティとレスポンシビリティ

　障害者福祉政策において行政責任を確保するとはどういうことなのか。行政責任論の知見を用いてさらに深堀りしていく。行政学の一分野である行政責任

― コラム④　ハンセン病問題における行政責任 ―

　障害者に対する強制不妊手術問題と同じく，ハンセン病患者の施設への強制隔離による人権侵害の問題は，被害者による国家賠償請求訴訟に発展した事例である。「らい予防法」は，ハンセン病患者（旧来，ハンセン病は，千年来の迷信的な恐怖や嫌悪を表す通称の「らい病」と呼ばれていた）を終生療養所に隔離することを定めた法律で，1996年に廃止された。隔離政策がとられたのは，ハンセン病は感染力が強く「不治の病」であると誤った認識がなされていたためである。実際には，ハンセン病治療薬の開発により，戦後には「完治する病」となっていたのであるが，隔離政策は継続されたままであった（川崎，2015）。つまり，強制不妊手術問題と同じく，不当な人権侵害の状態が長年の間放置されたままであった。

　しかし，救済に至るまでのプロセスには大きな違いがあった。ハンセン病問題においては，救済法の制定や政府のおわびの前に，熊本地裁での判決（2001年5月）があった。この判決では，国がらい予防法にもとづく隔離政策の見直しを怠った不作為が全面的に認められ，国は敗訴した。これを受けて，当時の小泉純一郎首相は，元患者と官邸で面会し反省の意を述べた。そして，その後に反省とおわび，控訴断念を盛り込んだ談話を発表した。強制不妊手術問題の対応との違いは，直接面会して謝罪した点と，らい予防法の違憲性について訴訟で争うのを断念した点にある。

　くわえて，2019年6月には，熊本地裁が，隔離政策に伴うハンセン病家族への差別や偏見に対する国の責任を認め，損害賠償訴訟を起こした元患者の家族561人への総額3億7,675万円の支払いを命じる判決を言い渡した。この判決を受けて，国は控訴を断念した。その後，国会および政府は反省とおわびの意を表明し，ハンセン病元患者の家族に対し，1人あたり最大180万円の補償金を支給する補償法と，名誉回復のための改正ハンセン病問題基本法が2019年11月に成立した（『朝日新聞』2019年11月16日朝刊1面）。

　ハンセン病問題に関しては，控訴断念という形ではありながらも行政が実質的に責任を認める形となったが，強制不妊手術問題に関しては訴訟が現在進行中であり，最終的に政府が旧優生保護法の違憲性を認めるあるいは控訴を断念するかはわからない。また，なぜハンセン病問題と強制不妊手術問題とでは国の対応が異なるのか，その理由は明確ではない。しかし，いずれにしても，被害者の納得を得るためには，ハンセン病問題への対応の教訓を生かしつつ，行政の作為過誤を認め，アカウンタビリティ，レスポンシビリティ，そして補償責任のあり方を再検討していく必要があると考えられる。

論においては，必ずアカウンタビリティとレスポンシビリティという2つの責任概念がとりあげられる（たとえば，山谷，1999；新藤，2019；Cooper，2012）。

　障害者福祉政策に焦点をあてた場合，アカウンタビリティは，障害者権利条約や障害者基本法・障害者差別解消法などの障害者法制の内容に沿った政策実施ができていることを立証する責任となる。障害者福祉政策のパラダイム転換に伴い，障害当事者が表明したニーズに対応することもアカウンタビリティの対象となった点は重要である。つまり，アカウンタビリティ追及があった場合の行政のアカウンタビリティ確保のための負担は増したといえる。

　また，より具体的には，障害者基本計画にある政策目標の達成を立証することがアカウンタビリティ確保に直結する。たとえば，本計画では，福祉施設入所者の地域生活への移行者数の増加や精神病床における1年以上の長期入院患者数の減少などといった指標と目標値が列挙されているが（内閣府，2018），それらの目標値が達成されていないという追及を受けた場合は，達成できなかった理由や達成のための改善策を明確に説明する責任が行政には課されている。ただし，国レベルでは，とりわけ政策の企画立案部分においては，内閣府と他省庁の責任の所在が不明確であるため，政治家や国民（障害当事者を含む）はアカウンタビリティを追及しづらい。なお，地方自治体レベルでは，基本的には障害者福祉担当部署が障害者基本計画や障害福祉計画を作成しているため，アカウンタビリティの追及先は明確である。

　他方で，障害者福祉政策におけるレスポンシビリティは，政策実施の場面で発動しやすい責任である。基本的に，条約や法律の規定内容は過度の複雑化を避けるために概括的かつ抽象的なものにとどまっており，より具体的な事項については各府省レベルで決定できる府令・省令，通達などの下位ルールに委任できる。政策実施の場面においては，これらのルールについて状況変化に応じて行政の裁量で変更が可能となっている（森田，1988）。つまり，外在的かつ制度的なチェックがない場面で行政の価値観が政策に反映される場合がある。

　また，障害者福祉を含めた社会福祉政策の実施にかかわる地方自治体のケースワーカーは第一線職員と呼ばれ，とくに現場での福祉サービス提供（サービ

ス提供量の決定や支給可能なサービスの種類の決定）において大きな裁量を有している（Lipsky, 1980）。ただし，レスポンシビリティを確保する際に留意しなければならないのは，行政組織あるいは公務員個人と障害当事者との間の価値観に相違がある場合には，レスポンシビリティ確保の行為は「独善的」と非難される点である（北川, 2018）。

NPM 時代における行政責任の空洞化

　しかし，いずれの責任を確保するにしても，そもそも行政の責任範囲が縮小している点は指摘しておく必要がある。障害者福祉政策においても，1990年代後半の社会福祉基礎構造改革の流れを受けて，サービス提供の決定形態が「措置」から「契約」へと変わった。この改革において重要視されたのが，多様なサービス提供主体（民間営利事業者や住民参加型民間団体を含む）の参入促進や市場原理によるサービスの質と効率性の向上による障害当事者の選択機会の拡大であった（小澤, 2016）。また，従来の「措置」では，行政が受託事業者と契約を結ぶためサービス利用者には事業者の選択権がなかったが，「契約」の制度のもとでは利用者と指定事業者との間で契約が成立したあとで行政が指定事業者に対して利用料の補助を行う仕組みに変更された[(3)]（小澤, 2016）。つまり，サービス提供主体の選択の責任が行政からサービス利用者である障害当事者に移譲され，行政の責任範囲が縮小したのである。

　障害者福祉政策の文脈では，障害当事者の自己決定権を尊重する観点から，契約制度を高く評価する考え方も存在する（小川, 2017）。障害当事者がサービス契約権を有するようになれば，障害当事者各々の希望に応じたサービスを享受できる余地が広がる。障害当事者が一方的に排除あるいは保護されていた時代に生じた障害当事者運動あるいは自立生活運動の歴史をふまえれば（杉本, 2008），このような障害当事者の権利を拡張する動きが好意的に解釈されるのも理解できる。

　しかし，行政責任の空洞化そのものは，障害者福祉政策にとって必ずしも望ましい方向であるとはいえない。行政は福祉サービスの提供量などの支給決定

とサービス提供事業者の指定については依然として責任を有しているいっぽうで，障害当事者とサービス提供者との直接の契約については責任を持たなくなった。これは，障害当事者がサービスの質に満足しないあるいは介護事故が発生した場合，障害当事者がサービス提供者の選択を間違えた，すなわち自己責任であるから行政は責任を負わなくてよいという解釈を生み出しうる。

　とくに，事理の判断能力が不十分な知的障害者や精神障害者は，福祉サービスの事情に詳しい支援者がそばにいない限り，適切な判断ができず満足なサービスを享受できなくなる可能性が高くなる。たとえば，実際に，多くの知的障害者や精神障害者にとっての働く場を提供する自立支援給付である就労継続支援A型事業では，規制緩和による営利法人の急増も相まって，利用者の意向や能力をふまえた個別支援計画が策定されていなかったり，すべての利用者の労働時間を一律に短時間としていたりする不適切な事業所が続出している（厚生労働省社会・援護局障害保健福祉部障害福祉課，2017）。

障害者福祉政策における過誤と責任

　また，別の論点として，障害者の人権を侵害するような政策の失敗が明らかになったときに，行政はいかにして責任をとるのかという問題が存在する。行政責任論の観点から政策の失敗について論じるときには，作為過誤と不作為過誤という概念が用いられる（手塚，2010）。作為過誤は「するべきでないのにした」ことによる失敗であり，不作為過誤は「するべきだったのにしなかった」ことによる失敗である。本来は政策の失敗に関するリスクや不確実性に直面する行政の対応について考察するために用いられる概念ではあるが，本章では「政策の実施による失敗」を作為過誤，「政策の未実施あるいは不徹底な実施による失敗」を不作為過誤と幅広くとらえて議論を進める。

　行政による過誤に対する責任として，アカウンタビリティやレスポンシビリティの他に，補償責任（liability）が存在する（山谷，1999）。個人あるいはその代理人が行政の作為ないしは不作為による具体的な健康被害や権利侵害を立証できる場合には，行政の補償責任を追及することが可能となる。アカウンタビ

リティやレスポンシビリティと異なるのは，司法プロセスを通じて刑事責任や損害賠償責任が問われる点である（新藤，1999）。アカウンタビリティと共通する点として他律的に行政が統制される点があるが，責任を追及され認められた場合の制裁のレベルがアカウンタビリティの比ではない。アカウンタビリティの確保に失敗した場合にも行政組織あるいは公務員個人に制裁が科されるケースはあるが，あくまで行政組織内部の判断による「ハラキリ」（たとえば，予算の削減や個人の懲戒処分）にとどまる。

　これまでも行政の作為過誤や不作為過誤によって障害者の権利（生存権，幸福追求権，自由権，労働権など）が侵害されてきた歴史がある。それは，戦後から一貫した流れであり，NPM 時代から進む行政責任の空洞化以前から行政責任の機能不全が生じてきた。しかし，障害者福祉政策のパラダイム転換が進み障害者の権利保障が社会的規範として認識されるようになってきた中で，アカウンタビリティ，レスポンシビリティ，そして補償責任といった行政責任が問われる機会はますます増えると考えられる。以下では，近時において行政責任が問われている事例として強制不妊手術問題と障害者雇用の水増し問題をとりあげ，どのような責任が追及されているのか，また行政はどのように責任を確保しようとしているのかという点を考察する。

4　行政責任の二事例

事例1：作為過誤としての強制不妊手術問題

　障害者に対する強制的な不妊手術の実施は，子供を産む権利の明白な侵害であり健康問題を生じさせうるため，自由権や社会権に反すると国際社会から批判を浴びてきた（棟居，2019）。また，日本国憲法第13条（自己決定権）や第14条1項（平等原則）に違反すると解されるのが一般的である。そうであるならば，明らかな作為過誤であり，行政はその政策を実施してきたことについての責任を確保する必要がある。

　しかし，実際に強制不妊手術が実施されてきた背景には社会における優生思

想の浸透があり，今日，優生思想よりも人権保障の思想が浸透するまで強制不妊手術は作為過誤とみなされてこなかった。優生思想とは，身体障害や知的・精神障害が子孫に遺伝して民族が「逆淘汰」されないよう社会防衛を図るために障害者の断種を行う思想である（岡村，2019）。この思想は前述の障害者の保護を進める政策の思想とも通奏低音となっており，人権意識が高まりはじめた戦後高度経済成長期の1960年代から1970年代にかけては優生思想を前面に出さずに「不幸な子どもの生まれない運動」として強制不妊手術を奨励する運動が各都道府県で実施された（『朝日新聞』2018年11月24日朝刊2面）。この運動のネーミングが示すように，行政も，障害者当人や将来産まれうる子どもの幸福のために強制不妊手術を行うという「善意」に沿って運動を推進していた。障害者本人の権利を保障するという考えが浸透するには，長い時間を要したのである。

　簡単に歴史を振り返ると，戦後の1948年に成立した旧優生保護法の下では，1949年から法改正がなされる1996年までの間に障害者に対する強制不妊手術が約1万6,500件実施されてきたといわれる（日本弁護士連合会，2017）。すでに優生保護法は，優生思想にもとづく部分が障害者に対する差別になっているとして強制不妊手術に関する規定がすべて削除された形で母体保護法に改正されているが，近時に至るまで強制不妊手術の被害者への救済措置はとられてこなかった（棟居，2019）。こうした政府の対応に対して，2018年1月以降，被害の損害賠償を求める国家賠償請求訴訟が仙台や大阪などの各地裁で提起されている。また，これらの裁判を受けて，2018年3月には，強制不妊手術について考える与党ワーキングチームや議員連盟が結成され，2019年4月には議員立法による強制不妊救済法が衆議院・参議院両院で可決され成立した。強制不妊救済法では，おわびの意を示すための一時金の支給が柱となっている。行政の作為過誤が正式に認められるまでに，約70年の時間を要した。なお，「補償金」や「賠償金」といった表現ではなく，「一時金」と表現される理由は，国が責任を認めていないためである。

　この動きに対して，政府は，いまだに，旧優生保護法の違憲性を認めない立場にたっており，国家賠償請求訴訟に関して争う立場を堅持している。くわえ

て，もし，違憲であったとしても，旧優生保護法改正から20年が経っているため，損害賠償の請求権が20年で消滅する民法上の規定である「除斥期間」を適用できると国は主張している。現状では，裁判所の判決も，2020年6月の東京地裁判決をはじめとして，除斥期間を理由とした原告請求の棄却が相次いでいる。それに対して，原告側は，日本が1999年に批准した拷問禁止条約における「拷問」の要件を満たし，同条約では被害者への補償に時効を設けてはならないと定めていることなどから，除斥期間は適用されるべきでないと指摘している（『朝日新聞』2020年8月21日熊本全県版朝刊21面）。

　また，たしかに，書面で公表された首相談話においては政府の代表者としておわびの意を示しているが，強制不妊救済法前文のおわびの主体は「我々」となっており，国の責任が明示されていないとの批判がある（『朝日新聞』2019年4月25日朝刊2面）。くわえて，強制不妊救済法には旧法の違憲性や救済策を講じなかったこれまでの不作為についての国の責任に関する記載はない。

　なお，強制不妊救済法において，被害者と認定された場合，一時金320万円が支給されることとなっているが，プライバシー保護のために個別通知は行わず，被害者本人の申請により一時金支給がなされるため，たとえば知的障害を有する被害者は一時金を受けとれないのではないかという懸念がある。そのため，実際に，山形県，岐阜県，兵庫県，鳥取県の4県は，独自の判断で手術記録がある被害者と個別に面談をして一時金支給制度の通知を行っている（『朝日新聞』2020年8月6日朝刊22面）。これは，国と異なる制度運用により行政責任を果たそうとしている点でレスポンシビリティ確保につながる動きといえるであろう。

　以上の一連の対応について，行政責任の観点から分析すると，金額が低額であり，かつ救済が遅すぎるとの批判があるものの（『朝日新聞』2019年3月15日朝刊2面），一時金の支給によって補償責任が一定程度確保されている。しかし，いくつかの問題を指摘せざるをえない。

　第一に，国が違憲性や執行責任を認めていない点である。おわびの主体である「我々」には政府も含まれると考えられるが，行政が主体的に救済策を講じ

ていない時点で責任確保の程度は低いと言わざるをえない。たしかに，過去に
さかのぼって行政の責任を問うことは困難な部分がある。なぜなら，70年にわ
たる歴史に鑑みると，行政組織内の政策担当者はすでに退職しているし，母体
保護法への改正前に障害者政策に携わっていた旧厚生省職員や地方自治体職員
もほとんど在職していない可能性が高い。しかし，そもそも，本来であれば違
憲性の問題は旧優生保護法制定時から存在していたはずであり，それを放置し
ていたのであればアカウンタビリティの観点からも問題がある。もちろん，ア
カウンタビリティは，外在的な責任追及を前提としているので，社会から追及
が十分になされないから違憲性や執行責任を認めてこなかったとも解釈できる。
ただし，そうであったとしても，母体保護法への改正時や障害者権利条約への
批准時にも障害者差別に関して検討する機会があったはずであり，その時機に
救済策を講じなかった点はレスポンシビリティの観点からも問題がある。

　第二に，強制不妊救済法が政治家主導の議員立法であり，内閣提出法案では
なかった点である。たしかに，旧優生保護法の立法の責任は国会議員にあるた
め，訴訟を受けて立法化に進むのも理解できる。しかし，第一の問題点でも指
摘したように，母体保護法に改正した時点や障害者権利条約に批准した時点で
過去の作為過誤について反省しアカウンタビリティやレスポンシビリティを確
保する機会があったにもかかわらず，議員立法の成立によって受動的に「おわ
び」するに至った点は遅きに失した面がある。

事例 2 ：不作為過誤としての障害者雇用の水増し問題

　他方で，もうひとつの事例である官公庁における障害者雇用の水増し問題は，
行政の不作為や怠惰の露呈であり，2018年に障害者雇用制度を所管する厚生労
働省の調査（厚生労働省，2018）やマスメディアの調査（『朝日新聞』2018年10月23
日朝刊35面）によって明らかにされた。

　この問題は，障害者雇用率の達成のために，国税庁，総務省，経済産業省，
国土交通省などの中央省庁や地方自治体が意図的に障害を有しているとはみな
せない公務員を障害者として長年にわたって計上（中央省庁では28機関が計3700

人の不適切計上）していた問題である（『日本経済新聞』2018年10月23日朝刊2面）。
たとえば，国税庁は「うつ状態」と診断された職員を「身体障害者」として算入していたり，国土交通省は10年以上前に退職した者を計上していたりしていた（厚生労働省，2018）。また，都道府県レベルでも，障害者手帳の有無を確認せず本人の自己申告をもとに障害者数を集計していた都道府県や，診断書をもとに本人への確認なしに障害者として計上していた都道府県の存在が明らかとなっている（『朝日新聞』2018年10月23日朝刊35面）。本来は障害者手帳を有している障害者を官公庁で雇用しなければならないにもかかわらず，障害者が働く環境の整備に負担を要するために偽装の計上を行い，行政の不作為や怠惰の慣行が発覚しないようにしていた。

　なお，現在では，厚生労働省によると，国の35行政機関すべてが2019年12月末時点で公的機関の法定雇用率（2.5%）を満たしている。法定雇用率を満たしていなかった29機関が障害者4748人を雇って水増しを解消した。ただし，このうち77.9%の3697人は非常勤の職員である（『朝日新聞』2020年2月22日朝刊7面）。また，2019年度に採用された424人（8.9%）は職場環境や体調悪化などを理由に2019年12月末までに離職している。

　障害者雇用促進法にもとづき，行政機関や民間企業に一定数の障害者手帳を所持している障害者の雇用を義務づける法定雇用率制度が1976年から規定されている（小西・中川，2015）。とくに，国や地方自治体には，その公的な性格に鑑みて，より積極的に障害者を雇用するように民間企業に比べて高い法定雇用率（2020年11月時点では全体の2.5%，なお民間は2.2%）が課されている。ただし，民間企業と異なり，法定雇用率を達成できなかった場合に支払わなければならない納付金は支払う必要がないしくみとなっている。つまり，行政には法令違反の罰則が課されないしくみとなっているため，身内に甘い制度設計といわざるをえない（『日本経済新聞』2018年10月23日朝刊2面）。

　しかし，障害者に社会参加の場を提供するという政策目的を率先して達成すべき行政が障害者雇用率を達成していない事態を明らかにしてしまうと，法定雇用率を遵守しているあるいは納付金を支払っている民間企業から大きな反発

が生じ，障害者雇用の促進が困難になる。また，政策目標を達成していない事態についての厳しいアカウンタビリティ追及も国民や政治家からなされる。そこで，障害者雇用の水増しという不正が生じたと考えられる。

　障害者雇用の水増し問題は，端的に言って行政がアカウンタビリティを確保できていない典型的な事例である。各省庁や地方自治体が政策目標を達成しているように偽装していた点は，アカウンタビリティ確保の機能不全を表している。中央省庁レベルでは，2021年度から，法定雇用率を達成できなかった場合の罰則として，雑費などの庁費を不足一人あたり60万円減額するしくみが導入されることとなったが（『朝日新聞』2019年3月12日朝刊33面），「制裁」として機能するかは未知数である。

　また，障害者雇用制度の所管省庁である厚生労働省のチェック体制にも問題があった（『日本経済新聞』2018年10月23日朝刊2面）。各省庁や地方自治体は障害者の雇用数を厚生労働省に毎年報告するものの，厚生労働省は障害者手帳のコピーなど証拠書類の提出を求めず単純に集計を行っていたのみであった。その意味では，厚生労働省に対しては，各省庁や地方自治体への監督の不十分さという点でアカウンタビリティが追及される。

　なお，法定雇用率はあくまで「最低限の基準」にすぎないため，法定雇用率を超える積極的な障害者雇用を行う行政機関の存在はより望ましいのであり，その場合にはレスポンシビリティを確保していると解釈できる。また，レスポンシビリティ確保には，離職を防ぐための行政組織内での職場環境整備の施策，たとえばワークライフバランスの確保，相談体制の整備，業務内容の偏りの是正などの実施も含まれるであろう。さらに，雇用率水増しによる障害者の雇用機会の喪失も労働権の侵害といえるが，国家賠償請求訴訟の動きはなく，[5]補償責任が問われる事態とはなっていない。

5　レスポンシビリティ確保の必要

レスポンシビリティ確保による「応答」

　本章では，障害者福祉政策の行政責任のあり方と行政責任確保の現状について検討してきたが，事例の検討を通じて，社会状況の変化に「応答」する形で行政責任を確保できていないことを明らかにした。強制不妊手術問題にせよ障害者雇用の水増し問題にせよ，責任を回避するために，長年人権侵害の問題を放置してきた点は問題がある。また，とくに障害者雇用の水増し問題は，政策推進主体であるはずの行政がその役割を果たしていなかったといえる。障害者の社会参加について行政の理解や促進意識が低いままでは，障害者権利条約で規定されている内容を遵守するのは到底困難であり，今後も国際社会からの批判は避けられない。

　今後，障害者福祉政策における行政責任確保の機能を高めていくためには，障害者差別の解消に向けた人権擁護の施策を社会に向けるだけでなく行政内部においても推進していく必要がある。そのためには，中央省庁や地方自治体内部の職員間で障害者差別解消に関わる研修や実践を積み重ね，自律的な能力開発，すなわちレスポンシビリティ確保を進めていく必要がある。

　たしかに，2021年の東京オリンピック・パラリンピックの開催に向けてハード面やソフト面のバリアフリー化やアクセシビリティ向上のためのとりくみが進められ（東京オリンピック・パラリンピック競技大会組織委員会，2017），障害者にやさしい社会づくりは前進しているといえよう。また，高齢者や障害者を含めたあらゆる国民が社会で活躍できる「一億総活躍」社会というスローガンを用いて，とりわけ労働関連の施策を推進していく動きもある（首相官邸，2016）。しかし，未来志向の社会構築のとりくみや理念を掲げるだけでなく，過去の人権侵害の歴史を反省しそれを教訓として障害者の人権擁護を進めていかなければ，残存している障害者差別の問題は解消しないし，行政の責任確保も不十分なままであろう。

行政責任のさらなる空洞化

　最後に，とりわけ福祉サービス分野において，さらに行政責任の空洞化が進み行政責任確保に限界が生じる懸念を述べたうえで，論を閉じたい。そもそも，福祉サービス提供の決定にかかわる地方自治体は行政が果たすべき障害者の生存権保障のための責任を果たしていないという指摘があるが（藤岡・長岡，2013），さらに空洞化する可能性がある。NPM にもとづく社会福祉基礎構造改革によって，行政はサービス提供そのものの責任を負わなくなり，事業者の指定にかかわる責任とサービス提供量および種類の決定の責任のみを負うようになった点は前記の通りである。しかし，それにくわえて，2017年に公表された「我が事・丸ごと地域共生社会」構想のもとでは，地域住民や地域の多様な主体（NPO・自治会・民生委員・医療機関など）が協働して，障害者を含めた生活上の困難を抱える人を包括的に支援する体制整備の重要性が述べられている（厚生労働省，2017）。もちろん，行政単独では，障害者の個別の困難を把握し課題把握につなげるリソースが存在しないため，日常生活の支援も含めて地域住民との協力は不可欠である。しかし，多職種・多機関の連携ネットワーク（伊藤，2019）において行政が主体的な役割を担うことができなければ，地域住民やその他の主体への単なる「丸投げ」となり，行政責任のさらなる空洞化は避けられなくなるであろう。

注

⑴　本章では，「障害者」と統一して表記する。現状では，「障がい者」あるいは「障碍者」と表記する文献や行政文書なども多く存在するが，筆者は社会が構築する物や慣習が「障害」を生み出していると考えているため「障害者」という表現を用いる。

⑵　医療モデルから社会モデルへの障害者福祉政策のパラダイム転換において重要な点は，障害者の自己決定の尊重と，社会の中での障害者の包摂である。

　　前者は，医学モデルでは第三者である医師によって障害者の障害種別・程度だけでなく，生活ニーズまでもが判断され，障害者の人権が損なわれてきた歴史に対する反省に由来する。たとえば，重度精神障害者の精神科病院への非自発的入院制度

や障害者に対する強制不妊手術はその最たる例である。

　　他方で，後者は，医学モデルが「個人モデル」とも呼ばれているように，障害を有して社会生活を営むことを「自己責任」とし，労働，教育，買い物をはじめとしたさまざまな生活場面での社会の手助けや政策的支援が乏しかった歴史に対する反省に由来する。障害者差別解消法や障害者雇用促進法における「合理的配慮」の規定ができるまでは，たとえば職場の設備のバリアフリー化，入学試験などにおける点字試験の実施，盲導犬・介助犬などが同伴する入店許可といった障害者に対する配慮を民間事業者などに要請する政策が十分に存在しなかった。それゆえ，障害者に対する偏見や差別意識が少ない民間事業者や一般市民の善意に頼っている状態であった。

(3)　「契約」の制度のもとでも，行政は，指定事業者が福祉サービスを提供するのにふさわしい事業者であるか否かを確認するにあたって責任を有している。

(4)　たとえば，新薬の承認の場合，本来承認するべきでなかった新薬を承認した結果として副作用問題を生じさせる作為過誤と，承認するべき医薬品が承認されず，その恩恵に浴する人々の健康回復が果たされない不作為過誤の可能性がある。

(5)　行政機関に就職しなくとも，民間企業に障害者雇用の枠が多く存在するため，訴訟は起こりにくいと考えられる。また，障害者の母数が多くないため，行政機関が障害者の採用数を増やすと民間企業との人材獲得競争が生じ，民間企業による障害者の採用が困難になるとの指摘もある。

参考文献

五十嵐吉郎（2013）「内閣官房，内閣府の現在――中央省庁等改革から13年目を迎えて」『立法と調査』（347），参議院事務局企画調整室，54-79。

石川准（2014）「障害者政策への当事者参画の意義と課題」『障害学研究』（10），明石書店，26-31。

伊藤正次編（2019）『多機関連携の行政学――事例研究によるアプローチ』有斐閣。

岡村美保子（2015）「わが国の障害者施策――障害者権利条約批准のための国内法整備を中心に」『レファレンス』（777），国立国会図書館，27-55。

―――（2019）「旧優生保護法の歴史と問題――強制不妊手術問題を中心として」『レファレンス』（816），国立国会図書館，3-26。

小川喜道（2017）「日本においてパーソナルアシスタンスへの道は切り拓けるか――意思決定に基づく暮らしとその支援に関する日英の制度比較からの検討」岡部

耕典編『パーソナルアシスタンス——障害者権利条約時代の新・支援システムへ』生活書院，239-268。

小澤温（2016）「障害者福祉制度の流れを理解する——歴史とその展開」佐藤久夫・小澤温『障害者福祉の世界　第5版』有斐閣，73-111。

川崎愛（2015）「患者運動と政策の関係——ハンセン病，結核の比較を通して」『社会学部論叢』26（1），流通経済大学，99-115。

北川雄也（2018）『障害者福祉の政策学——評価とマネジメント』晃洋書房。

熊谷晋一郎（2017）「当事者から見た津久井やまゆり園事件」日本発達障害連盟編『発達障害白書（2018年版）』明石書店，3-7。

厚生労働省社会・援護局障害保健福祉部障害福祉課（2017）「就労継続支援A型事業の運用の見直し」日本発達障害連盟編『発達障害白書（2018年版）』明石書店，136-137。

小西啓文・中川純（2015）「障害と労働法」菊池馨実・中川純・川島聡編『障害法』成文堂，140-165。

佐藤久夫（2015）『共生社会を切り開く——障碍者福祉改革の羅針盤』有斐閣。

新藤宗幸（1999）「行政責任と刑事責任——HIV訴訟・松村ルートに関連して」『立教法学』（52），立教法学会，16-43。

————（2019）『行政責任を考える』東京大学出版会。

杉本章（2008）『障害者はどう生きてきたか——戦前・戦後障害者運動史　増補改訂版』現代書館。

曽我謙悟（2013）『行政学』有斐閣。

手塚洋輔（2010）『戦後行政の構造とディレンマ——予防接種行政の変遷』藤原書店。

藤岡毅・長岡健太郎（2013）『障害者の介護保障訴訟とは何か！——支援を得て当たり前に生きるために』現代書館。

西尾隆（2018）『公務員制』東京大学出版会。

牧原出（2009）『行政改革と調整のシステム』東京大学出版会。

棟居徳子（2019）「障がいのある人に対する強制不妊手術と国際人権基準」『障害者問題研究』46（4），全国障害者問題研究会出版部，19-26。

森田朗（1988）『許認可行政と官僚制』岩波書店。

山谷清志（1999）「自治体の政策責任——アカウンタビリティとレスポンシビリティの交錯」『年報自治体学』12，良書普及会，22-54。

Cooper, Terry, (2012), *The Responsible Administrator: An Approach to Ethics for* the *Administrative Role*, 6th ed., Jossey-Bass.

Gilbert, Charles E., (1959), "The Framework of Administrative Responsibility", *The Journal of Politics*, 21 (3): 373-407.

Lee, Mordecai, (2012), "US Administrative History: Golem Government", Peters, Guy B. and Pierre, Jon ed. *The Sage Handbook of Public Administration*, Concise 2nd ed., Sage Publications: 187-199.

Lipsky, Michael, (1980), *Street-Level Bureaucracy: Dilemmas of the Individual in Public Services*, Russell Sage Foundation. (＝田尾雅夫・北大路信郷訳（1986）『行政サービスのディレンマ──ストリートレベルの官僚制』木鐸社)

Rhodes, Roderick A. W., (1994), "The Hollowing Out of the State: The Changing Nature of the Public Service in Britain", *The Political Quarterly*, 65 (2): 138-151.

参考 URL

厚生労働省（2017）「『地域共生社会』の実現に向けて（当面の改革工程）」

　（2020年11月16日アクセス，https://www.mhlw.go.jp/file/04-Houdouhappyou-1260 1000-Seisakutoukatsukan-Sanjikanshitsu_Shakaihoshoutantou/0000150632.pdf）.

厚生労働省（2018）「国の行政機関における障害者雇用に係る事案に関する検証委員会　報告書」

　（2020年11月16日アクセス，https://www.mhlw.go.jp/content/11704000/000371020.pdf）.

首相官邸（2016）「ニッポン一億総活躍プラン」

　（2020年11月16日アクセス，https://www.kantei.go.jp/jp/singi/ichiokusoukatsuya ku/pdf/plan1.pdf）.

東京オリンピック・パラリンピック競技大会組織委員会（2017）「Tokyo 2020 アクセシビリティ・ガイドライン」

　（2020 年 11 月 16 日アクセス，https://tokyo2020.org/jp/organising-committee/ accessibility/data/accessibility-guidelines_JP.pdf）.

内閣府（2018）「障害者基本計画（第4次）」

　（2020年11月16日アクセス，https://www8.cao.go.jp/shougai/suishin/pdf/kihonkei kaku30.pdf）.

内閣府（2019）「事前提出意見　佐藤委員提出意見」

　（2020年11月16日アクセス，https://www8.cao.go.jp/shougai/suishin/seisaku_iinkai/ k_41/pdf/iken.pdf）.

日本弁護士連合会（2017）「旧優生保護法下において実施された優生思想に基づく優
　　生手術及び人工妊娠中絶に対する補償等の適切な措置を求める意見書」
（2020年11月16日アクセス，https://www.nichibenren.or.jp/library/ja/opinion/
　　report/data/2017/opinion_170216_07.pdf）.

■　■　■

読書案内

北川雄也（2018）『障害者福祉の政策学——評価とマネジメント』晃洋書房。
　障害者福祉政策における行政責任の考え方や，政策評価・調査の考え方について体
系的にまとめている。

佐藤久夫（2015）『共生社会を切り開く——障碍者福祉改革の羅針盤』有斐閣。
　なぜ行政は障害者福祉政策の推進に積極的ではないのか。その問いに，障がい者制
度改革の頓挫の経緯をふまえ答えを見出している。

杉本章（2008）『障害者はどう生きてきたか——戦前・戦後障害者運動史（増補改訂
　　版）』現代書館。
　障害当事者たちは，障害者差別に対する抗議運動を通じて行政の政策責任を糾弾し
てきた。その長い歴史を概観するのに最適な書である。

練習問題

①　あなたが関心をもつ政策分野においては，どのような作為過誤あるいは不作為過
　誤が生じてきたか，具体的な事例を調べてみよう。そのうえで，過誤に対して，行
　政は，どのように責任を確保しようとしたのか。アカウンタビリティ，レスポンシ
　ビリティ，補償責任の3つの観点から検討してみよう。
②　あなたが関心をもつ政策分野において，民営化や民間委託が進むサービスや事業
　がないか調べてみよう。そのうえで，行政責任の空洞化が進んでいるかどうか，そ
　して空洞化が進んでいるのであれば，どのような弊害が生じているのか検討してみ
　よう。

（北川雄也）

第5章

予期しない政策インパクト

─ この章で学ぶこと ─

　本章では，予期しない政策インパクトが生じた場合の行政責任確保のあり方を検討し，その困難さについて学ぶ。本章では，政策インパクトを「直接または間接で，意図の有無にかかわらず，正負双方のパターンで生じる長期的効果」と定義する。政策インパクトが政策実施開始から長期間経過後にしか判明しないのであるならば，行政が主体的に責任を確保するのは困難である。なぜなら，人事異動は頻繁であるし，長期間を経過すれば政策作成の責任者は退職している場合も多いからである。また，そもそも，長期の政策効果を事前に予測するのは難しい。くわえて，政策問題の構造の複雑さや，行政内部のセクショナリズムや行政改革による行政組織のスリム化，頻繁な人事異動といった行政の構造的要因も，予期しない政策インパクトの可視化を難しくする。最後に，わたしたち市民による行政責任追及の難しさにも触れる。通常，わたしたちは，長期的に政策を観察する視座を有していない。予期しない政策インパクトに関する行政責任追及を行うためには，政策の「歴史」を丹念に追って根本的な問題解決策を行政に提言していく必要がある。

1　予期しない政策インパクトとは何か

語句を分解して考える

　予期しない政策インパクトとは，政策作成あるいは政策実施開始時点では想定していなかった長期的な政策効果である。語句を分解すると，「予期」が事前段階での政策効果の予想を意味する。通常は，政策を作成する時点で政策のロジックモデルを作成したり，費用対効果分析を行ったりする際に政策効果の予測が行われる（南島，2018a）。予想がはずれた場合は，事前の政策効果の予

測が甘かったか，あるいは実施段階で社会状況が大きく変化し想定外の政策効果が発現してしまったパターンがありうる（北川，2015）。つまり，行政の能力不足あるいは不可抗力的な問題によって行政がコントロールできなかった政策効果が，予期しない政策効果である。

　他方で，「政策インパクト」は，長期間経過後に社会や経済に及ぼす政策効果を意味する。すなわち，短期では発現しない潜在的な政策効果であり，蓄積的なものである（Salamon, 1979）。たとえば，石炭火力発電所の増設など二酸化炭素の排出を抑制しない政策により地球温暖化が進んだと仮定する。そして，海水温が上昇し，たとえばサンゴが死滅し海の生態系システムが破壊されたとしても，それぞれの生物が一気に死滅するわけではない。そのため，地球温暖化が人間の食環境や住環境などに影響を及ぼすにはかなりの時間を要する。その意味で，エネルギー政策による地球温暖化のインパクトは，短期では潜在的で，かつ蓄積的であるといえる。

　政策インパクトという概念に含まれる政策効果の潜在性や蓄積性をふまえたうえで，本章では，ODA 分野の評価で用いられる評価基準である DAC 5 原則におけるインパクトの定義に準拠する。政策インパクトは，「直接または間接で，意図の有無にかかわらず，正負双方のパターンで生じる長期的効果」と定義する（外務省大臣官房 ODA 評価室，2018）。この定義からみてとれるように，政策効果の長期性以外にも，三つの特徴があるといえる。

政策インパクトの三つの特徴

　第一に，直接的な政策効果だけでなく，間接的な政策効果を含む点である。たとえば，自然環境を保護するための省エネルギー政策によってエネルギー消費量が減り経済活動が低下するといった，政策対象の外部に与える副次的な政策効果（side effects）（Vedung, 1997）は政策インパクトとなる。第二に，省エネルギー政策の例でもわかるように，意図しない政策効果が分析対象となる点である。行政は政策目標の設定を通じて政策意図を確定し目標達成度を政策効果としてみなす傾向があるが，目標に関連しない意図しない政策効果も分析対

象となる。そして，第三に，正の政策効果だけでなく負の政策効果を含む点である。

　とくに，第一の特徴と第二の特徴に関しては長期性との結びつきも強い。なぜなら，行政は事前に想定した対象集団や政策意図に着目して政策効果を把握する傾向にあり（北川，2018a），実際に間接的あるいは意図しない政策効果が発現していたとしても，行政にとっては潜在的であり効果の存在を認識するのに時間を要するためである。なお，インパクトの定義は，政策評価の現場においてもさまざまなものが存在しており，長期性を包含する概念である点は共通しているが，混在している概念の整理については，本章のコラム⑤（127頁）を参照していただきたい。

　ここでは，政策評価研究や評価実務においても，「政策効果」という同種のカテゴリーとして解釈される「アウトカム」と「インパクト」についてその意味の違いを区別しておきたい。長期アウトカムがインパクトに相当すると解することも可能であるが，アウトカムは対象集団の変化による社会問題の解決と定義されているため(1)（南島，2017），先に定義したインパクトの内容に含まれている負の政策効果や，行政の意図と異なる対象集団以外への間接的な政策効果はアウトカムではない。つまり，インパクトは，アウトカムよりも広範な範囲をとらえた政策効果の概念である。また，アウトカムは，社会に対する意図した便益であるため（Fox, Grimm and Caldeira, 2017），行政の意図や政策目標が明確であればアウトカムの把握はインパクトの把握よりも容易である（北川，2018a）。

　このように，政策インパクトの把握は，意図との相違や間接性，さらには潜在性や蓄積性を考慮しなければならないゆえに，アウトカムの把握よりも困難である。その結果として，「予期しない」政策インパクトが発現しやすくなるのである。そして，政策インパクトを予期できなかった状態は，実際には二つに分類できる。

予期しない政策インパクトの発現類型

　第一に，政策効果の種類の予測の失敗である。たとえば，都市間高速道路の敷設によって都市部の経済活動が活性化したり自動車で郊外の町から通勤する人の満足度が向上したりして政策が成功したと認識されたとしても，長期的には都市部の人口が減ったり自動車の排気ガスの排出により高速道路周辺の大気汚染が進んだりしたといった思わぬ生活環境面での負の政策インパクトが出現した事例がある（Guy Peters, 2015）。

　第二に，政策効果の程度の予測の失敗である。とくに，負の政策インパクトの程度が予測に反して大きくなった場合は問題となる。たとえば，さきほどの都市間高速道路の事例でいうならば，都市部の人口減少や環境汚染といった負の政策効果の存在を行政が認識していたとしても，行政が負の政策効果の程度の予測を甘く見積もり敷設をそのまま実行した結果，負の政策効果が正の政策効果よりも顕在化した場合である。

　本章では，予期しない政策インパクトのうち，負の政策インパクトを念頭に論を進める。正の政策インパクトが発現した場合は，たとえ当初の行政の意図と異なっていたとしても，結果的に経済状況や社会状況の改善につながる[2]。しかし，予期しない負の政策インパクトが発現した場合は，社会や経済に何らかの悪影響を与えるため，政策を実施する行政の責任が問われる事態となる。また，作為過誤であれ不作為過誤であれ，予期しない負の政策インパクトの発現が政策の失敗として捉えられたならば，市民の行政に対する信頼が損なわれる可能性がある。そこで，行政の予期しない負の政策インパクトが生じたときに，行政は責任を確保しうるのか，また市民による責任追及はいかにして可能なのかについて，以下検討していきたい。

2　予期しない政策インパクトと行政責任

政策の時間軸と行政責任

　もちろん，予期しない負の政策インパクトが発現した場合でも，行政は責任

をとらなければならない。2011年3月11日の福島第一原子力発電所事故のように，突然の想定外の災害（地震と津波）が引き金となったケースでも，人々の生命や健康を脅かした場合は，行政は原子力発電を推進してきた責任を厳しく追及されている（新藤，2019）。

　しかし，政策インパクトが政策実施開始から長期間経過後にしか判明しないのであるならば，行政が「主体的に」責任を確保するのは困難である。なぜなら，とくに日本の公務員制度では，頻繁に（おおよそ2年から3年に1回）課レベルでの人事異動が実施されるためである（伊藤・出雲・手塚，2016）。短期の場合では，まだ人事異動が行われていないため，政策作成の担当者に直接責任を追及することができる。しかし，課レベルでの人事異動が行われてしまうと，しばしば所掌する政策が変わるため，当時の担当者は直接の責任を負わなくなる。それ以降でも，行政組織に在籍している場合は，責任を追及することは可能であるが，退職してしまうと責任は追及できなくなる。

　したがって，行政が責任を確保しうるのは，最長でも，政策の作成に関与した者が行政組織に在職している期間，せいぜい20年から30年程度である。退職している場合は，政策作成の責任者不在のまま，政策を実施している行政組織としてやむを得ず責任を確保する事態となる。当然のことながら，本来の答責者はいないため，行政組織は進んで責任をとろうとはしない。もちろん，行政の道義的責任が問われるため，行政組織として被害者へのおわびと損害補償[3]を行う必要に迫られる可能性はありうる。なお，前章でとりあげた障害者に対する強制不妊手術問題やハンセン病患者の施設隔離問題のように，長年の不作為が意図的に放置され行政の責任を回避しようとしている事例も，長期間経過した問題への行政責任確保の困難さを表している。

　それゆえ，行政が政策責任を確保する際には，短期の政策効果の把握に基づく情報提供が中心となる。日本の府省における政策評価制度や地方自治体における行政評価制度では，アカウンタビリティ確保をひとつの目的として政策効果を把握する活動を行っている（山谷，2012）。しかし，日本の行政における政策評価活動は目標管理型の政策評価が標準化しており，意図した短期的アウト

カムの把握が中心となっている（北川，2018a）。また，目標管理型の政策評価の手法は，政策目標に焦点が集中する「視野狭窄的」な評価になるという欠点を有しており（de Zwart，2015；van Thiel and Leeuw，2002），予期しない政策インパクトの把握には適していない。

　他方で，行政の政策責任を追及する側も，公開されている政策評価情報だけでは，予期しない政策インパクトに関する責任追及は困難である。そのため，政策失敗に関する行政責任を追及する場合には，短期の政策目標の未達成がなぜ生じているのかを行政に対して問うしか選択肢がないのである。

　なお，目標管理型の政策評価の対となる評価手法としてゴールフリー型評価（Goal Free Evaluation：GFE）が存在する。ゴールフリー型評価は，政策目標の存在を考慮の外に置いたうえで，政策対象者や利害関係者のニーズに合致した政策効果が発現したか否かを確認する評価手法である。この評価手法は，政策実施研究のボトムアップアプローチやストリートレベルにおける官僚の役割と親和性がある。また，政策目標にもとづいた政策評価と対比して，ニーズにもとづいた政策評価ともよばれる（Scriven，1991）。この評価手法においては，政策対象者や利害関係者へのニーズ調査ないしはインタビュー調査を通じて，行政側の政策意図や予期との関係の有無を考慮せずにあらゆる政策効果を把握する。その結果として，予期しない政策インパクトの所在を発見できる余地がある。

　しかし，ゴールフリー型評価は，評価における行政実務において普及してこなかった。その理由は，評価実務に対応した具体的方法論が確立されていない点（Jabeen，2016）やニーズ調査にかかる費用が高い点（Vedung，1997）にある。費用面について補足しておくと，行政は，予期しない政策インパクトの把握のために多くの組織資源や金銭を費やすことが困難である。行政組織は，政策評価のみに組織資源を集中させるわけではない。行政組織は，新規の政策作成，それに伴う法案作成，予算要求および予算執行に関わる組織管理といった多様な業務と並行して政策評価に取り組んでいく必要があり，ゴールフリー型評価のような綿密な評価を実施する余裕が必ずしもあるとはいえない。

長期の時間軸への対応

とはいえ，行政は，長期の政策インパクトを予測し，政策インパクトを事前に予期できるように対応する場合もある。防災政策あるいは国土強靭化政策や原子力規制政策の領域では，地震や火山噴火，あるいは原子力発電所などへのテロのリスクを予測したうえで，それらが人々の生活に与える影響を予測している（城山，2018）。また，整備新幹線や高速道路建設などの交通政策の領域では，費用とともに経済効果の予測が行われる（長峯，2014）。たとえば，政府の中央防災会議の作業部会が富士山の大規模噴火による首都圏の生活影響の予測を行った例がある（中央防災会議，2020）。その予測では，1707年の16日間続いた宝永噴火をモデルとして降灰量をシミュレーションし，東京都心では1センチ程度の降灰となることを明らかにしている。そして，1センチ程度の降灰であっても道路の通行止め，飛行機の機体トラブル，鉄道の遅延・停止など交通面で人々の生活に悪影響を与えるリスクがあると指摘している。

しかし，物理的に，長期の政策インパクトを予測するのは困難を極める。さきほどの富士山噴火のシミュレーションのように，過去の災害の事例をもとにシミュレーションができれば予測はたてやすくなる。他方で，過去に例のない大噴火が発生した場合は，未知のリスクすなわち不確実性の発生が予想され（Walker, Lempert and Kwakkel, 2013），人々の生活にどれだけの悪影響を及ぼすかはわからなくなる。

くわえて，福島第一原子力発電所事故の発生に象徴されるように，地震と津波の同時発生といった複合災害リスクの予測技術はいまだ脆弱である（城山，2018）。なお，科学技術政策やテロ対策などの分野では，不確実性がある場合，甚大な被害を防ぐために前もって規制などの政策を実施する予防原則（precautionary principle）の考え方が存在する（城山，2018）。ただし，規制は強制力が強く人々の自由を制約する政策手段であるため，強固な科学的根拠がないと規制の実施が困難というジレンマがある。

また，短期の利益追求や希望的観測が冷静な判断を狂わせ，予期しない負の政策インパクトが発現しやすくなる。大災害や大事故は，まれにしか起きない

出来事であるため，予期しない政策インパクトの存在を過小評価してしまうのである。そのため，政策実施の手間やコストを避けるために対応を行わないのである。

　そうした失敗例のひとつとして，2012年の山梨県の中央自動車道の笹子トンネル崩落事故があげられる（『日本経済新聞』2012年12月16日朝刊13面）。9名の死者が出た重大事故であったが，その原因はトンネルの老朽化であった。高速道路に限らず，戦後に敷設されたインフラの老朽化は従来から指摘されていたが，大事故に至った事例がなかったため，今回の事故が起きるまでは放置されていた。

　くわえて，異常事態発生を前にして，精神の安定を保つために異常事態を正常の範囲内と解釈し想定が甘くなる人間心理のバイアスも存在する。災害心理学の分野では，「正常性バイアス」と呼ばれる人間心理の癖である（広瀬，2004）。たとえば，2018年の西日本豪雨災害では，事前に気象庁から大雨に関する情報が発表され，かつ大雨特別警報が出されていたのにもかかわらず，住民の避難に遅れが生じ被害が増幅したのは正常性バイアスに起因するとの指摘がある。つまり，住民は，「警報」が出るのは日常茶飯事であるから，たいした被害は生じないと解釈したのである。この点で，行政の意図は住民に十分伝わらなかったと考えられる。

　そして，蓄積的な負の政策インパクトに関しては，発現の認識が遅くなり，気が付いたときには手遅れとなってしまう傾向にある。たとえば，東京一極集中は，戦後の高度経済成長期から徐々に地方部からの人口流入や企業集積によって程度が増してきた（内閣府，2014）。現在までは，とくに災害や大規模テロが発生していないため，東京においては大きな問題は生じていない。しかし，東京には行政機能も集積しているため，大規模な直下型地震や洪水，テロなどが一度起これば，首都機能がマヒするというリスクへの顕著な脆弱性，すなわち潜在的な負の政策インパクトが存在する。さらに，東京一極集中が進めば進むほど，負の政策インパクトの程度は蓄積的に増幅していく。また，地球温暖化問題のように，温暖化ガスの排出から気候変動や海面上昇といった悪影響が

現れるに至るまで大きなタイムラグがある事象もある（Nair and Howlett, 2017）。

　以上のように，予期しない負の政策インパクトが発現した場合，事後的な行政責任の確保が困難であるのにくわえて，事前に政策インパクトを予測し行政責任を確保する試みも予測技術の限界，人間心理のバイアス，蓄積的な政策インパクトの認知の難しさといった点をふまえると困難である。

3　予期しない政策インパクトが生じる構造的要因

負の政策インパクトを議論する二つの軸

　本節では，そもそも予期しない負の政策インパクトが生じやすいのは，どのような要因が存在する場合なのかについて，二つの軸をふまえて議論を進める。この二つの軸は，予期しない負の政策インパクトが発現した後に，行政が責任を確保したり，あるいは外部から行政責任を追及したりする際の参照点となる。

　第一に，政策そのものの構造に起因しているのか，それとも行政の構造に起因しているのかという軸である。もちろん，両面が混在している場合があるが，政策そのものの構造に起因している傾向が強い場合は，行政に過失の責任があると断言できなくなる。これは重要な論点となるため，小見出しを分けて整理を行う。

　第二に，第一の軸であげる予期しない負の政策インパクトが生じやすくなる要因が生起する政策過程の場面に関する軸である。具体的には，政策デザインの場面と政策実施の場面に分けて整理する。政策実施研究における政策失敗の研究では，失敗の原因を政策デザインの時点と政策実施の時点の二つに分類するものがあり（南島，2018b），本章ではその分類に則り議論を進める。政策デザインの失敗とは，政策目的および政策手段の設定や政策実施に向けた計画を作成している時点での見通しの甘さに起因する失敗である。他方で，政策実施の失敗とは，社会変化に伴って政策実施環境が変わることに起因する失敗である。なお，政策失敗には，たとえば2020年の新型コロナウイルス感染拡大第一波時の全世帯への布マスク（いわゆる「アベノマスク」）の配布のように，政策効

果がほとんど表れなかったパターンも含まれると考えられるが，本章では検討の対象としない。

政策構造の問題

　政策問題がみなで合意できる単一かつ具体的な問題で，目標や解決策も限定的で明確であれば，政策問題の構造は「良構造」（well-structured）であるとされる（宮川，1994）。良構造であれば，政策実施の結果の予測の確実性が高まり，結果の不確実性があってもそのシナリオの発生確率を予測可能である。しかし，多くの政策問題がそうであるように，良構造ではない問題が多い。政策問題に対する価値観が政策に関与するアクターによって大きく異なり，目標や解決策が多様かつ不明確にならざるをえない「悪構造」（ill-structured）の要素が強い問題も少なくない（Simon，1997）。悪構造の場合，最適解がないままに探索的に問題解決のための政策を実施せざるをえない。問題解決策の探索が困難であれば，政策担当者の情報処理能力にも過大な負荷がかかり，適切な政策デザインや政策実施が難しくなる。それゆえ，結果の不確実性が高くなり予期しない負の政策インパクトも生じやすくなる。以下では，悪構造ゆえに予期しない負の政策インパクトが生じる要因を四つあげる。

　第一に，人によって問題認識やめざすべき目的・目標が異なるため（石橋，2018），予期しない負の政策インパクトが生じやすくなる。これは，政策デザインの段階で行政が問題認識や目的・目標の多様性を十分に考慮できなかったために生じた政策失敗のパターンである。

　たとえば，経済格差という問題を解決するために民間企業に労働者の賃上げを強制する政策を実施したとしよう。労働者にとっては喜ばしく，労働者の消費量が増え経済循環が良くなれば民間企業の経営者にとっても長期的には良い結果になると考えられる。しかし，民間企業の経営者の視点からみると，少なくとも短期的には賃上げ分の利益の減少につながる。とくに，経営基盤の安定しない企業にとっては，利益減少は経営悪化ひいては経営者の交代や倒産につながる死活問題である。そのため，採用人数を減らしたり中途退職者を増やし

── コラム⑤　混在する「インパクト」概念の整理 ──

　本章におけるインパクトの定義以外にも，研究領域や政策領域の違いによってさまざまな定義が存在する。本コラムでは，代表例として二つ紹介する。

　第一に，プログラム評価の一分類の「インパクト評価」における「インパクト」の定義である。インパクト評価は，二つの類型に分類できる（Fox, Grimm and Caldeira, 2017；Hansen, 2005）。一つめは，目標達成型（goal-attainment）モデルである。これは，その名の通り，事前に意図した政策効果の有無を検証するための評価モデルとなっており，実験や準実験，統計解析的手法といった科学的手法を用いる。政策立案者にとって望ましいインパクトの有無のみを評価するため，アウトカム評価とも呼ぶ。二つめは，諸効果（effects）モデルである。こちらは，意図しない負の副次効果も含めて，あらゆる政策効果を評価するモデルとなっており，未知の政策効果を発見するために定性的評価を実施する場合もある（北川，2018b）。前者のモデルにおける「インパクト」を想定する場合は，本章の定義は合致しないいっぽうで，後者のモデルにおける「インパクト」を想定する場合は，本章の定義と合致する。

　なお，近年では，「社会的インパクト評価」という新たな評価概念が登場している。これは，NPOが実施する事業への民間企業等の投資のリターンとしての事業の効果を測定する活動を総称したものである（社会的インパクト評価イニシアチブ，2018；Epstain and Yuthas, 2014）。社会的インパクトは，「短期，長期の変化を含め，当該事業や活動の結果として生じた社会的，環境的なアウトカム」（社会的インパクト評価イニシアチブ，2018）と定義する場合，本章の定義とは合致しない。むしろ，社会的インパクト評価はインパクト評価の目標達成型モデルに近い。

　第二に，規制影響分析（Regulatory Impact Analysis, 日本では規制の政策評価と呼ぶ）あるいは環境影響評価（Environmental Impact Assessment, 日本では環境アセスメントと呼ぶ）における「インパクト」の定義である。規制影響分析における「インパクト」は，大気汚染物質の排出規制や消防設備の必置など規制の導入にあたって，事業者や一般市民に与える便益・効果および負の影響・費用を意味する（Peters, 2015）。また，環境影響評価における「インパクト」は，空港建設やダム建設などの公共事業を実施する際，想定可能な生態系に与える影響を意味する。いずれも，政策を実施する前のインパクトの予測が前提にあるため，「予期しない」政策インパクトを考慮に入れておらず，本章の定義に合致しない。

たりして，賃上げ分の損失を補おうとする可能性がある。そうすると，結局，労働者が賃上げ政策によってさらに苦境に陥るという予期しない負の政策インパクトが生じる。以上の例は，労働者および行政と民間企業の経営者との間の問題認識や目的・目標の違いから予期しない負の政策インパクトが生じうることを表している。

　第二に，問題とされる対象について完全に把握することはできず，せいぜい部分的な把握にとどまるゆえに（石橋，2018），予期しない負の政策インパクトが生じやすくなる。政策デザインの段階で問題解決のための知識や技術に不確実性があれば，問題状況やその原因の分析に主観的解釈の要素が入らざるを得ないため（Nair and Howlett, 2017），予期しない負の政策インパクトが生じやすくなるのである。

　たとえば，地球温暖化問題はその典型例であろう。たしかに，二酸化炭素をはじめとした温室効果ガスの排出により世界各地の気温上昇が生じているといわれている。しかし，データとして相互の相関関係は明らかであったとしても，本当に温暖化ガスが気温上昇に影響を与えているのかという点に関して因果メカニズムの理論や科学的根拠が頑強ではない（Nair and Howlett, 2017）。それゆえ，エネルギーコストが安い石炭火力発電を推進したい温暖化懐疑派の人々と地球温暖化防止を訴える人々との間で問題認識の対立が生じており，世界全体で温室効果ガスを削減する動きが十分に進んでいない。その状況下では，仮に本当に温室効果ガスのせいで気候変動が激化するようであれば，大規模な洪水や干ばつなどといった予期しない大災害を招きかねない。

　第三に，政策間の相互依存性によって（石橋，2018），予期しない負の政策インパクトが生じやすくなる。実際には政策分野間で矛盾する政策効果をもつ政策が実施されている場合でも，政策デザインの段階では，異なる政策分野の状況までは考慮しきれないときがある。たとえば，2020年に新型コロナウイルス感染症が感染拡大する以前は，外国人観光客を誘致する観光政策は，京都をはじめとして成功をおさめていた。しかし，大量に来訪する外国人のマナー問題などの「観光公害」は，住宅価格の低下を招き，さらに日本人向けの店の立地

を難しくし，まちづくり政策や都市計画の分野に予期しない悪影響を与えた（『日本経済新聞』2019年5月3日朝刊4面）。

　第四に，社会環境の動態性が予期しない負の政策インパクトを生じやすくする。上記の3つの要因とは異なり，このパターンで予期しない負のインパクトが発現した場合は，政策実施の時点に起因する失敗となる。つまり，政策デザインの段階での計画通りに政策が成功していたとしても，災害などの突発的なイベントの後に急に政策が失敗する。たとえば，2011年の東日本大震災の発生とそれに伴う福島第一原子力発電所事故によって，これまで保たれてきた原子力発電の安全神話は崩壊し（新藤，2019），老朽原子炉の廃炉や再稼働にあたっての審査体制の強化（原子力規制委員会の設置）を迫られるようになった。

行政構造の問題

　政策構造の問題に関しては，政策問題の性質に起因する要素が強いため，明確な問題解決策がないままに政策を実施している行政の責任を厳しく追及することは難しいかもしれない。しかし，行政構造すなわち行政組織内部の制度運用が，政策効果の分析能力を低減させ，その結果予期しない負の政策インパクトが発現しているのであれば行政責任の追及の余地がある。また，行政構造の問題は，政策デザインの段階での政策効果の分析能力だけでなく，政策実施後の社会環境の変化に対応した政策効果の分析能力を低減させる。以下では，行政構造の側面から，予期しない負の政策インパクトが生じやすくなる要因として，本章では三つあげる。

　第一に，セクショナリズム（縦割り行政）は，予期しない負の政策インパクトを生じやすくする。国の中央省庁や地方自治体においても，政策課題別に行政組織が水平的に分立しているため，日本の行政組織のシステムはセクショナリズムであるといわれる（今村，2006；南島，2018b）。セクショナリズムは，行政組織内の専門性を高めるうえでは有効に機能するいっぽうで，組織横断的な機能統合を阻害するため，視野狭窄的になりやすい。それゆえ，さきほど言及した政策の相互依存性を把握しきれず，他の政策部門に波及する間接的な政策

インパクトを把握できなくなりやすい。

　たとえば，子どもの虐待対策は厚生労働省の雇用均等・児童家庭局および地方自治体の児童養護担当部局の所管であるが，虐待は必ずしも親の性格に起因するだけではない。生活保護費の削減により，世帯の経済状況が困窮しているゆえに，親が子どもを虐待してしまう場合がある。そうした場合には，厚生労働省の社会・援護局および地方自治体の生活保護担当部局との連携が必要となるが，セクショナリズムの状況下では，子どもの虐待に至る負の政策効果のメカニズムが見通せない（新藤，2019）。

　第二に，行政組織のスリム化を志向する行政改革は，予期しない負の政策インパクトを生じやすくする。行政組織のスリム化は，財政健全化のための無駄なコスト削減としては有効である。しかし，行政組織のスリム化が公務員数削減のためのツールとして実施されるものであれば，マンパワーが減るため政策分析能力が低減し，予期しない負の政策インパクトが生じやすくなる。また，公務員数は減らなくとも，スリム化のための施設統合や組織統合が行われた場合，住民が日々の困りごとを相談する場が少なくなる。住民による相談は，政策に対する不満を聞き取ることができる機会であり，不満の聞き取りから予期しない負の政策インパクトの存在をはじめて認識できる場合もある。なお，組織のスリム化とは逆で，組織の冗長性（redundancy）を保持すべきとの議論も存在する。無駄と思われている行政機能の重複を排除せず冗長性を備えていれば，過誤の発生を抑制し行政の信頼性を高めることができるという主張である（伊藤，2019）。

　とくに，地方自治体では，指定管理者制度をはじめとして，公の施設（地域包括支援センターや男女共同参画センターなど住民の相談窓口となりうる施設）の運営管理を株式会社やNPOに委託し，行政組織本体のコストを減らすしくみが浸透しつつある（南島，2018b）。また，2000年代の市町村合併によって，吸収された町村の本庁機能は廃止され，支所へと規模が縮小された。これに伴い，支所では取り扱えない事象に関して，住民は本庁舎まで気軽に相談に行くのが難しくなった。さらに，大阪市を廃止し政令指定都市未満の権限に縮小した特別

区に4分割するいわゆる「大阪都構想」のように，都道府県と政令指定都市の二重行政を批判する動きも強まっている（北村・青木・平野, 2017）。二重行政の解消のために，組織や施設の統合が進むと，住民の相談先の選択肢が少なくなる。なお，2015年5月の1回目の住民投票に続いて，2020年11月の住民投票において僅差とはいえ反対多数で大阪都構想は再度否決されたため，大阪市民は行き過ぎた行政組織のスリム化には否定的であるといえるかもしれない。

　第三に，頻繁な人事異動は，予期しない負の政策インパクトを生じやすくする。前節では，頻繁な人事異動によって，予期しない負の政策インパクトの行政責任確保や行政責任追及が困難になる点を指摘した。それ以外にも，予期しない負の政策インパクトの把握にあたって弊害が存在する。日本の公務員制度のシステムはジェネラリスト型の公務員の養成を前提としており，公務員は幅広い職務の経験を通じてキャリアを形成していく。つまり，頻繁な人事異動を通じて，幅広い政策領域の管理に通用する行政執務の知識やノウハウを身につけることが優先されるシステムとなっている。しかし，2年から3年のスパンで他部署への異動が発生するため，特定の政策に関する専門的知識を身につけられない。それゆえ，日本の公務員の政策分析能力が十分でない可能性がある。その場合，予期しない負の政策インパクトを把握する余力は少なくなっていると考えられる。

4　行政責任追及の困難とその克服

行政責任を追及するために

　最後に，予期しない負の政策インパクトの行政責任を追及する側となる，わたしたちはいかなる視座をもつべきかについて若干の考察をくわえる。予期しない負の政策インパクトが発現したにもかかわらず，行政が主体的に責任を確保しようとしないときは，わたしたち市民がその責任を追及する必要がある。

　たしかに，前記したように，行政が公開している政策評価情報をもとにして行政責任追及を行っても，短期の政策失敗しか問えないであろう。くわえて，

一般市民はテレビや新聞などのマスメディアやネットメディア（Twitter などの SNS を含む）から政策に関する情報を得ることができるが，マスメディアの報道や SNS での議論のトレンドは一過性のものにすぎない。とくに，マスメディアは，政策の立案および決定のタイミングや政策失敗が明らかになったときには大量に出来事を報じるいっぽうで，平常時に移行すると継続的に政策の動向を監視する機能は弱い。それゆえ，一般市民は，一時のブームが過ぎれば政策に関心を持たなくなり（Downs，1972），予期しない負の政策インパクトの存在も忘却してしまう傾向にある。以上のような状態では，政策失敗が大規模で即時に行政の対応が求められる場合を除いては，予期しない負の政策インパクトに関して外部から行政責任追及を行うのは困難である。

政策史の可能性

しかし，そのような困難を乗り越えて行政責任追及を行うためには，わたしたちが長期的な視座をもって政策を監視していく必要がある。ひとつの有力なアプローチとして，政策史がある。政策史とは，政策に関する過去の事実を丹念に収集して，政策の今後の方向性を展望するアプローチである（猪飼，2019）。予期しない負の政策インパクトの分析の文脈に当てはめるならば，負の政策インパクトの予兆とその証拠となる出来事や人々の不満を政策実施の現場の実態調査ないしは他国の文献調査などで継続的に収集し，負の政策インパクトの所在を明らかにする試みであるといえよう。なお，政策評価研究においても，同様のアプローチとして，政策のレビューが存在する（田中，2006）。ただし，過去に起きたことのない出来事の予測は，政策史においても原理的に不可能である点には留意しなければならない。

そして，政策史を通じて得た予期しない負の政策インパクトに関する知見を行政に伝えて問題提起を行う必要がある。政策史的な観点からの行政への問題提起すなわち行政責任追及にあたっては，政策過程への専門家の参加にとどまらず，予期しない負の政策インパクトの影響を被りうる市民の政策過程への参加や市民のエンパワメントが不可欠であり，政策史研究に対する行政の支援や

わたしたちの問題意識の醸成が必要である点を指摘して本論を閉じたい。

注

(1) インパクトの定義において準拠した ODA 評価ガイドラインによれば，アウトカムは，「アウトプットによって達成が見込まれる，または達成された短期的および中期的な効果」と定義されている。

(2) たとえば，やや短期的に発現したインパクトであるかもしれないが，いわゆるアベノミクスによる低金利政策は，その意図通りに円相場を円安に導き景気を上向かせたが，それ以外にも外国人観光客を増加させ観光地に経済効果をもたらした予期しない正の政策インパクトがあった。また，他の例として，インドや中国などでは，新型コロナウイルスの感染拡大によるロックダウン（都市封鎖）の実施後，経済活動が停止したため，大気汚染の原因となる微小粒子物質 PM 2.5などの汚染濃度が低下した。その結果，ぜんそくをはじめとする呼吸器疾患や循環器系の病気のリスクを下げ死亡率を低下させうる予期しない正の政策インパクトが生じたとされる。

(3) もちろん，国家賠償にあたっては，被害者側が行政の過失を司法プロセスにおいて立証し，賠償請求が認められなければならない。

参考文献

猪飼周平（2019）「ヘルスケアと社会福祉における政策史の可能性」猪飼周平編著『羅針盤としての政策史——歴史研究からヘルスケア・福祉政策の展望を開く』勁草書房，1-20。

石橋章市朗（2018）「問題——調査と構造化」石橋章市朗・佐野亘・土山希美枝・南島和久『公共政策学』ミネルヴァ書房，185-209。

伊藤正次・出雲明子・手塚洋輔（2016）『はじめての行政学』有斐閣。

伊藤正次（2019）「多機関連携とは何か」伊藤正次編『多機関連携の行政学——事例研究によるアプローチ』有斐閣，3-16。

今村都南雄（2006）『官庁セクショナリズム』東京大学出版会。

北川雄也（2015）「予期しない政策効果を把握するための方策——政策評価の限界と政策リサーチへの展望」『同志社政策科学研究』17（1），同志社大学政策学会，107-118。

———（2018a）『障害者福祉の政策学——評価とマネジメント』晃洋書房。

———（2018b）「障害者政策の評価における定性的手法の活用——総務省行政評

価局調査の役割の検討」『季刊 評価クォータリー』（47），一般財団法人行政管理研究センター，21-39。

北村亘・青木栄一・平野淳一（2017）『地方自治論——2つの自律性のはざまで』有斐閣。

城山英明（2018）『科学技術と政治』ミネルヴァ書房。

新藤宗幸（2019）『行政責任を考える』東京大学出版会。

田中弥生（2006）「構造調整借款20年間のレビューからみる日本政府の政策と判断」『日本評価研究』6（1），日本評価学会，85-101。

長峯純一（2014）『費用対効果』ミネルヴァ書房。

南島和久（2017）「行政管理と政策評価の交錯——プログラムの観念とその意義」『公共政策研究』（17），日本公共政策学会，83-95。

―――（2018a）「評価——アカウンタビリティと改善」石橋章市朗・佐野亘・土山希美枝・南島和久『公共政策学』ミネルヴァ書房，185-209。

―――（2018b）「実施—行政活動とその変容」石橋章市朗・佐野亘・土山希美枝・南島和久『公共政策学』ミネルヴァ書房，163-183。

広瀬弘忠（2004）『人はなぜ逃げおくれるのか——災害の心理学』集英社。

宮川公男（1994）『政策科学の基礎』東洋経済新報社。

山谷清志（2012）『政策評価』ミネルヴァ書房。

Downs, Anthony, (1972), "Up and Down with Ecology—the 'Issue-attention Cycle'", *The Public Interest*, 28 : 38-50.

Epstain, Marc J. and Yuthas, Kristi, (2014), *Measuring and Improving Social Impacts : A Guide for Nonprofits, Companies, and Impact Investors*, Barret-Koehler Publishers.（＝鵜尾雅隆・鴨崎貴泰監訳，松本裕訳（2015）『社会的インパクトとは何か——社会変革のための投資・評価・事業戦略ガイド』英治出版, 2015。）

Fox, Chris, Grimm, Robert and Caldeira, Rute, (2017), *An Introduction to Evaluation*, Sage Publications.

Hansen, Hanne F., (2005), "Choosing Evaluation Models : A Discussion on Evaluation Design", *Evaluation*, 11 (4) : 447-462.

Jabeen, Sumera, (2016), "Do We Really Care about Unintended Outcomes ? : An Analysis of Evaluation Theory and Practice, " *Evaluation and Program Planning*, 55 : 144-154.

Nair, Sreeja and Howlett, Michael, (2017), "The Central Conundrums of Policy Formulation : Ill-Structured Problems and Uncertainty", Howlett, Michael and Mukherjee, Ishani ed. *Handbook of Policy Formulation*, Edward Elgar : 23-38.

Peters, Guy B., (2015), *Advanced Introduction to Public Policy*, Edward Elgar.

Salamon, Lester M., (1979), "The Time Dimension in Policy Evaluation : the Case of New Deal Land Reform", *Public Policy, 27* : 129-183.

Scriven, Micheal, (1991), *Evaluation Thesaurus*, Fourth Edition, Sage Publications.

Simon, Herbert A., (1997), Administrative Behavior : A Study of Decision Making Process in Administrative Organizasions, 4th ed., Free Press. (＝桑田耕太郎・西脇暢子・高柳美香・高尾義明・二村敏子訳（2009）『経営行動——経営組織における意思決定過程の研究　新版』ダイヤモンド社).

van Thiel, Sandra and Leeuw, Frans L., (2002), "The Performance Paradox in the Public Sector", *Public Performance and Management Review*, 25 (3) : 267-281.

Vedung, Evert, (1997), *Public Policy and Program Evaluation*, Transaction Publishers.

Walker, Warren E., Lempert, Robert J. and Kwakkel, Jan H., (2013), "Deep Uncertainty", Gass, Saul I. and Fu, Michael C. eds. *Encyclopedia of Operations Research Management Science*, Springer Science : 395-402.

de Zwart, Frank, (2015), "Unintended But Not Unanticipated Consequence", *Theory and Sociology*, 44 : 283-297.

参考 URL

外務省大臣官房 ODA 評価室（2018）「ODA 評価ガイドライン　第11版」（2020年11月16日アクセス，https://www.mofa.go.jp/mofaj/gaiko/oda/files/000369136.pdf.）

社会的インパクト評価イニシアチブ（2018）「社会的インパクト・マネジメント・ガイドライン Ver. 1」（2020年11月16日アクセス，https://www.impactmeasurement.jp/wp/wp-content/uploads/2018/11/impact-management-guideline-ver1.pdf）.

中央防災会議（2020）「大規模噴火時の広域降灰対策について　首都圏における降灰の影響と対策——富士山噴火をモデルケースに」（2021年2月17日アクセス，http://www.bosai.go.jp/kazan/kouiki/kouhaiworking/pdf/syutohonbun.pdf）

内閣府（2014）「東京圏への一極集中に関する論点ペーパー」（2020年11月16日アクセ

ス，https://www5.cao.go.jp/keizai-shimon/kaigi/special/future/wg3/0917/shiryou_04-1.pdf）．

■　　■　　■

読書案内

山谷清志（2012）『政策評価』ミネルヴァ書房

　アカウンタビリティ確保のための政策評価（プログラム評価）の理論と，日本の政策評価制度の実際の展開との落差を明確に示している。

伊藤正次編（2019）『多機関連携の行政学——事例研究によるアプローチ』有斐閣。

　組織の冗長性を肯定する内容になっており，「競争」ではなく「協調」志向の地方自治体における多機関・多職種連携の効果を明らかにしている。

猪飼周平編著（2019）『羅針盤としての政策史——歴史研究からヘルスケア・福祉政策の展望を開く』勁草書房。

　短期的な視座で政策を評価するのではなく，長期の過去の政策の歴史を分析し未来の政策の処方箋を出す政策史アプローチを提唱している。

練習問題

①　希望的観測や正常性バイアスを排除して，予期しない負の政策インパクトの発現を防止するためにはどのような方策が有効か議論してみよう。

②　セクショナリズム，行政改革，頻繁な人事異動のそれぞれのメリット・デメリットをあげたうえで，予期しない負の政策インパクトの発現を防ぐために，メリットを犠牲にして制度改善が必要であるかどうか，あなたなりの考えをまとめてみよう。

（北川雄也）

第 II 部
行政とその統制

第6章

政策のコントロール

この章で学ぶこと

　この章では統制（control）をキーワードに，公共部門における統制手段とその変容について説明する。行政学では，行政統制や民主的統制などの用語として用いられてきたが，現代政府のあり方を理解するうえでも統制は重要な概念である。政府のアカウンタビリティを追及するうえで，監査や評価といった行政統制の手段が用いられる。現代の政府のあり方が変化する中で，統制のあり方も大きく変容している。背景には，PPBS に代表されるプログラム予算の動向や，20世紀後半に諸外国の公共部門でみられた監査の発展とプログラム評価の出現がある。「行政の統制」と「政策の統制」との関係を理解しそれらを識別することが，複雑な政府活動の実態を理解するための第一歩である。

1　公共部門の統制

統制とアカウンタビリティ

　統制（control）[1]とは，アカウンタビリティ（accountability）と表裏の関係にある重要な概念である。本章では，この「統制」にこだわって議論を展開する。経済協力開発機構（OECD）の報告書では，統制は「運営の有効性と効率性，報告の信頼性および適用可能な法と規則に対する遵守に関して合理的な保証を提供するように設計されたプロセス」（OECD, 2005 : 86 = 2006 : 117）と定義される。ここでいう「合理的な保証」を提供するための中心的な手段が監査（audit）や評価（evaluation）である。監査や評価はアカウンタビリティの観点から言及されることが多い。

　統制と表裏の関係にあるアカウンタビリティは，本書でもすでに言及されて

表 6-1　行政統制の変容

	伝統的な統制	現代的な統制
統制の環境	外　　部	内　　部
統制の対象	財　　務	業　　績

出典：OECD（2005＝2006）をもとに橋本圭多作成。

いるように，現代の政府を理解するうえで鍵となる概念である。公共政策の立
案と実施に際して，政府は市民に対するアカウンタビリティを負う。従来，政
府のアカウンタビリティを追及する手段として発達してきたのは，法令遵守や
会計上の適切さを確保することを重視する監査であった。その後，アカウンタ
ビリティの考え方は，「手続志向の監査」から，政策の有効性を確保すること
を重視する「結果志向の評価」へと変容していった。

　アカウンタビリティは「複雑でカメレオンのような用語」であり，概念の範
囲や意味が「自身の行動について責任を問われるという中核的な意味をはるか
に超えて，多くの方向に拡張されてきた」と指摘されている（Mulgan, 2000：
555）。たとえば，ロムゼク（Barbara Romzek）とダブニック（Melvin Dubnick）
は，アカウンタビリティの概念を，統制の強弱（high/low），統制の内部／外部
（internal/external）の軸によって，官僚的，法的，専門的，政治的の4つに整
理している（Romzek and Dubnick, 1987：229）。ここでは，内部の統制でありか
つ統制が弱い「専門的アカウンタビリティ」の領域においては，統制が及びに
くいという特徴があることが重要である。

　本章では，統制のあり方がどのように変容してきたのかを，統制の環境（外
部／内部）と統制の対象（財務／業績）という二つの観点から論じる（表6-1）。
まずはこの二つの整理からみていこう。

外部統制と内部統制

　第一に，外部統制と内部統制についてである。この線引きは一般的に行政府
の外部から行われる統制なのか，内部から行われる統制なのかによって区別さ
れる。行政学では，第8章で詳しく論じられている行政統制の構図が知られて

いる（Gilbert, 1959；第8章表8-1）。中央政府における外部統制として想定されるものには，議会による統制，司法による統制のほか，会計検査院による外部監査などがある。これに対して，中央政府における内部統制として想定されるのは，行政機関における内部監査や会計・人事・文書の官房機能などを含めた内部統制の環境である。ここでは外部監査と内部統制に注目しておこう。

　現代の監査では，外部監査と内部統制は切り離されるものではなく，相互補完的な関係にある。外部監査は内部統制に依存しており，内部統制が有効に機能していることが外部監査の成否を左右する。20世紀の行政国家化により政府活動が拡大したことで財務取引も量的に増加し，すべての取引を検証することが物理的に困難となった。後述するように，外部監査の対象が財務会計のみならず行政活動や政策の内容を対象とするようになったことで，会計学の知識だけでは対応ができなくなった。統制する側と統制される側とのあいだには情報の非対称性が存在する。このため，外部監査においては，会計学以外の高い専門性を有する職員を増強するなどして監査能力を強化するいっぽうで，内部統制の環境も重視されるようになっている。

財務による統制（財務監査）と業績による統制（業績監査）

　第二に，統制の対象となる財務と業績についてである。これはアカウンタビリティの拡張と軌を一にしている。政府のアカウンタビリティを確保するための手段として中心にあった監査は，監査対象を財務や会計から政府の業績へと拡大させてきた。これにより，財務の適切さを確認する従来の作業から，政府政策の業績を確認するより専門性の求められる作業へと監査の質も変化してきた。このように，従来の財務監査から新たな業績監査へと監査が発展してきた背景には，内部統制が重視されるようになったことも関係している。しかし，業績監査によって大きく変化したのはアカウンタビリティの考え方とその対象であった。つまり，従来の財務監査に対して，新たに目標設定やインセンティブなどの積極的な意味が見いだされるようになり，そして監査の対象が拡張され，政府の政策やプログラムをも対象とするようになった。

表 6 - 2　財務監査と業績監査の比較

特　徴	財務監査	業績監査
介入のポイント	事後	事前および事後
主たる対象	個人／会計	個人／プログラム
主たるメカニズム	ルール	インセンティブ
制裁の役割	否定的	肯定的
マネジメントの役割	監督／規律	目標設定／強化
監視の役割	検出／強制	評価／ベンチマーキング
戦略の複雑性	単純	より複雑
効果の持続	短期的	中期的

出典：Burke and Haynes（2016：2385）を橋本訳。

　表 6 - 2 では，財務監査と業績監査の特徴を比較している（Burke and Haynes, 2016：2385）。たとえば，主たる対象について，財務監査が個人や会計を対象としているのに対し，業績監査ではプログラムが対象となっている。また，主たるメカニズムについて，財務監査がルールに基づいているのに対し，業績監査ではインセンティブに基づいている。マネジメントの役割についても，財務監査が組織外部からの監督や規律を重視しているのに対し，業績監査では組織自身の目標設定や強化を意図している。さらに，戦略の複雑性や効果の持続について，財務監査が単純で短期的とされているのに対し，業績監査ではより複雑で中（長）期的な期間が想定されている。このように，監査がより専門性の高い領域を対象とするようになったことにより，財務監査と業績監査は対照的な特徴を示すに至っている。

2　統制手段の変容

予算の統制

　法令とともに行政の活動を規律しているのが予算である。従来の統制はこの予算を中心に行われてきた。政府の予算ではアカウンタビリティが重視される。

アメリカにおける議論の概略を見ておこう。

　20世紀になると，政府の規模が大きくなり，予算の機能が発達するように
なった。そこで1921年の予算会計法では，予算と決算を管理するために，大統
領府に予算局（BOB：Bureau of Budget）を置き，連邦議会の付属機関として会
計検査院（GAO：General Accounting Office）を置くこととした。

　その後，予算管理においてはプログラムや業績との関係が重視されるように
なっていった。第二次世界大戦後の1947年，アメリカで設置されたフーバー委
員会では，原価計算と科学的管理法からなる業績予算の考え方が生み出され，
予算を作業プログラムと見なすことで，予算編成を管理ツールとして利用する
ことが提案された。また，1960年代にアメリカの国防総省で導入され，その後
全連邦政府機関に拡張された PPBS（Planning, Programming, and Budgeting
System）が登場した。PPBS は，経済学とシステム分析から生まれたプログラ
ム予算を基礎とするものであった。PPBS では，予算編成は競合する要求事項
間で資金を最適に配分するための過程とされ，予算は「政策の表明」と考えら
れた（Schick, 1966＝1969）。

　しかし，PPBS は1970年代前半に廃止されることとなった。すべての選択肢
を把握したうえで最適解を導き出すというシステム分析の考え方を実現するこ
とは，実際の予算実務においては作業としてあまりにも膨大だったからである。
実際の政府での予算編成は，全府省による個別の膨大な作業手続を経てボトム
アップ的に積み上げられているため，それらすべてをプログラム別に構成し直
してトップダウン的に検討することは困難だった。

　PPBS が挫折に見舞われたいっぽう，会計検査院にプログラム評価が導入さ
れた。この頃から，行政が依拠する予算過程（予算の作成〜執行〜決算〜政治的
統制）とは別に，政策の立案・実施と評価によるフィードバックを意味する政
策過程（アジェンダ設定〜政策立案〜政策決定〜政策実施〜政策評価）の考え方が認
識されるようになった。

図6-1　監査の類型

出典：橋本作成。

監査の発展

予算執行の適正性をチェックするのが外部監査である。今日では外部監査は予算過程にとどまらず，内部統制環境の整備と，政府業績を対象とする監査手段の発達により，政策過程にも拡張している。新たに追加された監査手段は「有効性監査」や「プログラム監査」などとも称され，後述する「プログラム評価」にもつながっている。順を追って説明していこう。

さきにも説明したように，外部監査と内部統制は互いに相互補完的な関係にある。アメリカではとくに内部監査が充実していたため，その後の外部監査の発展を支えることになった。1950年に予算会計手続法が制定されたことで，会計ではなく業務を対象とした包括監査（comprehensive audit）が導入された。これにより，監査が会計ではなく政府活動を対象とするようになり，従来の法令遵守や会計責任の確保から，効率性や経済性の確保を意図した監査が行われるようになった。

外部監査の発展は多くの民主主義国家においても観察され，これらの活動は一般的に業績監査（performance audit）と呼ばれた。1977年に開催された第9回最高会計検査機関国際会議で採択されたリマ宣言では，これらの監査のあり方を整理している。要約すると，監査は政府の各部局が行う内部監査と会計検査院が行う外部監査とに分けられる。さらに外部監査は，財務管理や会計の合法性・合規性を対象とする財務監査と，行政の経済性・効率性・有効性を検証する業績監査とに分けられる。政府における監査類型を整理すれば図6-1のとおりである。

図6-1で重要なのは，図の左側から右側に向かって監査が発達してきたと

── コラム⑥　予算の循環 ──

　日本では学校への入学や企業への入社が4月始まりとされているように，国や地方自治体の予算もまた4月1日より始まり3月31日に終わる。諸外国における会計年度の始期はさまざまであり，暦年にあわせて1月から12月までとする国もあれば，アメリカのように10月1日から9月30日までとしている国もある。日本でも大学の入学時期を欧米にあわせて9月開始にしようとする動きが見られるが，行政や社会のありようが4月1日から始まる会計年度を前提としているために実現には多くのハードルがあるとされる。

　このように会計年度は1年間であるが，実は予算のライフサイクル自体は複数年度に及んでいる。これを予算の循環（budget cycle）といい，財政学の教科書では予算の準備，執行，決算の3年間にわたる過程として説明されることがあるが，実際には決算のあとに政治的統制の過程があるため計4年間に及ぶ。たとえば，2021年を基準とした場合，次年度の2022年度予算を準備しつつ，2021年度予算を執行し，前年度の2020年度予算を決算し，前々年度の2019年度予算について決算の政治的統制が国会で行われることになる。このように，1年のあいだに四つの会計年度に関する統制活動が並行して行われているのである。

　新藤宗幸によれば，予算の各段階において行われるおもな事項は次のとおりである（新藤宗幸『日本の予算を読む』筑摩書房，1995年，19頁（一部の用語を修正））。①予算の準備の段階では，概算要求基準の閣議決定，概算要求と査定，財務省原案の内示と復活折衝，内閣予算案の閣議決定と国会提出，国会の審議と承認が行われる。②予算の執行の段階では，内閣による予算の配分，支出負担行為実施計画の提出と承認，契約，支払いが行われる。③予算の決算の段階では，各省庁より歳入歳出決算書を財務省に提出，財務大臣より歳入歳出決算書を会計検査院に提出，会計検査院長より決算検査報告を首相に提出，といった経過をたどる。④決算の政治的統制の段階では，内閣より検査報告書を国会に提出，決算委員会審議や決算の議決，といった経過をたどる。このように，予算過程における統制とは本来は息の長い取り組みである。

　なぜ長い期間にわたって予算統制を行うのか。それは，予算過程において行政にはある種の「公権力の行使」が許されているからである。行政が政治的権力の一部を担っている以上，「行政責任の一側面として予算にかんする責任が，本質上必然的に存在しなければならぬはず」（加藤芳太郎「財務行政」『行政学入門　第2版』有斐閣，1985年，95頁）である。予算責任は，行政責任や政策責任を考えるうえで重要な概念であると同時に，民主的統制を実現する中核的な概念である。

いう点である。それとともに，監査の類型は拡大してきた。現代では，監査の規準が複数あり，複雑にみえるのはこのためである。また，有効性については，監査の延長線上にある規準として位置づけられるいっぽうで，評価における規準としても位置づけられており，それがプログラム評価の出現へとつながっている。

　あらためて，経済性（economy），効率性（efficiency），有効性（effectiveness）は，それぞれの頭文字を取って「3Es」と呼ばれている。これらはそれぞれ次のようにイメージできる。経済性は費用，すなわちインプットの最小化を意味する概念である。効率性は最小のインプットで最大のアウトプットを求める概念である。最後の有効性は，アウトカムの最大化を志向する概念である。それぞれの関係はロジックモデル上で整理することもできる。

プログラム評価の出現

　政策の有効性を事後的に検証するための手法として外部監査が発達してきたことで，アメリカの会計検査院では1970年代にプログラム評価（program evaluation）が登場した。アメリカでは PPBS が挫折したあと，増大した社会プログラムの有効性を検証するために，会計検査院のプログラム評価が注目されるようになった。プログラム評価は，社会科学的な手法を用いることで当該政策の有効性を検証しようとするものである。プログラム評価の背景には教育学や社会学，公衆衛生学などの学術領域で発達してきた評価研究（evaluation research）の流れがある。したがって，プログラム評価には評価研究と業績監査という二つの系譜が含まれている（山谷，1991）。

　プログラム評価が登場したことで，監査と評価の識別は以前にも増して不明瞭になった。研究上も実務上も，業績監査とプログラム評価を同一視している場合もあれば，それぞれ異なる活動として定義している場合もある。実は，政府の行うプログラムを対象とする点では，業績監査もプログラム評価も相違はない。両者が大きく異なるのは，プログラムの内容そのものを主たる対象としているのか，プログラムを担う行政の活動を主たる対象としているのかという

表6-3　会計検査院による統制の類型

	政府のイメージ	統制の目的	レビュアーの役割
会計監査	機械的官僚制	法的・会計上のアカウンタビリティ	情報が真実であることの証明
業績監査	ロジックモデル，NPM	業績に関するアカウンタビリティ	プログラムとそれに関与する組織の評価
プログラム評価	プログラムの改良を意図した政府の介入	政策・プログラムへのフィードバック	介入が及ぼす有効性の評価

出典：Barzelay（1996：18）をもとに橋本作成。

点である。換言すれば，「政策」を対象とした統制活動なのか，「行政」を対象とした統制活動なのかという点が異なる。

　会計監査，業績監査，プログラム評価の特徴を整理したのが表6-3である（Barzelay, 1996：18）。表6-3のうち重要であるのは，業績監査とプログラム評価の違いである。

　まず，業績監査が対象とするのは組織活動とマネジメントである。業績監査では，組織活動の経済性や効率性を追求することで政府の業績を最大化することを目的とする。その力点はプログラムよりもむしろ，プログラムを運営する「組織」にある。つぎに，プログラム評価の主眼はプログラムの改良にある。プログラム評価の目的は，政府活動のアウトカムに着目してプログラムの有効性を評価し，その結果をフィードバックすることにある。

　このように，業績監査とプログラム評価とでは，その力点が「行政」にあるのか，それとも「プログラム」にあるのかで大きく異なる。プログラム評価の登場の意義は，監査の対象が従来の財務会計からプログラムへと拡大したこと，統制の目的がルールや制裁によるアカウンタビリティの追及から評価によるフィードバックや改善へと変容したこと，そして統制活動が単年度（会計年度）に基づく短期的な活動から，政策のライフサイクルに基づく中長期的な活動へと変容したことなどである。

　なお，政府の予算はどの国でも1年の会計年度を基本とする（単年度主義）のに対して，ここでいうプログラムは複数年度にわたる息の長い活動として理

解されなければならない。たとえば，計画行政が 5 年や10年に及ぶ形をとることが多いのも，プログラムアウトカムが発現するまでに中長期的な期間を要するためである。

3　行政と政策の統制

「行政の統制」と「政策の統制」

　それでは日本の状況はどうだろうか。日本でも，1990年代後半から2000年代初頭にかけて行われた行政改革により，国と地方自治体において政策の考え方が広く浸透するようになった。それがとくに現れているのが政策評価制度の導入であり，政策体系（政策－施策－事務事業）やロジックモデルなどの考え方に基づいて政府の活動を捉えるようになった。

　他方で，実務において「行政の統制」と「政策の統制」との区別は必ずしも明瞭ではなく，それがしばしば混乱の原因ともなった。政策の改善のために取り組まれたはずの活動が，実は行政管理上の効率化やコストカットの文脈に回収されてしまったということはよくみられる。また，複数府省にまたがる政策領域の場合は，局や課などの組織を単位とした行政活動を統制するだけでは限界がある。本章の最後では，行政の統制と政策の統制とを識別する手がかりとなる取り組みとして男女共同参画政策と宇宙政策の例を取り上げたい。

男女共同参画政策とジェンダー予算

　日本の男女共同参画政策は，1999年制定の男女共同参画社会基本法（以下「基本法」という）に基づいて取り組まれている。基本法に基づき，内閣府男女共同参画局は男女共同参画基本計画を策定している。男女共同参画基本計画では「公務員や民間企業の女性登用率」や「男性の育児休業取得率」などといったアウトカム指標を設定することで，ジェンダーに基づく不平等がどの程度是正されてきたのかを把握している。

　このように，国は男女共同参画基本計画に基づき男女共同参画「政策」を統

制するいっぽうで，基本法では政府体系（国－都道府県－市区町村）に基づく男女共同参画「行政」のあり方も規律している。すなわち，男女共同参画政策に関わる実際の行政活動の多くは地方自治体において取り組まれているため，基本法は地方自治体における男女共同参画計画（都道府県男女共同参画計画，市町村男女共同参画計画）の策定を求めている。これら地方版の男女共同参画計画をもとに地方自治体内の各部署が担当する施策においてジェンダーの平等が推進されると同時に，拠点施設（女性センター，男女共同参画センター）において相談業務や研修業務などが行われている。

　しかし，一部の地方自治体では，拠点施設の運営が直営ではなく業務委託や指定管理者制度によって行われている。結果として，地方版の男女共同参画計画の進捗管理として評価が行われるいっぽうで，拠点施設の運営費用を節約するための手段としても評価が活用されている。本来，拠点施設の運営とは，施設の維持管理活動ではなく，施設の利用者に対する専門的な人的社会的サービスの提供活動として捉えるべきであり，相談業務や研修業務の実施に際しては，職員に専門的知識や高度なスキルが求められるべきである。ここからいえば，指定管理者等の評価も，職員による専門的な業務提供を促進する取組でなければならないはずである。しかし，多くの地方自治体では指定管理者等の評価は，ネガティブチェックやコストカットとして行われているのが実情である。

　以上を踏まえて言えば，男女共同参画政策における公共サービスの提供は，「組織」ばかりに注目し，そのコスト面を中心とした議論をしているばかりでは済まされないといえるだろう。ここで登場するのが，政策の統制という考え方である。政策に注目した予算のあり方としてここでは「ジェンダー予算」（gender budgeting）を紹介しておきたい。

　ジェンダー予算とは，さまざまな政策領域でのジェンダー平等を推進する形で編成・執行される政府予算である。OECD の調査によれば，ジェンダー予算には「資源配分」にくわえて，「事前・事後のインパクト評価」や「業績目標の設定」「ベースライン分析」「ニーズ評価」などの評価機能があるとされる（表6-4）。つまり，ジェンダー予算では，資源配分という従来の予算編成機能

にくわえて，評価機能を通じたジェンダー平等の推進が期待されている。

　日本の場合，内閣府男女共同参画局が編成する男女共同参画基本計画関係予算は，「ジェンダーの視点に基づく資源配分」の役割にとどまっており，他国と比べて評価機能が十分ではない。その理由は，男女共同参画基本計画関係予算を取りまとめている内閣府男女共同参画局に各省予算の編成や執行を行う実質的な権限が留保されていないからである。日本の場合，内閣府男女共同参画局が取りまとめている男女共同参画基本計画関係予算の総額は，すでに各府省が計上した一般会計予算，特別会計予算，財政投融資予算を集約したものである。これでは，OECD のいうようなジェンダー予算に基づく分析・評価を基礎とする「政策の統制」からは距離があると言わざるを得ない。

宇宙政策と研究開発

　もうひとつが宇宙政策の例である。日本では，戦後の比較的早い段階から宇宙に関する研究開発が取り組まれてきたが，2008年の宇宙基本法制定を契機としてこれまで以上の取組が推進されるようになっている。宇宙に関する研究開発を中核的に担うのが JAXA（国立研究開発法人宇宙航空研究開発機構）である。

　JAXA を所管するのは文部科学省，内閣府，経済産業省，総務省であり，それぞれの主務大臣が策定する中長期目標（目標期間7年）を実現するために，JAXA では中長期計画を策定し業務を実施している。現在の JAXA の中長期計画期間は7年であるが，これは独立行政法人制度が複数年度にわたる計画を策定することで，裁量ある法人経営を行わせると同時に，国立研究開発法人の特性を考慮して，通常の計画期間である5年よりもさらに長い計画期間を設定することを認めているからである。このことは，単年度ベースで行われる行政活動のライフサイクルではなく，複数年度にわたる政策のライフサイクルを念頭においている。

　宇宙開発は宇宙基本計画や宇宙関係予算による事前統制が主流である。ロケットや衛星といった大型の開発プロジェクトではすでに確立した技術を用いることが多いために，開発を進めていくうえでの不確実性は相対的に少ない。

表6-4　ジェンダー予算システムの類型

ジェンダー予算の区分		ジェンダー予算ツールの使用								
		ジェンダーに関する事前のインパクト評価	ジェンダーの視点に基づく資源配分	ジェンダーに関する事後のインパクト評価	ジェンダーの視点に基づく業績設定	ジェンダーの視点に基づく歳出見直し	ジェンダー関連予算の出現率分析	ジェンダー予算のベースライン分析	予算のジェンダー監査	ジェンダー・ニーズ評価
①ジェンダーの情報に基づく資源配分	ベルギー	○	—	—	—	—	—	—	—	—
	日本	—	○	—	—	—	—	—	—	—
	フィンランド	—	○	—	—	—	—	—	—	—
②評価に基づくジェンダー予算	アイスランド	○	○	○	○	○	○	○	—	—
	イスラエル	○	—	○	○	○	○	—	—	—
	韓国	—	○	○	○	○	○	—	—	—
	スペイン	○	○	○	○	○	○	—	—	—
	スウェーデン	○	○	○	○	○	○	—	—	—
③ニーズに基づくジェンダー予算	オーストリア	○	—	○	○	○	○	○	○	○
	メキシコ	○	○	○	○	○	○	○	○	○
	オランダ	○	○	○	○	○	○	○	○	○
	ノルウェー	○	○	○	○	○	○	○	○	○

出典：OECD（2017：16）を橋本訳。

　そのため，プロジェクトマネジメントの手法に基づいて，宇宙基本計画工程表に従い，複数年度にまたがって予算を投入し開発を進めていく。このように，政策文書である宇宙基本計画と予算とが比較的一致している。

　他方で，JAXA では大型の開発プロジェクトのみを行うのではなく，開発の前段階にある研究活動も取り組まれている。こうした個々の研究活動は成果が創出されるまでに中長期の期間を要するため，予算による事前統制や会計年度ごとの事後統制はなじまない。こうした研究活動に対しては，予算・会計・組織管理など従来の行政統制ではなく，新たな政策志向の統制の考え方を中心に据える必要がある。

　現代の政府において，民主的統制によりアカウンタビリティを確保するための取り組みは不可欠である。しかし，アカウンタビリティを確保するためにど

のような統制手段を用いるかは，対象とする政策領域によって異なる。公共部門では多くの統制活動が行われているが，そうした統制活動が行政の統制であるのか，それとも政策の統制であるのかを，まずは識別して交通整理をすることが，現代の複雑な政府活動の実態を理解するための第一歩となるはずである。

注

(1) ここでいう「統制」は，'control' を和訳したものである。'control' の日本語訳には，「統御」，「制御」，あるいはカタカナでそのまま「コントロール」が当てられるが，本章ではやや古めかしいながらも「統制」の訳語を当てておきたい。行政学では，伝統的に行政に対する 'control' を「行政統制」と呼んでいる。これは行政学において定着しているジャーゴンである。

参考文献

山谷清志（1991）「プログラム評価の二つの系譜——評価研究と業績検査」『会計検査研究』4, 7-21。

Barzelay, M., (1996), "Performance Auditing and the New Public Management : Changing Roles and Strategies of Central Audit Institutions" In OECD ed., *Performance Auditing and the Modernisation of Government,* Paris : OECD, 15-56.

Burke, F. B., and W. Haynes, (2016), "Performance Audits" In D. A. Bearfield, E. M. Berman, and M. J. Dubnick eds. *Encyclopedia of Public Administration and Public Policy,* New York : Routledge. 2384-2388.

Gilbert, C. E., (1959), "The Framework of Administrative Responsibility" *The Journal of Politics,* 21 (3), 373-407.

Mulgan, R., (2000), "'Accountability': An Ever-Expanding Concept ?" *Public Administration,* 78, 555-573.

OECD, (2005), *Modernising Government : The Way Forward,* Paris : OECD.（＝平井文三訳（2006）『世界の行政改革——21世紀型政府のグローバル・スタンダード』明石書店）

OECD, (2017), *Gender Budgeting in OECD Countries,* Paris : OECD.

Romzek, B. S., and M. J. Dubnick, (1987), "Accountability in the Public Sector :

Lessons from the Challenger Tragedy" *Public Administration Review,* 47 (3), 227-238.

Schick, A., (1966), "The Road to PPB : The Stages of Budget Reform" *Public Administration Review,* 26 (4), 243-258.（＝宮川公男訳『PPBS とシステム分析』日本経済新聞社，31-60）

■　　■　　■

読書案内

マイケル・パワー（2003）『監査社会——検証の儀式化』國部克彦・堀口真司訳，東洋経済新報社。
　監査の概念や実務がどのように拡張され，公共部門における統制活動の中心を占めているのかを説明している。アカウンタビリティ追及の失敗が明らかになることでさらに監査が求められるようになるという構図は，アカウンタビリティ概念の拡大や統制の強化を説明するうえで示唆に富む。

橋本圭多（2017）『公共部門における評価と統制』晃洋書房。
　評価・監査・予算・参加などの諸概念を参照し，公共部門の統制についてより詳細に検討している。本章でも言及した男女共同参画政策の事例研究も扱っている。

張替正敏・山谷清志著，南島和久編（2020）『JAXA の研究開発と評価——研究開発のアカウンタビリティ』晃洋書房。
　JAXA の研究員が研究開発の評価という難しい課題にどう向き合ってきたのかを，JAXA の研究戦略部長と日本評価学会会長との対談を通じて明らかにしている。コラムも充実しており，宇宙政策の概要を理解するうえでも役に立つ。

練習問題

①　財務省のウェブページより予算に関する各種出版物や公表資料を参照し，政府の活動が具体的にどのように行われているかを調べてみよう。
②　総務省の政策評価ポータルサイトから各府省の政策評価書を参照してみよう。

（橋本圭多）

第7章

オンブズマンと行政責任

この章で学ぶこと

　「オンブズマン」という言葉は，ときに中学校の「公民」や公務員試験対策講座で
みかけるが，市民にとってはあまり馴染みのない言葉である。また，オンブズマンと
いう言葉から連想されるのは，政治・行政の不正監視のイメージに限られるだろう。
しかも，多くの行政学のテキストにおいても，オンブズマンが登場するのは行政責任
の章で簡単に触れられる程度である。

　本章ではまず，オンブズマンの役割を再検討する。そのキーワードは，「個別の問
題から社会の課題へ」である。その後，制度的側面と実態的側面の両方に焦点を当て，
行政責任論および行政統制論との接合する。そして，オンブズマンが行政のどのよう
な責任確保に貢献しようとするのかを説明する。

　本章を通じて考えたいのは，「行政責任をどのように確保すべきか」および「より
良い公務員像とはなにをもとにして描かれるべきか」という問題である。オンブズマ
ン制度の活動にこれらの問題を考えるヒントがある。

1　オンブズマンとは何か

オンブズマンの概念と歴史

　オンブズマン制度（Ombudsman）は元来議会による行政統制を補完する制度
である。行政国家化による行政活動の質的・量的な肥大化，すなわち行政国家
化は，議会による行政統制の困難および能力不足を露呈させた。そこで独立し
た機関を設置し，行政監察の機能を委ねようとした。これがオンブズマンであ
る。スウェーデン発祥[(1)]と言われるオンブズマンは，とくに第二次世界大戦後，
上記のような背景から世界各国に普及・拡大していった。詳細な定義について

は後述するとして，基本枠組みを理解するためにオンブズマンの働きを次の二点から説明しよう。第一に，市民からの苦情，あるいはオンブズマン自身の問題関心に応じて，行政の活動の調査を行う。第二に，その調査の結果にもとづいて，行政の運営改善や制度・政策の変更について，行政に勧告や意見表明を行ったり，議会に報告を行う。

　ところが，こうした「最大公約数」的なオンブズマンの概念はあろうとも，世界各国にオンブズマンが普及・拡大したいま，その態様 or あり方はあまりに多様となっているのが現状である。それは，その国や地域の政治風土に合わせて制度が整えられてきたためである。実際に制度設置の目的別に各オンブズマン制度見ていくと，連合王国（英国）型の議会オンブズマンやフランス型のメディアトゥール，スペイン型の護民官（Defensor del Pueblo）というように多様である。また，EU の東欧への拡大とオンブズマン制度の東欧への拡大が同時進行していることから，「西欧型の民主政治の実現」を証明する必要に求められて，あるいはその承認欲求のためにオンブズマン制度を設置するところもあるだろう。

　北アメリカでは，州レベルのオンブズマンを設置しているカナダの他，アメリカでは自治体レベルのオンブズマンを設置している。ラテン・アメリカ諸国では，スペインをモデルにした「護官官」を設置している国が多く見られる。[2]アジアにおいては，中国の監察院の他，汚職防止委員会といった仕組みがオンブズマンとして扱われている。オセアニアにおいては，ニュージーランドが，北欧以外にはじめて1962年にオンブズマンを設置し，オーストラリアの州レベルおよび連邦レベルでオンブズマンが設置されている。アフリカではとくにフランス型のメディアトゥールが見られる。

　しかし，このような雑多な議論をして，「オンブズマンとは何であるのか」の共通理解を得ないまま中身の議論をするのはあまりに無責任である。したがって本章では最初に，いくつかの類型的な整理と，世界的な傾向について提示しよう。

オンブズマンの機能：アカウンタビリティのショートカット

　平松（2012）はオンブズマン制度に三つの類型を見いだしている。一つめは
スウェーデン型と呼ばれ，行政監察の機関が議会の附属機関として設けられ，
市民の苦情を受理し，行政機関に対し事務の改善や職員の懲戒等に関して勧告
を行うものである。二つめはイギリス型と呼ばれ，議会の附属機関として設け
られるいっぽうで，苦情は市民から直接ではなく議員を通じて受理し，その処
理に関する回答も市民に対してではなく議員に対して行われるものである。三
つめは，アメリカ型と呼ばれ，オンブズマンは行政府の首長によって任命され，
市民の苦情処理を主たる任務とするものである。この型のオンブズマンは，議
会による行政統制ではなく，行政手続の一環とされている。

　園部（1992）はオンブズマン制度を，制度と機能の二つの側面から眺め，①
行政監察を行う議会オンブズマン，②外在的・内在的に行政統制を行う行政救
済型オンブズマン，③苦情の解決を行う苦情処理型オンブズマンの3つに分類
している。いずれにしても，オンブズマン制度を考えるときは，原型である議
会型オンブズマンを出発点として，議会との関係を避けずに確かめながら検討
しなければならない。それは本制度が，いずれの類型においても，議会による
行政統制の補完に基本的な意味を有するためである。

　さらに，近年のオンブズマンに対しては，公共サービスを改善し，グッド・
ガバナンスを実現するための装置のひとつであるという認識が共有されている
（今川，2012）。たとえば図7-1では，公共サービス提供システムにおけるオン
ブズマンの役割・機能が示される。前提となるのは公共サービスを提供するの
は政府だけではなく，サービス提供者が多元化しているという背景である。重
要な点は「長いアカウンタビリティ」（long route of accountability）と「短いア
カウンタビリティ」（short route of accountablity）の対比である。"long route"
は，市民から政治家，政策作成者，公共サービス提供者を通じて現場の第一線
職員までの距離が長く，市民の反応への即応が困難であることを意味する。こ
の距離の長さが，サービス改善の実効性を困難にするというのである。ここで
オンブズマンの果たす役割は，長いルートのアカウンタビリティに対する

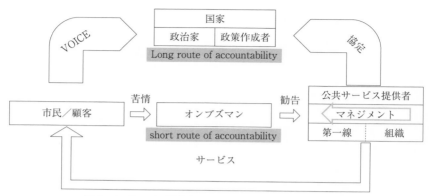

図7-1 サービス提供とアカウンタビリティにおける関係

出典：Husain（2011）をもとに山谷清秀作成。

ショートカットである。市民の発言（voice）を直接公共サービス提供者，とくに第一線職員につなぐことで，公共サービスの質的改善の実効性を高めるのである。

　このように，各国・各地域の状況に応じてオンブズマン概念が多様化する中で，多元化した公共サービス提供者と市民との関係においてオンブズマンが果たす役割が「アカウンタビリティのショートカット」であるという認識は，一定程度共有されているようである。

2　日本のオンブズマン

制度導入議論

　つぎに日本のオンブズマンについて受容から現在に至るまでを整理したうえで，実態を見ていこう。

　日本の研究者の間でオンブズマン制度が議論されるようになったのは1960年代の憲法・行政法の分野においてである。この時期には当時海外で誕生・普及しつつあるオンブズマン制度が，一体いかなるものであるかを紹介する研究が散見された。その後ロッキード事件のように，政治・行政の汚職や不正に対す

る注目が、実務としてのオンブズマン制度への本格的論議の契機となった。
1980年代から1990年代にかけて，旧行政管理庁に設置されたオンブズマン制度
研究会や，第二次臨時行政調査会，行政改革推進会議（設置順）といった国の
審議会においてオンブズマン制度導入が積極的に検討された。しかしながら，
結局のところ既存の諸制度との整合という観点から新たな制度設置には至らず，
参議院に行政監視委員会の設置，そして総務省行政評価局に行政評価局長の諮
問機関としての行政苦情救済推進会議の設置，この二つに収斂した。

自治体のオンブズマン

　1990年代以降，自治体においてはオンブズマン制度導入の潮流があった。自
治体のオンブズマン制度について整理しておくと以下の五点があげられる。

　第一に，1990年11月に設置された川崎市のオンブズマン制度は，その後各地
のオンブズマン制度のモデルとなった。首長が任命する行政型オンブズマンで
あり，オンブズマンは2名である。ただし首長任命といっても，任命に際して
議会の関与を認めており，議会や議長の同意を要件としている。こうした議会
承認の手続きは，オンブズマンの行政からの独立性の確保を目的としている。

　第二に，1990年代前半は政治・行政の汚職や不正を契機として自治体におけ
るオンブズマン制度導入の議論が行われた。ただし制度設計自体は汚職や不正
に対する直接的な効果を意図せず，「失われた行政の信頼性の回復」，「開かれ
た行政の実現」を目的としていた。[3] 1990年代後半になると，広聴や行政相談，
市民参加の延長線上，あるいはそれらのオルタナティブな手段としてオンブズ
マン制度が認識されるようになった。こうした制度設計では，行政を監視し市
民からの信頼を取り戻すツールとしてオンブズマンを位置づけるのではなく，
市民の行政への参加機会の充実，市民と行政との間の紛争解決，より良い行政
サービスの実現といった目的のために，苦情を利用するという認識になる。
2000年代に入ると，関東や関西の都市圏を中心に福祉オンブズマン制度の普及
が見られるようになった。

　第三に，オンブズマン制度の有する機能については，苦情処理，行政監視，

行政改善，行政救済，人権擁護といったキーワードが用いられている。いずれの機能が，本来的に主軸となる機能なのか，あるいは実態として主軸となっている機能がいずれであるかについては論者や自治体によって理解が異なる。ただし，行政監視機能は有さない，あるいは有していても限定的ととらえられているようである。その最大の理由は，議会によって任命される議会型オンブズマンではなく，知事や市長によって任命される行政型オンブズマンであるために，行政からの独立性が認められていないからである。

　第四に，宮城県，鴻巣市，御殿場市，諫早市のように，一度制度を導入した自治体において，制度の廃止や相談制度との統合が見られた。主な理由は「所期の目的を達成した」や「苦情申立件数の減少」といわれるが，そこに財政難による予算削減や行政改革による部署数の削減といった背景が加わる。2000年代前半までにはオンブズマン制度の普及拡大に期待が寄せられていたり，あるいは制度導入が急務であると認識されていたが，上記の理由で，その後，「普及は見られなかった」と評価されるようになった。

　第五に，多摩市や昭島市においては，協定の締結によって民間事業者もオンブズマンの調査対象とされている。公共サービス提供者の多元化にともなって，公共サービスを提供する民間事業者をオンブズマンの調査対象とするかどうかが，行政や公共サービスのアカウンタビリティ確保の実効性を高めるための争点となる。

総務省行政評価局の行政相談

　個人の苦情や相談から行政上の課題を発見するという機能からは，オンブズマンだけではなく，総務省の行政相談制度にも注目すべきであろう。その理由は次の三つである。第一に，総務省行政評価局の行政相談がオンブズマン的制度であり，当該組織が国際オンブズマン協会の正会員であることである。第二に，当該組織が日本オンブズマン学会の中心的ともいえる存在であることである。第三に，行政相談は行政評価局調査に連動することもあること，したがって評価との関連や行政上の課題の発見という見地から重要であることである。

　総務省行政評価局の行う行政相談業務は，1955年の「苦情相談暫定処理要領」によって旧行政監察の付随的業務として開始された。行政相談は国の行政機関等に対する苦情，意見，要望，相談を受け付け，関係機関へのあっせん，意見，情報提供によって，苦情や要望の解決や実現の促進を図るとともに，行政の制度や運営の改善を図るシステムである。制度上あっせんを行う対象となっているのは，国の行政機関，独立行政法人，特殊法人，そして自治体の事務のうち国の事務に関するものである。

　行政相談の最大の目的は，草の根レベルの相談活動によって，地域住民の抱える多様な不安や不満，困りごとを集約し，行政の課題解決に結びつけるところにあるといえる。したがって，苦情や相談の受付を人々により近いところで実施するために，総務省行政評価局およびその地方支分部局である管区行政評価局，行政評価事務所，行政監視行政相談センターが設置されている。

　さらに，厚生労働省の民生・児童委員や法務省の人権擁護委員，保護司といったいわゆる「各種相談委員」（「行政委嘱委員」ともいう（西尾勝，2000））と同じく，民間人ボランティアである行政相談委員が配置されている。行政相談委員は「行政苦情相談協力委員」として1961年に開始され，1966年には行政相談委員法が制定され，現在では全国約5,000人が相談活動に携わっている。

　行政相談委員の活動範囲は，国の行政機関等に対する苦情や相談を受け付け，相談者への助言や関係機関への通知，管区行政評価局・行政評価事務所・行政監視行政相談センターへの通知と定められている。しかしながら，行政相談委員の受け付ける相談の割合を見てみると，自治体の業務や民事事案についての相談が多くを占める。[4]とくに市町村長の推薦にもとづいて総務大臣が任命する過程が，地域に根付いた相談活動を可能とし，権限にとらわれない住民の生活上の困りごとについて幅広く対応している実態がある。このような相談活動は，行政相談が後述するような「球拾い的役割」を志向する証左である。

　こうした行政相談のシステムにおいては，行政監視行政相談センターと行政相談委員がアクセシビリティの高い相談機能を果たし，そのうえで一般的な行政改善を図る必要があると認められる場合に，行政評価局調査によって個別の

苦情のもとになった紛争を単に解決するだけでなく，全体の課題としてより広汎な解決につなぐことができる。さらに行政苦情救済推進会議は，総務大臣や局長の諮問会議として，行政相談に寄せられた苦情のうち，制度改正が必要と考えられるものや解決が困難なものについて助言を行っている。

　行政相談のところへ集まる苦情や相談は，一つひとつを見ていくと，郵便ポストや公衆電話，電柱の位置に対するものであったり，道路の穴や段差の修繕を求めるものであるように，一見些末なものが多い。しかしながら，他者にとっては些事であったとしても，当事者にとっては重要な問題であることもある。このように行政相談は政策の内容や行政の運営に個人が直接的に発言できる重要なツールである。くわえて，こうした相談の積み重ねから，行政運営上の課題に結びつけ，個別の救済だけではなく，より広汎な課題解決につなげることができる機能を有しているところこそが，行政相談の存在意義である。

　なお，2011年の東日本大震災，2016年の熊本地震，その他豪雨といった災害時や，2020年のコロナ禍には，必要に応じて特別行政相談活動を行っている。こうした災害時においては，個人の生活は根本から崩されており，相談先や支援策の内容に関する問合せ・照会だけでなく，支援制度の不備や不足を発見するツールにもなっている。

3　オンブズマンの役割

苦情の受付と情報の収集

　さて，オンブズマンは受け付けた苦情や相談のすべてについて，行政に対する調査や勧告・意見表明を行うわけではない。それはオンブズマン事務局の人員や時間の制約ももちろんあるが，個別の苦情や相談の性質に応じる必要のためである。実際に，国内外を問わずオンブズマン事務局に寄せられた苦情や相談の多くは，申立人や相談者の誤解にもとづくものや，関係機関への照会で解決と判断できるものある。

　苦情や相談に行政の問題が潜んでいると判断した場合でも，オンブズマンは

── コラム⑦　苦情とカスタマーハラスメント ──

　「苦情」や「クレーム」は，どうもネガティブなイメージがつきまとう。たしかに無茶を要求する人物ががなり立てているような場面が想起されるし，自分が受け付ける側であれば苦情対応によって本来の仕事を邪魔されるように思えてしまう。そもそも字面も悪い。SNS の拡散機能で「悪質なクレーマー」の実態が広く社会の問題として認識されるようにもなった。「悪質なクレーム」の問題は，周囲へ不快感を与えるだけでなく，受ける側へ精神的な苦痛を与え，離職や健康問題にも発展する点にある。

　こうした状況を反映して登場した「カスタマーハラスメント」という言葉は，2000年代前半から散見されるが，とくに注目されるようになったのは2018年３月に厚生労働省の設置した「職場のパワーハラスメント防止対策についての検討会」の報告書によって問いかけられたためである。さらに，民間企業だけではなく公務員に関しても，カスタマーハラスメントは職場問題として大いに問題関心が高められている。公務員のための苦情対応ハウツーについて書かれた，いわゆる「カスハラ対策本」が2019年以降相次いで出版されているのが，その証左であろう。

　しかしながら，カスハラ対策が常にジレンマを抱えていることを忘れてはいけない。最大の争点は，「まっとうな苦情」とそうでない苦情をどう振り分けるか，である。仮に自分の意見をがなり立てるような人物がいたとしても，それは当該人物の表現の問題であり，苦情の中身は組織の運営にとって非常に重要な要素がつまっているかもしれない。あるいは実際にサービス提供において重大な瑕疵があり，当該人物が本当に困っているのかもしれない。そうした場合「悪質なクレーム」として中身ごと切り捨ててしまうのは，当該人物にとっては救済される機会を失うわけであるし，組織にとっても運営改善を図る機会を失うわけであるから，大きな不利益となるといえよう。さらに市民の意見を無視・軽視することになるため，行政責任の問題にもなる。

　こうしたジレンマのひとつの解決策は，研修を通じて職員個人の苦情対応能力を向上させることである。いわゆる「カスハラ対策本」の主たる内容はこれであるし，世界のオンブズマンの中には「不合理な行為を行う申立人への対応方法」（Managing Unreasonable Complainant Conduct）というガイダンスを公共サービス提供者向けに発行していたりする。

　もうひとつの解決策は，苦情対応をシステム化して，重層的にすることである。窓口で対応しきれなくなった際の次点の窓口を設置するのである。窓口職員にとってはこの次点の窓口の設置をカスハラからの「逃げ道」とすることで，「まっとうな苦情」に集中することができるようになる。もっとも，このことが真摯な苦情対応を妨げるようになってしまってはならない。

即座に調査にとりかかるわけではない。苦情や相談の対象となった機関に問い合せを行い，事実確認を行う。こうした事実確認を，英語圏のオンブズマン制度では予備調査（preliminary examination）や初期段階の解決（early resolution）というように呼んでいる。

　行政法の分野を中心に，紛争解決方法の特徴に注目して，オンブズマンがADR（Alternative Dispute Resolution：代替的［裁判外］紛争解決）の議論の枠組みの中で論じられる場合もある。オンブズマンは紛争解決に際して，法律に照らしたり，事実にもとづいて客観的判断を下すのではなく，紛争の両当事者の合意を尊重しつつ，いわゆる「落としどころ」を探る手法をとる傾向にある。こうした性格は，日本の自治体オンブズマンや行政相談の現場で苦情や相談に対応する人々にも共通する認識である。

　以上のような，苦情を受け付けてから正式な調査に至る前段階において，形式にこだわらず柔軟に解決を図る実態は「インフォーマルな解決」（informal resolution）と呼ばれる（Doyle et. al., 2014；山谷清秀，2017）。この背景には，議会型か行政型を問わずに，担当機関との近密なやり取りの中で，簡易・迅速・柔軟な救済を苦情申立人にもたらそうという価値観が運用者にあるためである。

　こうした解決方法が志向される背景にあるのは，公共サービス提供者とのネットワーク形成の重視である。すなわち，調査の対象である機関との緊密な連携が，苦情申立人や相談者に対する迅速な回答の提供につながるというのである。この点は，従来オンブズマン制度に不可欠であるとされてきた「独立性」とは矛盾しかねない。

　ところで，こうした苦情や相談は「わざわざオンブズマン事務局で対応する必要がある」のだろうか。言い換えれば，オンブズマンを設置しなくとも，オンブズマンではない行政機関において相談機能や苦情対応機能を高めればいいのではないだろうか。日常的な行政活動の網からこぼれ落ちた市民の声を拾い上げるのが相談機能や苦情対応機能を置く理由である。こうした「球拾い」の役割は，「オンブズマン制度でなければならない」積極的な理由にはならないが，日常的な情報収集の場としては重要になる。この「情報収集」が重要な理

由を，つぎに説明しよう。

調査と勧告・意見表明・要望

オンブズマンの根幹となる役割は，苦情や相談にもとづいて行政を調査し，改善のための勧告や意見表明を行うことである。この役割を前提に，オンブズマンには行政や公共サービスのアカウンタビリティ確保に貢献するという認識が成立する。オンブズマンのこの役割によって，個別の事例から行政課題が明らかになったり，行政運営改善に役立てたり，政策や施策等の変更を促すことで新たな改革への方向性が導かれることとなる。

今川（2011）はオンブズマンの意義を次の三点であるとしている。第一に，個人の苦情を個人のレベルにとどめずに公共のあり方までもを問い，従来の価値の変更を迫る「政策変更」である。第二に，政策目的と実際の行政活動の効果との関係把握を目指す「政策管理」である。第三に過誤行政や人権擁護といった衡平性や行政運営・手続の適正化，情報公開を求める「行政の適正化」である。

個別の苦情の中から全体の課題解決につなげる機能は，行政の現場における業務上の小さな問題解決だけでなく，政策目的とその達成度のズレを可視化する。さらに射程を広げれば，個別の問題が全体の課題として認識されるという状況自体が，価値の変更によるもの，あるいは価値の変更を伴うものと考えられる。

以上のように，オンブズマンの根幹となる役割のもっとも重要なポイントは，継続的に個別の問題を全体の課題に発展させる点にあるといえる。その前提となるのが，日常的な苦情・相談の受付による情報の収集とその分析である。情報収集なくして，問題の発見はできないのである。

問題提起・情報提供機能

ここでは，上述した「根幹となる役割」とは別の側面に焦点を当てよう。それは，問題提起あるいは情報提供ともいえる側面である。すなわち，勧告や意

見表明とは異なる方法で，個別の問題を全体の課題として周知するきっかけをつくる機能である。政策学では，「問題」の発見と定義が重要であるといわれるが，問題ははじめから問題として認識されているわけではない。特定の状態や事例が「問題」と認識されるためには，人々の注目を集めなければならない。一般的にはその契機となるのは重大事件の発生やマスメディアによる報道といわれるが，オンブズマンもまた，この機能を果たしうる。二つの例を紹介しよう。

　ひとつは，連合王国をはじめとしたアングロ・サクソン諸国のオンブズマン制度において，行政機関に対するガイダンスによるものがある。収集した情報の分析から得られた課題認識を，勧告や意見表明とは異なる形でアウトプットする手法として開始されたと考えられる。すなわち，ガイダンス発行の主たる目的は情報提供である。少数言語や，セクシャル・ハラスメント，大学におけるバリアフリーといった「社会問題として認識されつつある争点」を提示し，広く認識と理解を求めるのである（山谷清秀，2017）。

　もうひとつは，このガイダンスに類似した総務省行政評価局による例である。総務省行政評価局とその地方支分部局では，「常時監視活動」として日常的に各地域の情報収集を行っている。情報収集を通じて，複数省庁にまたがる政策や各省庁の業務の実施状況について課題を把握・分析する行政評価局調査のテーマを選定する。従来行政評価局調査は，行政の課題を指摘しその改善を求めるものであった。しかし，一部ではこれとは異なる側面をもつ行政評価局調査が見られるようになった。その典型例として，2017年に近畿管区行政評価局によって行われた「障害のある学生に対する大学の支援に関する調査」や2019年に関東管区行政評価局によって行われた同名の調査，本省行政評価局の行った2017年の「買物弱者対策に関する実態調査」や2018年の「いじめ防止対策の推進に関する調査」がある。少し長くなるが，いくつか詳細を説明しよう。

　「障害のある学生に対する大学の支援に関する調査」の目的は，障害者差別解消法の施行から1年経過した段階において，大学での対応状況を把握することであった。特筆すべきは「ユーザビリティ」の観点が調査に加えられ，調査

にも当事者が参加した点である。実際に行われた調査は，施設・設備のバリアフリー点検，ホームページのアクセシビリティ点検，障害のある学生に対する意識調査（ハラスメント／差別発言の経験など），大学の支援についてである。

　当該調査からわかったのは，一見施設や設備が整備されていようと，誤解や思い込みから，案外「ユーザー」の視点がその設備に欠けている場合がある。設置された設備に対しても，その設備の妨げとなるようなものが置かれていたり，周囲の意識の欠落から機能の低下・劣化をもたらしているような場合もあった。この調査は，障害者差別解消法という政策の目的がどれだけ現場で実現されているのかをあぶり出す，まさに政策コントロールのための調査であった。

　加えて，2017年に本省行政評価局が行った行政評価局調査（全国計画調査）の「買物弱者対策に関する実態調査」も注目に値する。買物弱者対策に取り組んでいる企業や NPO，社会福祉法人，地域住民といった主体や自治体の取り組み状況の実態を明らかにし，移動販売の許可や設置基準といった関連する規制の見直しを行い，これらの情報の共有を目指したものである。他にも2020年に東北管区行政評価局が行った行政評価局調査（地域計画調査）の「東北地方における移住・定住の促進に関する実態調査」があげられる。これらの調査の一義的な目的は「現状解明」そして「情報発信」である。すなわち，個々の取り組み事例を集約し，冊子にして配布するのである。

　自治体レベルでは先進的な活動を行っていたとしても，明確な所管府省がなく，他の自治体に共有されていなかったりする。とくに上記の調査の対象である買物弱者の問題や移住・定住促進に関しては，多くの自治体で共通する課題認識であり，どの自治体も試行錯誤を繰り返しながら，解決策を見出せずにいる。このように，行政評価局調査は，問題提起や課題の再認識の中でも，新たな視点を加えたり，先進的な事例を共有する役割を果たしている。

　これらの問題提起・情報提供型の活動の特徴は次の三点で説明できる。第一に，全体像が不明瞭な対象の現状解明とその提示を行っている点，第二に，政策の目的と現場の運営状況の対照を行っている点，第三に多様な事例の共有と

それによる各主体の自主的な課題解決を後押しを目的とする点である。

　こうした問題提起の機能は，苦情・相談対応をはじめとした日常的な情報収集を前提としているいっぽうで，オンブズマンの「根幹となる役割」である個別の苦情救済や勧告・意見表明とは異なるアプローチであると理解できる。

苦情処理の標準化

　先述したガイダンスには社会全体への問題提起の他に，苦情対応時のノウハウや苦情処理手続のモデルを提示するような，苦情処理の標準化を志向するものもみられる（表7-1参照）。

　こうしたガイダンス発行の背景にあるのは，オンブズマンのあり方を改めて強調しようという動きである。すなわち，オンブズマンはあくまで，各行政機関・各担当窓口で対応しきれなかった市民の声を拾う「球拾い」の役割である点について理解を求め，各行政機関は自ら球を拾おうとする努力を怠ってはいけないというのである。こうしたオンブズマンに対する理解の促進は，各機関の苦情処理能力の向上と結びつき，結果的にオンブズマンのところへ集まる苦情件数の逓減も導くと考えられる。

　さらに，公共サービス提供者の苦情対応を見直す中で，長年の苦情対応の経験からオンブズマンが公共サービス提供者向けに「苦情対応のノウハウ」を提示する例もみられる。つまり，公共サービス提供システム全体において，苦情処理の標準化をオンブズマンが主導するのである。

　オンブズマンのこうした「苦情処理の標準化」志向は，ガイダンスを発行するだけにとどまらない。スコットランドの公共サービス・オンブズマンでは，2010年のオンブズマン法改正にともなって「苦情標準局」（Complaints Standards Authority）を設置した。これはオンブズマンの権限として，公共サービス提供者の苦情処理手続きの改善に一層の貢献をしようという試みである。苦情標準局では，"Valuing Complaint" というウェブサイト（http://www.valuingcomplaints.org.uk/）を運営し，公共サービスを提供するすべての組織を対象として，苦情処理手続の改善，単純化，標準化を目的としている。そのた

表7-1　諸外国のオンブズマン制度のガイダンス例

オンブズマン	ガイダンスの名称	内　　容
議会オンブズマン（連合王国）	良き行政の原則	より良いサービス提供の観点から，①正しい理解，②顧客志向，③オープンでアカウンタブル，④公正で相応な活動，⑤正しい改善，⑥継続的な改善の追及の6つの原則を提示する。
		これらの原則について，オンブズマンの管轄の公的機関の理解を促進し，より良いサービスの提供を目指してもらう。
地方政府オンブズマン（連合王国）	不合理な苦情申立人のふるまいに対処するためのガイダンス	地方政府オンブズマンの苦情受付の経験をもとに，管轄内の自治体行政等が不合理な苦情申立人のふるまいに適切に対処できるように案内する。
公共サービス・オンブズマン（スコットランド）	苦情処理手続モデル	第一線職員の苦情処理からオンブズマンやその他の苦情処理まで，一連の手続や役割についての他，調査や紛争解決の方法，その後の公表，記録，学習，改善に至るまで網羅したガイダンス。
オンブズマン（欧州連合）	EU の市民サービスのための公共サービス原則	五つの原則（①欧州連合とその市民の約束，②誠実，③客観性，④他者への尊敬，⑤透明性）の観点から，公務員が正しくルールを適用し，正しい決定を状況に応じてできるように手助けする倫理的な基準を提示する。

出典：山谷清秀（2017）をもとに山谷清秀作成。

め，サービス利用者の苦情が早期解決され，そしてその苦情がサービス改善へフィードバックされるような具体的な手法についてのガイダンスを提示しているほか，研修のための講師派遣，あるいは e-learning のコース，苦情処理に関する自己評価ツールも用意している。

行政倫理

　さらにガイダンスの中には公務員のあり方や「より良い行政」を原則的に提示するように，行政倫理に関するものもみられる。表7-1の議会オンブズマン（連合王国）のように，「より良い行政」がもつべき6つの原則を提示し，その原則を意識づけることが，「より良い公共サービス提供」につなげようとす

る。このように，一般的に倫理規範は「不正をしない」という消極的方向と業務の効率性や市民への応答性を志向する積極的方向があるが，オンブズマンのガイダンスは後者が多い。

　くわえて，日本の自治体のオンブズマン制度においても，行政倫理との関係がみられる。たとえば兵庫県明石市では，「明石市法令遵守の推進等に関する条例」において，職員倫理原則，内部公益通報，不当要求行為への対応，行政オンブズマン，外部公益通報の仕組みを抱き合わせて定めている。このような職員倫理条例は，非制度的責任の制度化である（西尾勝，1990）。明石市では，行政職員の倫理確保のためのひとつのツールとして，オンブズマンを定めるのである。

4　オンブズマンによる行政責任の確保

オンブズマンの役割と効果

　以上の議論を踏まえてオンブズマンの役割とその効果を次の四つの視角から整理しよう。第一に，苦情や相談の受付である。オンブズマンのもっとも基本的かつ重要な活動である。広範多岐にわたる公共サービスと個人とを直接的につなぐ結節点にあるという点に，オンブズマンの意義がある。適切な機関を案内する「標識」の役割も含めた苦情申立人への助言や，苦情申立人と苦情の対象機関との間の紛争解決が円滑に行われるよう，争点の整理や落としどころの提案が期待される役割である。紛争解決にあたって，当事者同士の自律的な紛争解決の促進を通じて，内省や学習を促すオンブズマンの姿が指摘されてきた。また，その他の活動の素となる情報収集につながる活動である。

　第二に，勧告や意見表明による制度や政策の改善である。個別事例を発端として認識された課題をもとに，正式な調査と勧告・意見表明を行うように，あるいは行政相談においては，個別の行政相談が行政苦情救済推進会議や行政評価局調査のテーマ選定につながるように，苦情の分析を通じた課題抽出によって，より広汎な課題解決につなげることができる。このような課題解決は，行

政や公共サービスのアカウンタビリティを確保する点からも，オンブズマンの
もっとも根幹となる役割であり，制度的に保障されなければならない。

　第三に，問題提起，情報提供，苦情処理の標準化や行政倫理を目的としたガ
イダンスの発行である。ここには，公共サービス提供システムにおいて，そも
そも苦情が発生しにくく，そしてもし発生した場合も当該機関と苦情申立人と
の当事者間で紛争を解決できる仕組みを構築しようとする試みが内在する。事
後的に苦情に対応するオンブズマンの役割を考えれば，「予防的」な役割であ
るともとらえられる。これは，公共サービス提供システムの中での新たな役割
をオンブズマン自身が実現しようという自主的かつ積極的な試みでもあろう。
もちろんこうした予防的側面は，オンブズマンの根幹となる役割，すなわち苦
情処理における正式な調査とそれに続く勧告・意見表明の役割を前提として，
それに「付随する業務」であることに留意したい。

　第四に，行政や公共サービスのアカウンタビリティ確保というオンブズマン
の本来的な目的を達成するために，以上の役割を多面的かつ相互補完的に活用
しているのが実態である。

行政責任・統制とオンブズマン

　最後に，行政実務，そして行政学にとって行政苦情救済が果たす役割につい
て，行政統制の視点から考えてみよう。

　改めて，オンブズマンは「アカウンタビリティのメカニズムである」といわ
れる。ひとつは形式的な意味において，議会による外部統制を補完するという
視点からの議論であり，行政を外在的に統制する主体とみなされるためである。
もうひとつは実質的な意味において，行政機関を含む公共サービス提供者のア
カウンタビリティ確保の役割を果たすためである。とくに公共サービス提供主
体の多様化にともなって，市民と公共サービス提供主体との距離が問題にされ
る場合，議会や行政による公共サービスへの統制の困難が問題にされる場合，
オンブズマンがひとつの有効な手段としてとらえられるためである。そこでは
オンブズマンは「アカウンタビリティのショートカット」と言われ，市民と公

共サービス提供者とを直接的に結びつける役割を果たすと考えられている。

　他方で，公共サービス提供システムにおけるオンブズマンの役割が事後的な苦情救済ではなく，自律的な苦情処理の促進や，苦情の予防までも含みはじめている実態に本章では焦点を当ててきた。苦情処理の専門機関としてのオンブズマン制度が，受動的に苦情を受け付け，事後的な救済を個人にもたらし，そのうえで行政運営やサービスの改善を図るだけではないという点に意義がある。すなわち，これまでの苦情処理の経験をもとに，オンブズマンのところへ苦情が来る前の段階での解決を行政やサービス提供者に求めるのである。求める先にあるのは，行政やサービス提供者の苦情処理能力の向上，あるいはサービスの質そのものの向上を，各機関が主体的に実現できるよう努力させる，という方向である。オンブズマンによる苦情の早期発見，あるいは予防的活動とも言えるだろう。

　これは，行政責任論や行政統制論をも射程に収める。それは，これまで外在的・制度的な統制手段として位置づけられてきたオンブズマン制度が，行政職員の倫理や責任感といった内在的な責任領域，すなわちレスポンシビリティの確保に貢献する点が強調されるのである。制度的側面にとどまらず，多様なアプローチで，ときにはレスポンシビリティの領域にも侵出しながら，行政や公共サービスのアカウンタビリティを確保することが，オンブズマンの任務なのである。

注
⑴　ただし，オンブズマン概念の起源はアラビアや中国にあるとも言われる。
⑵　各国のオンブズマン制度の詳細については，日本オンブズマン学会編（2015）の他，IOI（International Ombudsman Institute：国際オンブズマン協会）のウェブサイトや各種発行物を参照されたい。
⑶　こうした制度導入の経緯によって，「オンブズマンは政治・行政の不正を暴くもの」というイメージが日本社会において定着し，オンブズマンといえば市民オンブズマン活動を意味するようになったと考えられる。
⑷　とくにここ数年は，自治体の業務に関する事案が全相談のうち半数を超え，民事

事案も20％から25％となっており，権限外の相談対応が全相談のうちの4分の3に達している。

参考文献

今川晃（2011）『個人の人格の尊重と行政苦情救済』敬文堂。

─────（2012）「アジアのオンブズマン制度における日本の行政相談制度の位相」片岡寛光監修，今川晃・上村進・川野秀之・外山公美編『アジアのオンブズマン』第一法規，237-250。

園部逸夫（1992）『オンブズマン法　増補補正版』弘文堂。

西尾勝（1990）『行政学の基礎概念』東京大学出版会。

─────（2000）『行政の活動』有斐閣。

日本オンブズマン学会編（2015）『日本と世界のオンブズマン』第一法規。

平松毅（2012）『各国オンブズマンの制度と運用』成文堂。

山谷清秀（2017）『公共部門のガバナンスとオンブズマン』晃洋書房。

山谷清秀（2021）「行政統制論におけるオンブズマン制度の再考」『季刊行政管理研究』（173），37-49。

Doyle, M., Bondy, V., Hirst, C., (2014), *The Use of Informal Resolution Approaches by Ombudsmen in the UK and Ireland : A Mapping Study,* Ombuds Research, available at : https://ombudsmanresearch.files.wordpress.com/2014/10/the-use-of-informal-resolution-approaches-by-ombudsmen-in-the-uk-and-ireland-a-mapping-study-1.pdf, [Accessed on 6th May. 2020].

Husain, T., (2011), "The Role of the Ombudsman in Improving Public Service Delivery in Pakistan", in Carmona, G. V. and Waseem, M. eds. *Strengthening the Asian Ombudsman Association and the Ombudsman Institutions of Asia : Improving Accountability in Public Service Delivery through the Ombudsman,* Asian Development Bank, 233-303.

■　■　■

読書案内

片岡寛光監修・今川晃・上村進・川野秀之・外山公美編（2012）『アジアのオンブズマン』第一法規。

　アジア各国の統治機構とオンブズマン制度の概要が整理されている。各国がどのような理念でいかなる形態のオンブズマン制度を導入しているのかが分かる一冊である。

日本オンブズマン学会編（2015）『日本と世界のオンブズマン』第一法規。
　各国の統治機構とオンブズマン制度に加えて，日本の自治体のオンブズマン制度，および総務省の行政相談制度について整理されている。あわせて，日本におけるオンブズマン研究の動向についても紹介されている。

山谷清秀（2017）『公共部門のガバナンスとオンブズマン』晃洋書房。
　オンブズマン制度について，形式的・制度的側面だけでなく，実態から役割を再定義している。本書で紹介されているいくつかのオンブズマン制度のガイダンスを調べてみて読んでみよう。オンブズマンが公共サービス提供者になにを求めているのか，よく分かるだろう。

吉田博（2019）『公務員のカスハラ対応術』学陽書房。
　コラム⑦で紹介した公務員のカスタマーハラスメント対策のためのハウツー本である。本書をヒントに行政の苦情対応のあり方について考えてみよう。また，カスタマーハラスメントのなにが問題となっているのか考えてみよう。

練習問題
① 苦情相談の事例を調べよう。総務省の行政相談や行政評価局調査の事例，自治体のオンブズマン制度の苦情処理事例を調べてみよう。おもしろい事例を見つけたら，ゼミで発表してみよう。
② 「この国にはこんなオンブズマンがいる」を調べてみよう。海外のオンブズマンのウェブサイトを検索して，なにを目的にどのような機能をもっているのか，どのような仕事をしているのかを調べてみよう。

（山谷清秀）

第8章

自治体の行政統制

┌─ この章で学ぶこと ─────────────

　本章では，行政学において行政責任論と行政統制論を対象とする。同時に，政策統制が可能かどうかも検討する。本章で自治体の行政統制論を扱う理由は次の二つである。第一に，自治体における主権者たる住民と行政との間の距離の近さである。第二に，本章で登場する行政評価や政策評価，住民投票，情報公開，オンブズマンといった行政統制の制度や手段は，自治体が国に先行して取り組んできたからである。こうした制度や手法は，20世紀後半，さまざまな理由で自治体改革の文脈で現れ，旧来の統制手法と異なる点に注目された。

　このことを前提に，本章では，次の二点を議論のポイントとする。一つめは，旧来的な行政統制論の枠組みの限界である。これについては行政統制のための多様な制度設計がどのような点で政策統制を諦めたのかという点と，行政統制論の枠組みの限界について取り扱う。二つめは，行政統制と政策統制との橋渡しにおいて，住民対行政という統制論からの転換である。

　最後に自治体が政策責任を負うための三つの課題（統制主体の限界，被統制主体の限界，中央地方関係による限界）を提示する。本章を出発点として考えたいのは，「誰が政策を統制できるのか」と同時に「誰が政策に責任を負うことができるのか」という点である。

└─────────────────────────

1　自治体における行政統制の全体像

行政の活動範囲の肥大化とその統制

　自治体をひとつの政府ととらえ，自治体議会を自治体の主人公たる住民の代表者ととらえれば，自治体行政を統制する第一の主体は住民である。ただし，実際に行政を統制する基本的な主体は議員および議員が構成する議会である。

それは，議員が選挙を通じて主権者である住民による信託を得ているためである。しかしながら，「行政国家」，「福祉国家」などと繰り返し指摘されているように，行政は人々の生活のあらゆる場面に介入するようになり，肥大化してきた。本質的に素人である議員とその集団である議会にとって，すべての行政活動を統制することは，資源の有効性，効率性，公平性，専門性の観点から不可能である。専門家集団である行政に対して十分な効果を発揮できないのである。そこで行政外部から働きかけられる他律的な統制だけでなく，行政職員の自律的・内在的な責任確保もまた必要である。こうした（外在的な）統制と（内在的な）責任とのせめぎ合いの中で多様な制度設計が行われてきた。とりわけ1990年代以降，地方分権改革や行政評価制度，オンブズマン制度，NPM 改革による民間事業者の参入，住民による政策形成過程への参加・協働といった多様な手法が試行錯誤的に導入され，またそれを模倣する自治体もあり，行政統制の手段は一層多様化したといえよう。

　要するに，専門化・複雑化した行政に対する統制論は，議会による統制を中枢としつつ，議会による統制を補完する目的で，多様な手法が開発されてきた。その基本構図は表8-1のとおりである。

行政統制の構図の更新

　表8-1を使って本章で扱いたいポイントは二つである。第一に，この行政統制論の枠組みが，必ずしもすべての手法に関して，その実態や効果を表現しきれていない点である。すなわち，行政統制の手段は，明確に分類できず，曖昧な側面が必ず残る。この点において，この構図はさらなる上書きまたはアップデートを必要としている。第二に，この構図はあくまでも住民対行政の関係を前提としている。しかしながら，行政統制のための制度設計は，行政を統制するのか，政策を統制するのか，という二つのアプローチが混在してきた。それはまた，手続の形式をめぐるアカウンタビリティと実質的な内容をめぐるアカウンタビリティとをめぐって展開している。

　さらにいえば，民営化や民間委託が進展し，住民参加や協働が重要だと言わ

表 8 - 1　行政統制の構図

	制　　度	非制度
外　在	・議員・議会 ・中央政府 ・首長 ・裁判所 ・会計検査院 ・監査委員 ・オンブズマン制度 ・住民（直接請求／住民投票住民参加／ 　パブリックコメント）	・利益団体 ・外部専門家 ・マスメディア ・住民（世論／地域集団の意見／住民運 　動） ・他の自治体 ・NGO からの意見等
内　在	・組織内部の指揮命令／権限の委任 ・スタッフ組織による管理統制 ・自治基本条例 ・情報公開制度 ・行政評価制度 ・職員倫理制度 ・内部通報制度 ・諮問機関・審議会 ・住民相談	・同僚職員による評価／批判 ・プロフェッショナルな基準 ・勉強会などの活動 ・職員個人の倫理観

出典：Gilbert（1959），西尾勝（2001），森田（2011）をもとに山谷清秀作成。

れ，住民が政策形成過程に参加し意思決定や実施に関わるような住民対住民の関係も増えてきたが，それはこの構図では想定されていない。こうした状況の変化を前提にすると，住民が政策内容のコントロールを望むとき，この構図はなにを提供できるのであろうか。

　以上の二点を本章の基本的な論点とし，それぞれの行政統制の手法を通じて自治体がなにを目指してきたのかを整理し，その限界を明らかにすることによって，自治体行政統制を議論するこの構図自体を改めて問いなおしてみたい。

2　外在的制度的統制

議会

民主主義の理念に立ち返れば，自治体行政を統制するもっとも根源的な主体

は，主権者である住民である。しかし統治の方法として代議制民主主義（representative democracy）の形をとっている以上，行政統制の中核的な主体は，住民から信託を受けた議員およびその構成する議会となる。議会は立法権，財政権，行政監督権を保有し，住民に代わって行政を統制する。この三点について詳しく述べてみよう。

第一に，立法権は，国会であれば法律，自治体議会であれば条例によって行政権を拘束する。これは行政統制の中枢ともいえるべきものである。ただし，多くの自治体議会研究，さらにはマスメディアの報道において言及されているように，実態として自治体議会は能力不足に陥っており，立法機関としての統制は無力化している。

第二に，財政権にもとづいた予算や決算を審議による財政統制である。しかしながらこれも，議会の能力不足によって無力化しているとみなされている。

第三に，そこでこれらを補うべく重要視されるのが，行政監督権による統制である。行政監督権は大きく二つに大別される。ひとつは，自治体においては，とくに首長に対する不信任決議を認めている点において，（実態として行使されているかは別として）議会による行政の人事に対する統制の制度的保障がある。また，副知事や副市長，各種委員会の委員等の任命に際して議会の同意を必要としている点についてもまた同様である。もうひとつは，議会の調査権にもとづいて行われる質疑や審査といったものである。ただしこれも有名無実化しているという批判が絶えない。

自治体議会が機能しない理由については，行政に対して情報収集能力や政策立案能力が劣ってしまう点，議員がサラリーマン化（専業化）している点，国会における党派制が地方議会にも持ち込まれている点，逆に無所属議員が多いために政策争点が曖昧化しわかりにくい点，首長との対比の中で，条例発案数に差がありすぎる点，その他担い手不足や高齢化など，多数の要因が指摘されている。2017年に高知県大川村が議会の廃止と町村総会の導入を検討すると話題になったのも，担い手不足が背景にある。ただし，自治体議会に対してその統制能力に対する批判的見解が多いのは，担い手不足や議員の資質といった自

治体議会自体の問題だけではなく，条例制定に際して国の各省からの指示を前提にする中央政府との関係によるところも大きい。

中央政府

　自治体行政における外在的制度的統制の範囲にある中央政府による統制は，「中央地方関係」や「政府間関係」として議論されてきた。この場合の統制は，他の項目で論ずるような住民からの民主的統制ではなく，中央政府からの手続面での統制や政策自体の統制を意味する。地方分権改革以前は主に，首長を中央省庁の地方機関とみなす機関委任事務によってこの統制は行われてきたが，それ以外にも制度・非制度を問わずさまざまな形で自治体行政への中央政府の統制が存在した。とくに本章では，「自律」と「依存」の狭間でさまよう自治体行政について見てみよう。

　基本にあるのは，国土開発や地域開発において用いられてきた視点である。「国土の均衡ある発展」，「過疎と過密の解消」といった言葉で示されてきた中央政府からの計画は，自治体がコントロールできない形で繰り返されてきた。この視点は，「地域開発」を住民の生活の質的な向上に資するものでなかったゆえに「地域収奪」と呼んだ佐藤竺（1975）から，公共事業やリゾート開発への批判を経て，原子力発電所の立地政策をめぐる争点までつながる。

　科学技術政策と自治体においても同様の状況を指摘できよう。すなわち，一面では大規模な研究開発プロジェクトという国策であり，他面では地域政策なのである。ここで問題になるのは，中央政府の策定する科学技術政策にもとづく研究開発プロジェクトを中核とした独自の計画を自治体が策定している点である。たとえば高速増殖炉もんじゅがある福井県では「エネルギー研究開発拠点化計画」（2005年）を，国際熱核融合実験炉計画に関する研究施設がある青森県では「新・むつ小川原開発基本計画」（2007年）を策定し，科学技術政策の自治体政策への内在化を試みてきた（山谷清秀，2019）。このように自治体は研究開発拠点を中核とした計画を通じて，住環境の整備や周辺飲食店の整備，研究施設の建設と充実化，イノベーションの創出，産業の振興といった施策を試み

る。しかしながら，それは国策（あるいは国際協力）である研究開発プロジェクトの進退に大きく依存している。自治体の関連施策はすべてそれに左右されてしまい，自治体独自でコントロールできる領域ではないのである。

　自治体と中央政府をめぐる同様の観点では，地方創生への批判も多い。地方創生においては，地方版総合戦略の策定を自治体は求められる。この点について，「一見すると自治体の自主性を評価しているようにみえるのだが，その内実は地方版総合戦略の策定をその中身にわたって指導したもの」という批判もある（新藤，2019）。また，今井（2018）は，求められる計画策定の多様が自治体行政に重くのしかかり，さらに「できない」を「できる」に偽装するフィクション化させ，しかも政策責任自体は自治体に転嫁されていると厳しく批判する。

　このように，政策に対する主導権の制約により自治体はアカウンタビリティを十分に果たせないだけでなく，そもそも複数の目的や手段が複合化されることによって，アカウンタビリティは分裂してしまう。しかも地域住民に対する自治体は住民に対するアカウンタビリティと中央政府に対するアカウンタビリティとの間の板挟みになり，中央政府を優先する場合も往々にしてある。その背景には，中央の集権性の高さと地方の自律性の低さを指摘できよう。こうした低い自律性の中で自治体は，政策に対して十分にコントロールできる環境になかったといえる。住民による自治体行政の統制においてもっとも大きな障壁となるのが「中央政府による統制」であるかもしれない。

オンブズマンと苦情処理

　オンブズマン制度は元来議会による行政統制を補完する仕組みであるため，行政からの独立性が重視され，行政統制論の枠組みの中では外在的制度的統制に位置づけられる[2]。しかしながら，自治体に設置されるオンブズマン制度はいずれも首長によってオンブズマンが任命され，執行機関の付属機関ないし補助機関として作動するため，オンブズマン研究では「行政型オンブズマン」に分類される。この点において，制度的であろうとも，基本的には内在的な統制に

位置づけられてきた。

　ただし，オンブズマン制度に関しては，苦情の対象となる機関との連携によって苦情の解決を導いている実態もあり，このような場合，首長任命によるオンブズマンの方が，行政との連携を行いやすいとも言われる。したがって，必ずしも行政からの完全なる独立性が必要不可欠な条件ではないかもしれない。

　この他にも，自治体行政独自の相談窓口の設置や，民生委員や人権擁護委員といった各種相談委員による「住民相談所」を設置している自治体もみられる。自治体行政の苦情処理に関しては重畳的に整備されている。こうした各種苦情処理制度は，有識者をオンブズマンとして任命するオンブズマン制度も含めて，外在性／内在性の判断が難しい。

直接民主主義的な制度

　選挙を通じた政治参加以外の方法として，住民の運動による行政への影響力行使は，直接請求や監査請求，情報公開といった制度の活用によって行われる。直接請求に関しては，たとえば解職請求（リコール）がある。首長や議員，副知事やの解職請求，議会の解散においては，有権者の3分の1以上の署名にもとづいて実施される。首長や議員の解職請求，議会解散はいずれも住民投票にかけられるため，住民は選挙を通じて代表を選ぶことができると同時に解任もできると考えられる。

　ただし，3分の1以上は高いハードルとなり，批判も多い。また，条例の制定や改廃に関しても，住民の50分の1以上の署名にもとづいて，住民に提案権が与えられる。しかしながら，あくまでも提案権のみであり，決定権は議会に残る。監査請求に関しても，住民の50分の1以上の署名によって，自治体行政の事務全般についての監査を監査委員に請求できる。住民監査請求の場合住民1人でも求めることができるが，対象は事務全般ではなく，過去1年以内の財務に関する事項に限られる。いずれも，住民が直接意思決定をする権利ではなく，あくまでも代議制民主主義での補完である。

　住民が直接意思決定を下せる住民投票も選択肢としてある。ただし，最終的

な決定は首長や議会に残る場合もある。住民投票には，①憲法第95条で規定される特定地域に関わる法律制定に関するもの，②地方自治法で定められるもの，③自治体が独自に定めるものの三つに大きく大別できる。①に関しては，東京都の首都建設法や広島平和記念都市建設法や長崎国際文化都市建設法の制定時の住民投票があげられる。②に関しては，上述したリコールに関する住民投票の他，合併特例法の住民投票や，大都市地域における特別区設置法の住民投票があげられる。

　たとえば2015年・2020年にいわゆる「大阪都構想」で行われた住民投票はこれにあたる。投票の結果に拘束力がある場合と，最終決定権が長および議会に残された場合がある。③に関しては，自治体独自の条例や自治基本条例によって定められる住民投票があげられる。2019年4月7日の統一地方選挙と同時に行われた浜松市の区の再編に関する住民投票がこれにあたる。投票の結果に拘束力はなく，決定権は長や議会に残る。したがって，こうしたいわゆる「直接民主主義」と呼ばれる諸制度については，実際に「直接的」な性格を有するのかどうかは議論の余地が残されている。

　また，住民投票に関しては，近年の批判的意味におけるポピュリズムとも切り離せない面がある。それは，住民投票が「用意された二つの選択肢」のみを求めるのであり，完全な住民自身の決定とはいえない点，投票にあたっては「学習した住民」を前提にしている点があるためである。

3　内在的制度的統制

内在的統制の考え方の前提

　まず，この統制の前提となる考え方について確認しておこう。この統制は，基本的に，上級機関による下級機関への指揮監督や，組織内部における上司から部下への指揮命令である。さらに，委任機関から受任機関への権限の委譲もこの統制に含まれよう。たとえば，自治体の首長と委員会・委員との間，首長と職員との間，委員会と職員との間における委任関係は，執行機関である自治

体行政において，首長をトップとしたピラミッド型の階層構造で理解できる。上司は部下に対して，職務について方針を命令する権限（指揮権）を持ち，また部下の行為を監視し，その行為の適法性や合目的性を担保する権限（監督権）を前提とする。そのため上司は常に部下の職務が適切に行われているかどうかの情報収集を行わなければならない。この情報収集に係る調査にあたっては，上司は部下に報告や資料提出を求める権限（監視権）を有する。

　くわえて，内在的統制が強調される理由のひとつに，外在的な統制の限界がある。すなわち，行政の肥大化や専門性の深化が，多分にして素人である外部との情報格差・能力格差をもたらしたのである。こうした前提にもとづいて，多様な制度設計が行われてきた。いくつか整理してみよう。

行政評価

　日本において，行政の活動や政策効果を評価しようという試行錯誤は，自治体からはじまった。その背景には，財政逼迫，住民の公務員への不信，地方分権をもとにした行政改革の潮流がある。1990年代より事務事業の見直しや整理合理化，行政関与の必要性や適切性，効率性や有効性，明確な目標設定や効果的な進行管理の徹底による職員の意識改革，住民サービスの向上といった要請が現れてきた。そうして，三重県の「事務事業評価システム」や，北海道の「時のアセスメント」，静岡県の「業務棚卸」，青森県の「政策評価・形成システム」といった試行的な取り組みが，政策評価や行政評価の流れをつくった。

　自治体における評価の特徴は，四点ある。第一に，評価の実際の手法は，詳細な文面での報告書ではなく，簡略化された様式（評価シート）に記入する。第二に，自己評価，すなわち評価の主体は外部の者ではなく，事務事業を担当する課室自身である。第三に評価の主軸は目標管理にある。すなわちあらかじめ設定された指標に対する達成度を問うのである。第四に，評価結果は政策に反映させたり，政策実施の進行管理をするために活用される。すなわち，政策がうまくいかない原因を自ら探り出し，見直しをするという内部における政策管理の目的が評価にはあった。

　ただし，当初は政策や施策，事務事業の有効性や効率性の評価を志向していたいっぽうで，次第に業績測定や事務事業評価，さらには予算要求や査定，計画の進行管理の方に力点が置かれるようになった。したがって政策それ自体というより，政策を実施する体制や組織の改革といったマネジメントの方向に，自治体の行政評価は導かれていくことになった。これが行政評価のねらいとなった。こうした取り組みは，2000年代にかけてほとんどの自治体に普及・拡大した。

　自治体における行政評価の課題は大きく三つある。

　一つめは，そこでは財政の逼迫もともない，財政削減を根拠づける手段として評価が求められるようになってしまったことである。評価は政策目標の実現のために用いられるのではなく，無駄を発見するイメージも強化されていった。民主党政権時代に中央省庁を対象として実施された「事業仕分け」はこの典型である。このような安易な削減論は危険であり，松下圭一（1975）の言うシビル・ミニマムを確保すべき自治体の責任の放棄にもつながる。

　二つめは，行政の活動や政策そのものを評価する際にどのような指標を設定するのかという点である。言い換えれば，政策の「成果」（アウトカム）とはなにかと規定することである。ただし，成果および指標を設定したとしても，その測定は困難である。なぜならば，それが行政活動の結果として発生したのか，それとも外部の要因によるものなのか，明確な区別が困難なためである。この場合，無理な指標の数値化が散見されるが，実質的な評価とはならないだろう。

　三つめは，自治体で実際に行われる評価手法自体が次第に形骸化し，毎年繰り返し評価シートを埋めるだけの年中行事的な作業になり，本来の目的であった政策目標実現のための手段とは乖離してしまった点にある。このため評価の主体である担当行政職員にとって，意義を感じられない作業は大きな負担感につながってしまっている。

　さらに行政職員が自身の行う施策や事業を評価する自己評価だけでなく，数名からなる外部評価委員会を設置して評価を行う外部評価や，住民が行政の政策評価の過程に参加する参加型評価や協働型評価と呼ばれる試みも多数行われ

ている。背景にあるのは，行政機関が自ら評価を行うことに対する不信の解消や不利益の予防といった「行政監視」の色が濃い。このような場合，評価は外在性を帯びてくる。ただし，参加型評価の場合，住民参加と同様に，政策を評価するだけのリテラシーを住民がいかに備えるかという問題が発生する。また，そこで住民の議論や相互学習を経たとしても，それが実際に行政の活動や政策にどこまで反映されるのか不明瞭であるという問題もある。

情報公開と広報・広聴

　行政の活動や政策の中身を評価する際や，後述する住民参加の際に重要となる前提として，情報公開がある。情報公開は，住民の知る権利のため，開かれた政府により住民の参加の促進しようという目的を有する。行政の情報を住民に提供するという観点からは，広報とも近い概念である。そのちがいは，情報提供の意思がどこにあるかである。ここでは，いくつか論点を整理したい。

　第一に，手続的な煩雑さである。情報を得ようとする住民はまず相談窓口を訪れ，その後関係する部署の窓口に行くが，情報公開制度適用の文書であることを知り，情報公開担当窓口で手続を要する。情報の利用しやすさに関しては，情報公開に係る窓口の整備や事務手続の簡素化の他，自治体間や政府間の情報処理システムの統一が必要である。くわえて，職員自身が情報公開に対して十分に理解する必要があるだろう。とくにこの点に関しては，行政職員の内在的責任の議論の範疇になる。

　第二に，非公開の基準設定であり，プライバシーに関するものや企業秘密，犯罪に関するもの，事業執行中のもの等がある。とくにプライバシーの保護に関しては，住民が行政の保有する自身の個人情報についての知る権利の保障を前提とする。2020年現在，新型コロナウィルス感染症への対策として，多くの自治体では感染者の情報を一部公表しているが，ここにもプライバシーの保護と知る権利の保障の対立が存在する。

　第三に，情報の公開請求を拒否された場合の救済手続の整備である。たとえば逗子市のように情報公開審査委員を設置している場合もある。諸外国に目を

向ければ情報公開オンブズマンを設置している場合もある。

　第四に，もっとも重要なのが，情報公開は住民による行政統制の基本であり前提となる点が，行政側でどこまで意識されているか不明瞭である。情報を得ようとする住民は何らかの問題認識をもっているはずである。したがって，行政にとっては何らかのフィードバックを住民から得られる良い機会であり，それは後述するパブリック・リレーションズの基本的な考え方でもある。しかしながら，情報公開担当部署にとっては，手続に従った開示・非開示に終止してしまう。広報・広聴や苦情処理も含めた自治体行政全体の中での情報伝達システムの構築は，大きな課題のひとつである。

審議会

　審議会は，行政だけでは問題解決が困難な領域において，専門性・科学性にもとづいた価値選択を補助的に行う場である。首長の諮問機関という性格に着目して，審議会の答申を経てどのような意思決定をするかは行政内部であるというならば，審議会は内在的な機関になる。外部有識者（住民も含む）という性格に着目すれば，外在的な機関ということもできよう。審議会による行政統制に関しては，二つの軸がある。ひとつは，価値選択に関する軸であり，もうひとつは，構成員に関する軸である。

　前者に関しては，審議会の「政治的パラドックス」が指摘されている（今川，1993）。すなわち，首長の諮問に対して，方針を覆すだけの価値選択の自由が審議会にあるのかどうかという問いである。つまり，首長による責任転嫁である。国レベルではあるが，新型コロナウィルス感染症対策における政府と対策分科会との関係においては，この観点からの批判もあった。ここでの争点は，審議会自体の機能目的と審議会の運営の形態や内容との間における問題である。諮問の方針の是非に関して，「是」を繰り返すだけなのであれば，統制手段としての審議会は制限されているといえるかもしれない。

　構成員に関しては，いわゆる有識者と呼ばれるような専門家や知識人のみを審議会の構成員とするのか，それとも地区や団体の代表といった地域の有力者

─── コラム⑧　行政の統制と SNS ───

　SNS の利活用は，政治家にとっても行政職員にとってももはや常識といえるレベルになっている。Facebook や Twitter，Instagram のページを作成し，積極的な情報発信（広報，シティプロモーション）を行うのである。発信者の思わぬところで炎上することがあるように，市民は内容や意図を細かく観察しており，発信者はこのことを理解・想定したうえでの活用が求められる。

　SNS の普及はまた，市民運動の場を SNS に移行させた。多様な立場の人が自らの意見を他者へ発信するだけではない。ハッシュタグをつけて運動化し，トレンドにするのである。これによって SNS は，外在的・非制度的統制として，政府が無視できない政治運動のアリーナとなった。2020年にあった二つの事例を紹介しよう。

　ひとつは，検察官を含む公務員の定年延長を盛り込んだ国家公務員法改正案を受けて登場した「#検察庁法改正案に抗議（反対）します」のハッシュタグである。このハッシュタグは2020年5月8日に登場し，政府が同月22日に廃案を表明するまでの間に500万ツイートを超えた。

　もうひとつは2020年11月1日に行われた「大阪市廃止・特別区設置住民投票」に際して現れた「#大阪市廃止に反対します」のハッシュタグである。これは，いわゆる「大阪都構想」に賛成しない市民が，大阪都構想によって大阪市が廃止されることを強調するために活用された。

　これらのツイートは，トレンドになることによって多くの市民の目にもとまる。つまり，市民が市民に向けて訴えることのできるところに意味がある。

　他方で，こうした SNS による運動は次のような問題も孕む。第一に，極論化しやすいという点である。情報の氾濫とそれにともなう取捨選択が，同じ意見をもつ人々を1カ所に集めるのである。第二に，そのために，デマの拡散を招きやすい点である。さらに「お前の言っていることはデマだ！」をお互いに交わしあうデマ認定合戦に陥ってしまい，健全な議論の土台は崩れてしまう。第三に，そうして「どっちもどっちだ」という「冷ややかな観察者」を増やし，議論への参加者の限定につながる。

　これらの問題は，①文脈のない（あるいは見えにくい）短い文で構成され，②誰でも気軽に発信できる SNS の特性に起因する。すなわち，実態を知らなくても，専門的知識を持たなくても，議論に参加できるのである。この問題はオンラインに限らず，オフラインでも共通する。市民が政策の内容をめぐって直接議論を交わすのは，民主主義にとって理想的な姿の1つである。しかしその議論への参加の条件として，どこまで知識を要求すべきか。難しい問題である。

を含むのかが検討される。この場合審議会の固有の役割を検討する必要があるが，それ以前に地区や団体の代表が真に地区や団体の代表たりえているのかどうかも問題となる。さらにここに広く住民の参加も認めた合意調整機能を持たせるのかどうかを論じた場合では，住民参加論との比較からも，審議会のとらえかたについて相違が生じると考えられる。

4　外在的非制度的統制

住民運動

　議会が十分な行政統制機能を果たせなくなった背景には，行政の肥大化とともに，住民の多様化があげられる。そこで議会による統制の補完的な統制方法において，住民自身が登場する。ただし，住民による統制といってもその方法は一様ではない。デモのような場合もあれば，圧力団体を通じたり，政党や議会を通じたり，解職請求や監査請求，情報公開といった制度を利用したり，あるいは直接行政の政策形成過程の中に入りこむ場合もある。また，こうした住民の活動や世論をマスメディアがとりあげることによって，あるいはマスメディアが住民を先導する形で行政に影響力を行使する場合もある。

　ところで，住民が自治体行政に対して強く参加の意識を持ち始めたのは1970年代頃からである。そこには，生活のさまざまな領域において，行政や議会が十分な住民間の利害調整を行えなくなった背景がある。とくに NIMBY（Not In My BackYard：「うちの裏庭にはゴメンだ」の意）問題のように，ゴミ焼却場や葬儀場，学校，新幹線，高速道路，空港，発電所といった，社会としては必要な施設であるという認識があろうとも，近隣に建設されると反対運動が起こるような問題をめぐって，利用者と加害者と被害者という三つの属性を併せもつ住民同士の調整が必要になったのである。

　こうした問題は規模が大きくなるほど解決は困難となり，政治的に大きな争点となる。その結果として，首長選挙において当該施設の存廃が主たる争点となったり，さらには自治体全体を巻き込んだ住民投票に導かれる。原子力発電

所や沖縄の米軍基地の問題をめぐっては，住民投票に行き着くケースもしばしば見られる。

　住民運動や住民投票とは別の局面において，住民参加や協働がある。地方自治法第94条および第95条に規定される町村総会（住民総会）とは異なり，議会を代替する場にはならず，あくまでも補完にとどまる。しかしながら，単に広聴や苦情処理のように住民が行政の政策形成過程に参加し意見を述べるだけにとどまらず，むしろ政策形成の場において主体的な住民の相互学習が期待されていたところに，住民参加の意義を認めることができるだろう（佐藤，1990）。

パブリックリレーションズと市民意識

　これらの住民による行政統制論の前提となる議論に，次の二つの論点がある。ひとつはパブリック・リレーションズであり，もうひとつは「市民意識」の議論である。

　井出嘉憲（1967）の示すパブリック・リレーションズ（PRs）に関しては，自治体行政と住民との基本的な関係のあり方を規定する材料として，現在でも参考になる。政策作成部門（行政プログラム）とは別に，住民の意見を聞く部門（PRs プログラム）を設ける。そしてその両部門の連携によって，政策をコントロールをしようという考えである。その前提として，行政は積極的に情報を提供する必要があり，また住民からの意見に対して正面から議論・対応する姿勢が求められる。住民と行政との間のこの情報の循環過程が行政 PRs なのである。ただし，これは議会不要論ではない点，理念系としての完結型の空間にはなり得ない点に留意しておきたい。

　もうひとつの論点は，日本において「市民意識」の自覚に欠けるという議論が頻繁に見られる点である。この「市民意識」をめぐる議論については，牧田（2007）は，日本の住民参加論が規範的・観念的論じられてきたために，実効性のない抽象論に終わってしまったと指摘する。牧田は「参加するのが当然」「エゴは駄目」といった規範的住民参加論が，生身の人間同士の利害調整を行う機会を奪ってきたと批判するのである。

そこで「エンパワーメント」が重要であるという指摘につながる。その土台をつくるのは，議員や行政職員である。とくに行政職員については，住民参加できる住民を育てることもまたその責任の範疇になるという議論も見られる。

5　内在的非制度的統制

行政職員の「責任感」や「倫理」

177頁表8‐1の非制度的・内在的統制の象限において示されるのは，行政職員の自律的・内在的責任といった言葉で語られてきた概念である。これらは，上記の外在的制度的統制，内在的制度的統制，外在的非制度的統制の三つの統制方法が十分な効果を発揮できないために求められてきた。それは行政の準立法機能や準司法機能の拡大，行政の専門分化によって，議会や住民がもはや十分に統制することは不可能となったためである。したがって，行政統制のためには，行政職員自身の自覚や認識といった「責任感」や「倫理」が重要になってくる。この統制領域は行政責任論，とりわけレスポンシビリティ（responsibility）で語られてきた内容である。

こうした行政職員の行動規範の確立や倫理保持のための条例を制定する自治体が頻繁に見られるようになった。たとえば兵庫県明石市の「明石市法令遵守の推進等に関する条例」（第7章参照）のように，内在的であるはずの規範を民主的・外在的に統制しようとする動きがある。国家公務員倫理法（1999年）の解説やケーススタディを含めた職員の倫理研修もまた，こうした動きにあわせて見られる。

留意したいのは，行政責任として求められる倫理や規範が「遵法意識の向上」という名の「不正をしない」に限られるのかどうかという点である。こうした倫理に関する制度化は，「不正・違法行為の防止」，さらには潜在的（無意識的）な不正・違法行為の防止だけを射程に収めるのではない。

住民へのエンパワーメント

政策立案を行う専門家集団としての自律的責任論として，とくに自治体行政においては，次の二点がある。第一に，住民への能力形成や学習機会の提供（エンパワーメント）が求められている。すなわち，自治体行政職員の責任について，他方で，住民が意見をいえる環境整備や，その先にある住民同士の学習機会の提供，仕組み整備までを行政職員が率先して行う必要がある。政策のアカウンタビリティを確保ためには，一方的に住民の意見を行政が聴く機会を設定するだけではなく，むしろ行政職員には，こうした積極的な責任領域を果たすよう求められる。

第二に，行政職員の能力に関しては，「政策法務」にひとつの可能性が見える。国の画一的な方針を待ったり意見を伺ったりせずに，自治体自身の課題を整理し，独自で法令の解釈を行い政策形成を携わる行政職員の能力を求めるのである。まちづくり条例や環境基本条例といった政策の基本的な方向性を定める条例や，自治基本条例のように自治体を政府として統治機構全体の方向性を定める条例が増えているのも，こうした政策法務を通した自治体行政職員の能力向上をめざすものと理解することができる（曽我，2019）。

6　いかに政策をコントロールするのか

行政統制と政策統制

以上のように，自治体行政の統制については，多様な機関や仕組みが重畳的に作動し，行政の活動を制御している。このような状況において，最初に示した行政統制の構図による整理は，統制主体の機能や役割分担を把握し考察する点において，便利である。

本章のはじめの問いに戻ろう。本章のはじめでは二つの論点を設定した。ひとつは行政統制論の枠組みがすべての機関や仕組みの効果や実態までを反映しきれない点であり，もうひとつは住民と行政との関係が変化している点である。

多様な機関や仕組みが整備されていようとも，これらの統制の実効性や影響

については，行政職員の裁量の余地がある限り，組織風土・文化や，職員個人の資質や性格，職務内容等によって差異が生じうる。これが，行政を統制するために多様な手続を整備しても，実質的な政策統制に至らない大きな原因のひとつである。たとえば，多くの自治体において「市長への手紙」という，苦情相談や提言，要望が混在した仕組みがある。ただし，この仕組みは実際に直接市長へ手紙を届けるのではなく，広聴担当部署において第一に処理される。また，オンブズマン制度にしても，日本の自治体におけるオンブズマン制度は首長による任命の「行政型オンブズマン」であり，多くの場合は内在的な統制に分類される。そして行政職員から見た場合，大学教員や弁護士が任命されるオンブズマンは外在的であるということになるだろう。しかしこのオンブズマンにしても，事務局の日常的な運営は一般的な行政職員が担当しており，多くの苦情は窓口となる職員によって処理される。

　このようにひとつの制度や仕組みをとっても，単純に外在的・内在的，制度的・非制度的を明確に区分けすることは困難である。しかも，仕組みを作動させているのが行政職員である以上，これらすべての仕組みの前提になるのが，表8−1の分類における「非制度的内在的統制」の象限にある良心や信条，倫理といった自律的な責任となる。そこで「いかに政策をコントロールするのか」という視点からもう一度行政統制論を振り返っておきたい。

　そもそも政策をコントロールする主体には住民や民間企業等も含まれる。さらに行政統制論のあり方としても，住民と行政とを垂直的な関係でとらえるのではなく，水平的・自律的調整の関係でとらえる見方もある。今川晃（2011）は住民と行政との関係を垂直的にとらえる統制論だけではなく，公共の担い手が行政だけではなくなった点を背景に，住民同士の水平的自律調整関係を視野に入れた構造的転換期にあると述べている。

　この議論には，次の三つの前提がある。第一は，市町村合併後の反省でみられたような，住民の議論が合併前後の行政サービスの質に集中してしまった点である。むしろ「住民による政策のコントロールが可能なシステムの構築」にいかに舵を切るかが求められる。第二に，従来の住民参加を単なる行政の政策

形成過程への参加ととらえるだけでなく，住民参加の議論に内在した価値である「住民相互の学習機会」から発展させる前提である。今川（2014）はこうした住民同士の議論し学びあう環境を「市民相互統制」と呼ぶ。住民相互の議論の活性化が，行政サービスのあり方や公共サービスの方向性を導き，その「正当性」の基盤の確立につながると主張するのである。そして，住民自身が，政策の中身に関与し，本質的な議論を目指す中で，政策変更や政策形成に影響を及ぼすことを「市民政策統制」と呼ぶ。

　第三に，したがって，住民に対して課題を投げかけ，住民による本質的な議論の環境整備や機会提供もまた，行政の責任になる。自治体行政において，住民による実質的な政策のコントロールは，この方向性に期待が寄せられている。

　このように，従来の住民対行政関係を前提にした行政統制論だけでなく，広く自治体における多様な主体を含んだ政策の統制論を行うための制度設計が，自治体行政に対して求められているのである。

　ただし，住民による政策のコントロールの実現を阻む以下の三点のような限界を指摘できるだろう。

　第一に，統制主体の限界である。本章で述べたように，統制の核となる議会および議員について，議会事務局の強化による議員の政策形成・行政監視機能の向上といった議論もあるが，議員の担い手不足や能力不足により，代議制民主主義のロジックが効果を発揮し得ない状態にある。また，行政統制の究極的主体である住民も，日常的な政治・行政のアリーナへの参加ができるわけではない。仮に参加する時間的余裕や意欲があったとしても，政策過程や行政の作動様式に関する知識をどこで身に付けるかという問題も生じる。さらには反対運動をする者に対して，冷淡な態度や「反・反対」の立場が示されるように，当事者意識の欠如が見られる場合もある。こうした問題に関しては，主権者教育に期待されている。

　第二に，被統制主体の限界である。すなわち，行政組織の内部事情である。中央省庁と合わせた縦割り行政や，地方分権後も消えない中央省庁や都道府県に対する従属体質，短期間での異動というように，組織に関する問題によって

行政職員が政策に責任を負いきれない環境になっている。

　第三に，中央地方関係による限界である。いかに自治体において政策統制のための循環過程をつくろうとも，自治体行政が完全に自立した主体とはいえない点に留意したい。自治体行政の外部にある政策システム（メタ政策システム）によって政策の変更が余儀なくなる。この場合，自治体行政がどこまで政策に対する責任を負うことができるのかは不明瞭である。

　注

(1)　たとえば市区町村行政では，政策作成時において，制度上の根拠がなく必ずしも必要でなくとも，都道府県や中央省庁に「お伺い」をたてる場合が散見される。これも一種の非制度的な統制であろう。

(2)　オンブズマン制度についての詳細は第7章を参照されたい。

参考文献

井出嘉憲（1967）『行政広報論』勁草書房。

今井照（2018）「『計画』による国－自治体間関係の変化」『自治総研』（477），53-77。

今川晃（1993）『自治行政統制論への序曲』近代文藝社。

―――（2011）『個人の人格の尊重と行政苦情救済』敬文堂。

―――（2014）「行政苦情救済と行政統制――政策と住民相互の議論」『季刊行政管理研究』（146），5-16。

佐藤竺（1975）「地域開発と公害の激化」佐藤竺編『地域開発　公害への対応』学陽書房，3-42。

―――（1990）『地方自治と民主主義』大蔵省印刷局。

新藤宗幸（2019）『行政責任を考える』東京大学出版会。

曽我健吾（2019）『日本の地方政府』中央公論新社。

西尾勝（2001）『行政学　新版』有斐閣。

牧田義輝（2007）『住民参加の再生』勁草書房。

松下圭一（1975）『市民自治の憲法理論』岩波書店。

森田朗（2011）『現代の行政　改訂版』財団法人放送大学教育振興会。

―――（2018）「自治と政策法務」『自治実務セミナー』677，2-4。

山谷清秀（2019）「科学技術政策の多面性及び地域政策との交錯――科学技術政策を

めぐるアカウンタビリティの混迷」『日本評価研究』19（3），1-13。

Friedrich, C. J., (1966), "Public Policy and the Nature of Administrative Responsibility", in P. Woll ed. *Public Administration and Policy*, New York : Joanna Cotler Books, 221-246.

Gilbert, C. E., (1959), "The Framework of Administrative Responsibility", *The Journal of Politics*, 21 (3), 373-407.

■　■　■

読書案内

井出嘉憲（1967）『行政広報論』勁草書房。

　住民（同書では「公衆」と表記されている）と行政との間をつなぐ PR（パブリック・リレーションズ）プログラムのあり方を考えることができる。半世紀以上前の本であるにもかかわらず，住民と行政との関係のあり方に対する問題提起は，いまなお有効である。大学生のうちに読みたい 1 冊である。

城山英明・大串和雄編（2008）『政策革新の理論』東京大学出版会。

　外部環境による政策のコントロールについて理解することができる。政策システムやメタ政策システムとして，個別の政策と財政・人事との関係や，中央地方関係について学ぶことができる。

練習問題

① 　広聴の多様な手法を調べて整理してみよう。そのうえで，あなたが生活しているまちで，広聴，相談，住民参加など，行政に意見を伝えたいときにどのような手法があるか調べてみよう。

② 　公務員の職員研修について，実施のタイミング（入庁時，入庁数年目，毎年など），内容，目的などを調べてみよう。そのうえで，その研修の意義と課題を検討してみよう。

③ 　「市民」と「住民」の言葉の違いについて，考えてみよう。

（山谷清秀）

第Ⅲ部
行政の生理と病理

第9章

組織再編成と行政責任

┌ この章で学ぶこと ─────

　本章では，日本の中央政府を対象に，内閣が組織再編成を通じて政策に対する責任（レスポンシビリティ）をどのように確保してきたのかを考察する。日本の中央政府では，内閣の政策に対する全体的な責任を府・省・庁・委員会といった行政組織が分担管理してきた。内閣はそれぞれの行政組織の所掌事務に基づいて政策に対する責任を分配し，行政組織はそれらの責任をさらに内部部局または外局に分配し，内部部局または外局が政策を形成および実施することで，政策に対する責任が確保されていく。本章では，内閣，行政組織，所掌事務，内部部局，外局，政策によって構成される集合を行政責任の体系と定義する。内閣は定期的に自らの責任の体系がその時々の政策課題および社会の状況に適合しているかを評価し，その結果に基づいて行政組織を再編成してきた。本章では，こうした再編成の事例として，庁の設立の歴史および中央省庁再編を検討する。この章の議論を理解することで，行政組織と政策との関係をより全体的かつ鳥瞰的な観点から理解できるようになり，行政改革における主要テーマである行政組織編成という抽象的な議論に対して自分なりの考えをもつことができる。

1　中央政府の政策責任

日本の行政責任の体系

　この節では，日本の中央政府において内閣が政策に対する責任をどのように確保しているのかを整理する。現代の内閣は多様な政策責任を負い，それらの責任は行政組織によって分担管理されている。どの行政組織にどの政策を管理させるのかに関する基準として行政組織の所掌事務が存在している。それぞれの行政組織に割り振られた政策責任は，その行政組織の内部部局または外局が

政策を立案および実施することで確保されていく。本章では，内閣，行政組織，所掌事務，内部部局，外局，政策といった要素から構成される集合を行政責任の体系と呼ぶ。

　本章でいう，行政責任の体系が追求する「政策に対する責任」または「政策責任」とは，政策に対するレスポンシビリティを意味する。政策に対するレスポンシビリティとは，行政が自律的に政策課題を発見し，解決策を立案および実行し，政策課題を解決することで果たす責任である。行政責任の体系は，日本において行政全体が負う政策に対するレスポンシビリティの全体像を示している。

内閣の責任と行政組織

　内閣は多様な責任を負っている。たとえば，歳入と歳出の管理，外国との交渉，国外からの脅威に対する国民の安全の確保，国内の治安維持，民法や刑法といった基本的な法制の管理は日本という国家を維持するために古くから行政が負ってきた責任である。さらに，時代の経過とともに，行政は政策を通じて社会を発展させる責任を負うようになった。具体例として，国内産業の強化，労働環境の改善，教育の質の確保，スポーツの普及があげられる。

　これらの内閣の責任は，行政組織が分担管理する形で確保している。本章でいう，「行政組織」とは国家行政組織法第3条2項および内閣府設置法第2条，第49条1項に基づいて設置される大規模な組織を指す。具体的には内閣府・省・庁・委員会を指す。現行の日本の行政組織の一覧は，表9-1のとおりである。[1]

　以下では，行政組織法の観点から，行政組織の基本的な四つの特徴を説明する。[2]

　第一に，府・省・庁・委員会といった行政組織の名称および規格は，法律によって決められている。国家行政組織法第3条2項は「行政組織のため置かれる国の行政機関は，省，委員会及び庁とし，その設置及び廃止は，別に法律の定めるところによる」と規定している。[3]他方で，内閣府および内閣府に属する

表**9-1**　行政組織の一覧（2020年11月20日現在）

府・省	府・省に属する委員会	府・省に属する庁
内閣府	公正取引委員会 国家公安委員会 個人情報保護委員会 カジノ管理委員会	金融庁 消費者庁
総務省	公害等調整委員会	消防庁
法務省	公安審査委員会	出入国在留管理庁 公安調査庁
外務省		
財務省		国税庁
文部科学省		スポーツ庁 文化庁
厚生労働省	中央労働委員会	
農林水産省		林野庁 水産庁
経済産業省		資源エネルギー庁 特許庁 中小企業庁
国土交通省	運輸安全委員会	観光庁 気象庁 海上保安庁
環境省	原子力規制委員会	
防衛省		防衛装備庁

出典：国家行政組織法別表第1および内閣府設置法を参照をもとに鏡圭佑作成。

庁・委員会の設置は国家行政組織法ではなく，内閣府設置法に定めがある。これらの行政組織が個別に規定されている理由は，内閣総理大臣を補佐する内閣府が他の省・庁・委員会よりも上位に位置することを制度的に明確にするためである（曽我，2013）。

　第二に，府省と庁・委員会では行政組織としての在り方に違いがある。具体的には，庁・委員会は府省の外局として設置される。府省の外局としての庁・委員会の位置づけは行政責任の配分の流れをみると明確になる。まず，内閣が

負う責任はそれぞれの府省へと配分される。つぎに，府省の責任は官房・局・部・課・室といった内部部局に配分されていく。その中で，内部部局が担うには不適切である責任は，内部部局の外に庁・委員会を設置し，担当させることになる。一般的に，庁は内部部局が担うには作業量が膨大すぎる事務に対する責任を，委員会は高度な中立性または専門性が必要な事務に対する責任を担わせるために設置される（佐藤，1986）。なお，庁・委員会においても，それらの内部にある内部部局への責任の配分は行われる。

　第三に，個別の行政組織の設置には設置法が必要となる。前掲の国家行政組織法第3条2項にあるように，個別の省・庁・委員会の設置には同法とは異なる根拠法が必要になる。この根拠法が設置法である。現行のすべての省は，その名前を冠する設置法に基づいて設置されている。他方で，外局はそれが所属する省の設置法が設置の根拠になっている場合もあれば，省の設置法とは別個の設置法が根拠となる場合もある。なお，内閣府およびその外局の設置は内閣府設置法によって規定されている。

　第四に，設置法における任務規定が，その行政組織が負う根本的な政策責任の概要を示している。たとえば，農林水産省設置法第3条1項では同省の任務を「食料の安定供給の確保，農林水産業の発展，農林漁業者の福祉の増進，農山漁村及び中山間地域等の振興，農業の多面にわたる機能の発揮，森林の保続培養及び森林生産力の増進並びに水産資源の適切な保存及び管理」であると決めている。また，同法は第21条において外局として林野庁を設置すること，第23条においてその任務は「森林の保続培養，林産物の安定供給の確保，林業の発展，林業者の福祉の増進及び国有林野事業の適切な運営」であることを規定している。任務規定は，内閣がある政策を管理する責任をどの行政組織に割り当てるかを判断するための基準になる。

行政組織の政策責任を表す所掌事務

　任務規定は，その行政組織の政策責任の概要のみしか示していない。任務規定を見ただけでは，農林水産省が具体的にどのような政策課題に責任を負って

いるのか，どのような内部部局や外局を整備すればよいのかを直ちに知ること
は難しいであろう。そのため，設置法には任務規定の内容を明確にするために
所掌事務の規定が設けられている。

　所掌事務の規定では，その行政組織が責任を負う政策に関する事項が列記さ
れる。農林水産省設置法では同省が自らの任務を実現するために，第4条1項
1号「食料の安定供給の確保に関する政策（食品衛生に係るものを除く。）に関す
ること。」から第86号までの所掌事務が掲げられている。行政組織は所掌事務
に記載された事項に該当する政策を立案し実施することによって，社会的な問
題の解決を試みる。反対に，行政組織は自らの所掌事務の範囲外で権限を行使
できないため，所掌事務はその行政組織が責任を負う範囲を示しているともい
える。

　外局の所掌事務はそれが所属する府省の所掌事務の一部を委譲される形式で
規定されている。たとえば，農林水産省設置法第21条に基づいて，同省には林
野庁および水産庁が設置されている。第23条で林野庁の任務が決められ，第24
条でその任務を実現するために林野庁に委譲される農林水産省の所掌事務が示
されている。同様に，水産庁の任務は第30条で，水産庁に委譲される所掌事務
は第31条で規定されている。ただし，消防庁のように個別の設置法のなかで，
所掌事務が独立して規程されている例もある。

　所掌事務は，二つの観点から重要になる。第一に，所掌事務は，ある課題に
対する政策を管理する責任，具体的には法律，計画，予算等の立案，実施，改
善に対する責任をどの行政組織が担うのかを決める基準になる。すなわち，行
政組織の設置法における所掌事務は，その行政組織が担うことができる政策責
任の一覧表であるといえる。第二に，所掌事務は行政組織が内部部局や外局を
編成する際の根拠になる。行政組織は自らに配分された所掌事務を遂行できる
ように内部部局および外局を整備しなければならない。そのため，行政組織は
自らの所掌事務のすべてを網羅するように内部部局および外局を編成する。

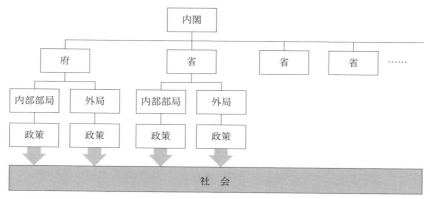

図 9 - 1　行政責任の体系

出典：鏡作成。

日本における行政責任の体系の描写

　これまでの整理に基づいて，日本における行政責任の体系の図が描写できる。行政責任の体系とは，行政全体の中で政策に対する責任がどのように確保されているのかを示す全体像である。この体系はこれまで見てきた内閣，行政組織，内部部局，外局，所掌事務，政策といった要素から構成される。行政責任の体系は，図 9 - 1 のとおりである。

　行政の全体的な責任は内閣に属する。内閣の責任はそれぞれの行政組織によって分担管理される。どの行政組織がどの政策責任を分担するかは，設置法における任務および所掌事務によって決まる。行政組織は，自らの所掌事務を官房・局・部・課・室といった内部部局に割り当てていく。内部部局に担わせるには不適当な所掌事務は庁または委員会といった外局に配分される。

　内部部局および外局は政策の立案，実施，改善といった政策管理を通じて，自らの政策責任を果たそうと試みる。基本的に，内部部局および外局において政策管理を実際に担う組織は課（室）であり，とくに，こうした課は「所管課」と呼ばれる（大森，2006）。一般的に，所管課は，特定の政策目標を実現するための法令および予算を所管しており，具体的には，政策の立案および実施，これらの政策の実施状況の調査，調査結果を踏まえた政策の改正等の事務を担

⁽⁴⁾
う。

　内閣が負う全体的な政策に対する責任が，行政組織，内部部局，外局へと委任されていき，所管課が政策の管理を通じて，政策課題に対処することで，行政全体の政策に対する責任が最終的に確保されていくことになるのである。

　以上，本節では行政責任の体系を素描した。行政責任の体系は，政策に対する内閣の責任を包括的に把握する視座となる。行政責任の体系を正確に把握するためには，その全体像だけではなく，それがどのように変動するのかも理解する必要がある。次節では，行政責任の体系がどのように変動するのか，そのメカニズムを明らかにしたい。

2　社会の変化に適応する行政責任の体系

社会変化と行政責任の体系の変動

　この節では，社会の変化に応じて行政責任の体系が変動するメカニズムを明確にする。社会の変化は新しい政策課題を発生させる。内閣はこれらの政策課題に対処する必要がある。原則的に，内閣は自らの責任の体系を維持したまま新しい政策課題に対応することを試みる。しかし，例外的に，内閣に自らの責任の体系の修正を伴う対応が求められる。後者の場合に，組織の再編成が実施される。

社会の変化と新しい政策課題

　社会は常に変化し，新しい政策課題が発生する。以下では，政策課題を発生させる原因となる社会の変動を，①重大な出来事の発生，②科学技術の発展，③社会経済環境の変化，④国民の価値観の変容という四つの類型に整理する。

　第一に，重大な出来事の発生がある。仮に，一回の出来事であっても，その影響が深刻，重大，多面的であるならば，政策課題の発生の原因になりうる。具体的には，終戦があげられる。第二次世界大戦の終戦によって，日本では混乱した経済の安定化，軍人の復員や日本国民の引揚げといった政策課題が続出

した。また，大事故も具体例になる。2011年の東日本大震災に伴う福島第一原子力発電所事故は，原子力発電所の安全性の確保，社会におけるエネルギー供給のあり方の見直しといった政策課題を生み出した。

　第二に，科学技術の発展がある。科学技術はさまざまな恩恵をもたらすが，悲惨な事故の原因にもなりうる。したがって，科学技術の発展の方向付けおよびリスク管理が政策課題になる。具体例としては，インターネットまたは原子力研究があげられる。さらに，ドローンの問題もある。ドローンによる事故や盗撮は世界的に問題になっている。日本でも，2015年に首相官邸の屋上に放射性物質が付着したドローンが落下する事故が起き，その規制が政策課題になった。

　第三に，社会経済環境の変化がある。社会と経済の実態はときに大きく変化する。この変化が政策課題を生み出す。たとえば，景気の悪化は多くの企業の業績を悪化させ，国民生活に多面的な悪影響を及ぼす。他方で，社会の在り方の変化も，さまざまな政策課題を発生させる。実際に，少子高齢化は，社会保障の持続可能性の危機，労働者の減少といった政策課題の原因になる。また，労働者の減少に対する解決策としての外国人労働者の受け入れも，多文化共生，教育制度の改革といった別の政策課題の原因になる。

　第四に，価値観の変容がある。社会における価値観の変化に伴って，ある社会の問題が改めて政策課題として認識される場合がある。たとえば，1960年代の日本における環境への配慮に対する国民意識の高まりは，政府に環境政策を実施させる推進力になった。また，企業の経済活動によって消費者が受ける被害に対する懸念の広まりが消費者行政の拡大の原因であった。さらに，最近の政府による働き方改革推進の背景にも，働き方に対する国民の価値観の多様化，従業員の自由な働き方を重視する企業の出現といった原因があると考えられる。

既存の責任の体系を維持した対応

　上記のような社会の変動によって新たな政策課題が発生した場合，原則的に，行政は既存の責任体系を維持したまま対応する。その理由は，責任の体系の変

動に伴う膨大な費用および任務と所掌事務における抽象性に求められる。

　まず，責任の体系の変動には莫大な費用がかかる。行政組織の設置およびその所掌事務の修正には，関係法令の改正，関係する行政組織との調整，内閣人事局による審査，国会審議等が必要になる。それぞれの段階で資料の作成，関係者への説明，関係者との調整，指摘された事項への対応が求められる。また，法律，予算，計画といった新しい政策を策定するにも，類似の作業が必要になる。これらの作業にかかる膨大な時間と人員といった費用を考慮すると，新しい政策課題に対して可能な限り既存の責任の体系を維持したまま対応することが合理的な選択になる。

　つぎに，任務および所掌事務における抽象性といった理由もある。行政組織の任務が抽象的であることは前節において確認した。さらに，所掌事務は任務規定の内容を数多くの項目に分解したものであるが，それぞれの項目の記載はなお抽象性が高い。したがって，その解釈によって多くの具体的な政策課題を包摂することが可能になる。さらに，日本の行政の特徴として，行政組織の所掌事務を総和すると社会問題のすべてがその中に含まれるという「森羅万象所管主義」が指摘されている（大森，2006）。こうした状況のもとで，新しい政策課題が発生したとしても，行政組織の新設改廃および所掌事務の変更が必要になることは少ないといえる。

　これらの理由から，内閣は既存の責任の体系を維持しつつ，政策課題に対処しようとする。具体的には，図9‒1における末端部分の変更による対応を試みる。まず，政策のみの修正が考えられる。政策の変更には，新規政策の策定，既存の政策の拡大修正（政策目標または政策対象の拡大，政策手段の追加等）が含まれる。

　つぎに，行政組織と所掌事務には修正を加えず，内部部局と政策のみを新設または拡大する対応がある。内部部局の新設改廃は，行政組織の新設改廃および所掌事務の見直しよりも費用は低い。一般的に，この対応は，官房・局・部の中に政策課題に責任を有する課室を置き，政策を管理させることから始まる。政策課題が課室で対応できないほどに深刻になれば，それに応じて課室が局部

に格上げされることもある。

　しかし，例外的に，行政責任の体系の大枠を維持したままの対応以上の対応が求められる場合がある。たとえば，想定外の出来事の発生，科学技術の飛躍的な発展があげられる。また，これまでは内部部局で対応できていた問題が深刻化し，外局さらには省で対応する必要が生じることもある。最後に，国会や内閣といった行政組織および所掌事務の新設改廃を公式に提案する権限をもつ主体が責任の体系を見直すべきであると主張した場合がある。これらの場合には，組織の再編成が必要になる。

組織の再編成を通じた対応

　既存の行政責任の体系では政策課題または社会の変動に対応できないと判断された場合には，行政は自らの責任の体系を大幅に変更する必要がある。この方法が組織の再編成である。組織の再編成とは，行政組織およびそれらの所掌事務を社会の変動に応じて修正することを意味する。前項の末端での対応とは異なり，組織の再編成によって行政責任の中枢をなす行政組織および所掌事務が変更される。

　府省の再編成と庁・委員会の再編成の間には違いがある。府省は内閣から政策責任を直接的に配分される点において基幹的な組織である。さらに，数多くの所掌事務をもち，自らの中に官房・局・外局といった大規模な組織を含む点で包括的である。これらの特徴から，府省は特定の政策課題の解決というよりも，複数の政策課題が含まれる群を管理するために設置される。したがって，政策課題群との不適合が深刻化した場合に府省は再編成されると考えられる。

　他方で，庁と委員会は府省が内閣から配分された責任の一部を配分される点において附属的な組織である。くわえて，府省の包括的な所掌事務の中でも特定の政策に関する所掌事務のみを委譲される点において限定的な組織である。これらの特徴から，庁と委員会は特定の政策課題に対処するために設置されるといえる。したがって，新たな政策課題の発生または既存の政策課題の深刻化に対して臨機応変に再編されることになる。

── コラム⑨　厚生省の内部部局の変動に関する先行研究 ──

　本章では，第3節において庁の設置および中央省庁再編の事例を取り扱っている。これは，行政責任の体系における行政組織の再編成に該当する事例である。他方で，内部部局のレベルにおける再編は本章では検討しない。

　そこで，このコラムでは大森彌による厚生省の内部部局の変動を記述した論文を紹介したい。大森の論文は「課レベルの組織変動とその動因」であり，行政管理研究センターという研究所から出版された『行政体系の編成と管理に関する調査研究報告書』という全5冊からなる研究書の5冊目に収録されている（大森，1991）。

　大森は課レベルの組織を課・室・分掌官に分け，厚生省の課レベルの組織の変動を12のパターンに分類している。すなわち，①新設，②廃止 – 新設（ある組織を廃止し，それと同じレベルの組織を新設する），③移管，④結合，⑤分割，⑥廃止，⑦復活，⑧改称，⑨昇格，⑩降格，⑪増員，⑫減員が列挙されている。それぞれの詳細は原著を参照してもらいたいが，ここでは組織の変動と一言で言っても，その言葉にはきわめて多様な意味が含まれていることを理解してほしい。

　大森は，厚生省の事例の検討を通じて，組織変動を促す要因とその要因のもとで取られた組織変動のパターンとの関係を以下のとおり整理している。a 全省庁横並びの削減型行革に伴う廃止 – 新設，統合，廃止，降格／b 業務の減少に伴う廃止 – 新設，移管，統合，廃止／c 人員のやりくりのための減員／d 機能強化のための新設，廃止 – 新設，分割，昇格，増員／e 機能統合のための新設，移管，改称，昇格，統合／f 機能純化のための移管と改称／g 新しい制度創設に備えた新設，廃止 – 新設／h 新法の実施に備えた新設／i 新たな課題への対処のための新設，廃止 – 新設，分割，改称／j 業務量の増大に伴う新設，分割／k 事務処理体制の強化のための新設／l 新技術の導入のための新設／m 事務の一体的処理のための新設／n 職の整備のための新設と改称／o 組織再編への対応のための廃止 – 新設／p 組織整備のための廃止 – 新設，改称，昇格および／q その他に分類している。

　大森が構築した組織変動の視点は，理論的かつ網羅的であり，厚生省に限らず，多くの行政組織の分析に使用できる。たとえば，特定の行政組織が政策的な転換点に直面した際の組織変動を理解するにあたっても有用になる。なお，『行政体系の編成と管理に関する調査研究報告書』には行政組織の編成と変動に関する多くの興味深い論文が収められているため，積極的に読んでもらいたい。

　組織の再編成を実行することで，行政の責任領域の変更および政策目標の実現の在り方が変化する。

　まず，行政の責任領域が変更される。行政組織の新設改廃，所掌事務の修正，追加，削除等は行政が社会において責任を負う領域の縮小または拡大につながる。責任領域の縮小は，行政が解決に責任を負っていた政策課題からの撤退を意味する。その政策課題を解決する責任は，個人，企業，NPO，地域の共同体，地方自治体等の中央政府以外の主体によって担われることになる。反対に，責任領域の拡大は行政が政策課題の解決に責任を負うことを意味する。従来の中央政府以外の主体による取り組みに中央政府の政策が加わることになる。

　つぎに，組織の再編成を実行することで，政策目標の実現の在り方が変化する。たとえば，ある政策課題に責任を負っていた局を庁に格上げすることで，権限が拡充され，政策目標がより迅速かつ効果的に実現される可能性が高まる。また，ある行政組織が有する所掌事務と対立する内容の所掌事務を別の行政組織に与えることで，両行政組織間での協議が必要になり，より慎重な政策運営がなされるであろう。さらに，密接に関連する政策に責任を有する複数の行政組織を併合することで，政策間の相乗効果を生じさせやすくなるであろう。このように，組織の再編成を通じて，行政は政策の有効性，目標達成の迅速さ，慎重さを操作できる。

　以上，行政が自らの責任体系を修正する過程を概観した。次節では，事例の検討を通じて，前節と本節で整理した抽象的な理論を具体的に説明したい。

3　省庁再編の歴史

組織はどう再編成されたのか

　本節では庁の設置の歴史および中央省庁再編を検討する。庁の設置の歴史は，部分的な組織の再編成の事例となる。つぎに，行政改革会議（以下「行革会議」という）による行政組織再編成の事例は，全体的な組織の再編成の事例になる。

事例1　庁の設置の歴史

　庁は組織の再編成に適した行政組織である。附属的かつ限定的な組織である外局は，府省よりも設置にかかるコストは低い。さらに，府省の内部部局よりも独立した権限を有する。したがって，大規模かつ重要な政策課題に対しても一定の対応が可能となる。もうひとつの外局である委員会は，一般的に，中立性または専門性が求められる事務に限定されることに対して，庁はとくに事務の性質について限定がない。これらの理由から，内閣は庁の設置を通じた組織再編成を繰り返してきた。

　以下では，まず，前節で提示した社会の変動の四つの類型に伴って庁が設置されてきた事実を説明し，つぎに，中央省庁再編以降の傾向である内閣による能動的な対応としての庁の設置を紹介する。なお，庁の設置の歴史については，以下の文献を参照にしている（鏡，2019；内閣制度130周年記念史編集委員会編，2015；内閣制度110周年記念史編集委員会編，1995；内閣制度120周年記念史編集委員会編，2005；内閣制度100年史編纂委員会編，1985）。

　第一に，重大な出来事の発生に伴う庁の設置があった。たとえば，1940年代の後半において，内閣は庁の設置を通じて第二次世界大戦の敗戦直後の政策課題に対応した。占領軍の駐屯を支援するために，特別調達庁が設置された。また，終戦後も海外に残っていた軍人，民間人を日本に連れ戻す活動は復員庁および引揚援護庁が担った。さらに，混乱した経済を統制するために貿易庁，物価庁，経済調査庁といった組織も設置されていた。

　第二に，科学技術の発展がある。代表的な庁として，1956年に設置された科学技術庁がある。科学技術庁は人文科学および大学での研究を除く研究を行政全体で支援するための司令塔であった。また，2015年に設置された防衛装備庁も科学技術の発展に責任を有する。防衛装備庁はとくに，防衛装備品に関する大学，企業，研究機関の研究を促す政策を管理する。

　第三に，社会経済環境の変化に合わせて庁が設置されてきた。日本では1950年代以降の高度経済成長の促進およびその弊害への対応に庁が活用された。経済成長を促すための政府の計画の作成と調整は経済企画庁が担った。また，経

済成長の弊害である公害への対応のために環境庁が設置された。さらに，人口と産業の都市部への集中により生じる諸問題は国土庁が対応した。他方で，社会環境の変化に対応する庁として，外国人労働者の受け入れ拡大の決定に伴う外国人の生活環境の改善を実現する庁として2019年に出入国在留管理庁が設置された。

　第四に，国民の価値観の変容がある。たとえば，政府における公害対策担当組織が1966年から1971年までの短期間で公害対策推進連絡会議，中央公害対策本部，環境庁へと格上げされていった背景には，国民の公害に対する懸念の深刻化があった。また，消費者庁の設置も消費者が直面するさまざまなリスクに対する国民の懸念が強くなっていったことに理由があると考えられる。

　また，庁の設置は受動的な対応と能動的な対応に分類できる（鏡，2019）。受動的な対応では，内閣は社会の変動によって生じた政策課題に事後的に対処するために，庁を設置する。他方で，能動的な対応とは，内閣が理想的な目標を社会に提示し，その目標を実現するための政策を管理する庁を設置する対応を指す。中央省庁再編以降，能動的な対応による庁の設置が目立っている。その具体例として，観光庁，スポーツ庁，防衛装備庁，出入国在留管理庁がある。

　観光庁は自由民主党（以下「自民党」という）が掲げる観光立国を実現する庁である。2002年の小泉純一郎元内閣総理大臣による観光立国宣言以来，自民党政権下における観光政策の重要度は上昇した。観光立国を実現するために，2006年に観光立国推進基本法が成立し，2007年に観光立国推進基本計画が制定された。観光庁は政府が進める観光政策を一元的に管理する庁として2008年に設置された。

　スポーツ庁は，東京オリンピック・パラリンピックの開催に責任を負う行政組織として設置された庁である。多くのメディアで報道されていたように，オリンピック・パラリンピックの東京への招致活動において官邸が主導的な役割を果たしていた。この国家的なイベントの開催に向けて関係行政組織および民間の団体との調整を担う組織として，スポーツ庁は設置された。

　防衛装備庁の設置の背景には，2013年の安倍晋三内閣における防衛装備移転

三原則の閣議決定があった。この閣議決定により，日本の諸外国との防衛装備品の共同開発に関する規制が緩和されることになった。防衛装備庁は，安倍前内閣総理大臣による政策方針の転換に伴って設置された。その任務は，防衛装備技術の研究，研究機関に対する助成，諸外国との共同研究の推進である。

　出入国在留管理庁は安倍内閣による外国人労働者の受け入れ拡大の決定に伴って設置された。安倍内閣は出入国管理および難民認定法を改正し新たな在留資格を創設した。この改正に伴い，外国人の入国数の急増，日本国民と外国人との共生，外国人の暮らしの安定化が政策課題になると予想される。これらの政策課題に対応するために，法務省入国管理局が格上げされる形で出入国在留管理庁が設置された。

　以上，庁の設置を通じた組織の再編成を概観した。上述したとおり，庁は限定的な組織であるため，庁の設置を通じた組織の再編成では特定の政策課題にしか対応できない。1990年代の末に，行政改革会議はこうした局所的な再編成ではなく，全体的な再編成を提言し，その結果，中央省庁再編が行われた。

事例2　中央省庁再編

　行革会議は，1府22省庁体制を1府12省庁体制に再編成すべきという「中央省庁再編」を提言した[(5)]。ここでは行革会議の最終報告を参考に，日本における行政責任の体系の根本的な変動をもたらした中央省庁再編を概観する。なお，本項における行革会議の組織および提言に関する記述は，以下の文献に依拠している（岡本，2001；行革会議 OB 会編，1998；田中編，2006）。

　行革会議は，橋本龍太郎元内閣総理大臣が設置した審議会である。設置を決定したことに加えて，橋本元内閣総理大臣は行革会議の会長も務めた。行革会議では政治家，経済界，学界および労働界を代表する有識者13名が委員に任命された。また，審議会における議論を補助するため，水野清元内閣総理大臣補佐官を事務局長とする事務局が設置された。行革会議は，1997年の12月に最終報告を提出することになる。

　行革会議はそれまでの行政組織による政策管理を批判的に検討した。具体的

には，最終報告において，各行政組織が管理している政策に他の行政組織が口出しすることを許さない「専権的・領土不可侵的所掌システム」があったと批判している。また，縦割り行政によって，それぞれの行政組織の視野が自身の所管している領域のみに狭まっていること，複数の行政組織が共同で管理する政策の調整が十分に行われていないことを指摘している。

　行革会議は，これらの問題点を克服するような中央省庁再編の案を四つの方針に基づいて考案した。すなわち，立案にあたっては，①行政全体が担うべき任務を軸に，所掌事務の類似性にも配慮し，行政組織を再編するという「目的別省編成」，②可能な限り総合性および包括性をもった巨大な行政組織を設置するという「大括り編成」，③相反する任務を有する行政組織は分離し，調整過程における透明性を確保するという「利益相反性への考慮」，④各省間で対等な政策論議を可能にするための「省間バランス」が考慮された。この中でも，大括り編成による行政責任の体系のスリム化がとくに着目されていた。

　以上の方針に基づく検討の結果，中央省庁再編によって，政府の行政組織は図9-2のように変遷した。

　中央省庁再編は，次のような示唆をもつ。

　まず，中央省庁再編は例外的かつ大規模な組織の再編成である。これが可能になった一因として，前節で指摘した組織編成権を有する内閣総理大臣の意思と決断および国会の同意があった。橋本元内閣総理大臣は内閣総理大臣に就任する前から1980年代に設置されていた第二次臨時行政調査会という大規模な行政改革に携わっており，自分が行政改革の専門家であることを自認していた。その橋本元内閣総理大臣が会長を務め，毎回の会議に出席するほどの意欲を見せた行革会議の提言であったからこそ，中央省庁再編は可能であったと考えられる。さらに，国会も，当時の薬害エイズや阪神淡路大震災の初動対応に対する行政への批判的な世論を考慮して，行政改革に関しては積極的であった。

　つぎに，中央省庁再編の検討過程をみると，組織の再編成の答えはひとつではないことが分かる。中間報告案では，国土庁，北海道開発庁，沖縄開発庁，農林水産省，運輸省，建設省等が分担してきた公共事業に関する事務を国土開

図9-2　中央省庁再編の概要図

出典：鏡作成。

発省と国土保全省の二つに分離するとされた。しかし，この案に対して自民党の「建設族」議員および建設省河川局職員の有志から両省を併合して国土整備省を設立すべきであるという反対があった。結局，橋本元内閣総理大臣の決断によって国土庁，北海道開発庁，沖縄開発庁，運輸省，建設省を併合する国土交通省の設置が決定された（藤井・新川・田中・根本，2000）。この出来事は，組織再編成は客観的な正解を探す技術的な過程であると同時に，異なる行政の責任観を有する主体の間での交渉を含む政治的な過程であるということを示唆している。

　以上，行革会議による中央省庁再編を見てきた。中央省庁再編も，あくまでも，行政の責任体系に対するひとつの考え方に過ぎない点に留意する必要がある。実際に，2018年以降，自民党は中央省庁再編の批判的検討に基づいて新しい行政責任の体系を構想している。

4　未完の組織再編成

組織の再編成と意義

　組織の再編成は，行政の実務における重要なテーマであり続ける。最後に，自民党の行政改革推進本部における議論，2020年における自民党総裁選における各候補者の構想および菅義偉内閣総理大臣による行政改革の構想といった近年における事例を紹介することで，この点を確認したい。

近年の事例

　2018年には，自民党行政改革推進本部（以下「行革本部」という）が将来的な行政改革のビジョンを策定した（『日本経済新聞』2018年9月22日第14版4面）。行革本部とは，行政改革の方針を策定するために設置された自民党総裁に直属する組織である。2018年4月25日に行革本部は中央省庁の再々編を検討する方針を決定した。同年9月21日に，行革本部の部長を務めていた甘利明が中央省庁再々編案を安倍前内閣総理大臣に提出した。

　行革本部の提言は，行革会議を意識して「中央省庁再々編」をキーワードにしている。実際に，提言では中央省庁再編の成果の検証，課題の抽出，再々編案が議論されている。具体的には，中央省庁再編によって厚生省と労働省が併合される形で設置された厚生労働省は，事務が膨大になり，円滑な政策管理ができていないという反省から，その再分割に関する提言がされている。また，子育て政策を一元的に管理する組織および防災担当組織の設置も求められている。

　つぎに，2020年の自民党総裁選において各候補者が組織の再編成に関する構想を示した点に注目すべきである。安倍前総裁の後継を選ぶ選挙において，安倍内閣において官房長官等を務めた菅義偉，外務大臣等を務めた岸田文雄，地方創生担当大臣等を務めた石破茂が立候補した。この総裁選では行政改革がテーマとなり，各候補者は新しい行政組織の設置を主張した（『毎日新聞』2020年9月9日朝刊第14版1面）。

　具体的には，菅は新型コロナウイルス感染症で浮き彫りとなった行政組織内のデジタル化の遅れを解消するために，デジタル庁の創設を主張した。岸田も，成長戦略の観点からのデジタル化を担うDX（デジタルトランスフォーメーション）推進委員会およびデータ庁を設置する構想を示した。石破は，頻発する防災に関する知識およびスキルを蓄積し，防災問題を専ら検討する行政組織として防災省の設置を公約に掲げた。

　最後に，菅内閣における行政改革の提言がある。上述の総裁選を勝ち抜いて自民党の総裁および内閣総理大臣となった菅は，就任以降も，行政改革を進める強い意向を示している。菅首相は第230回国会における所信表明演説において，行政の縦割り打破およびデジタル庁の設置を政権の目標として強調した（首相官邸，2020）。

　これらの事例が生じていることからも，本章で定義してきた行政責任の体系および組織の再編成は今後も重要な検討課題になり続ける可能性が高い。

注

⑴　表 9 - 1 には，復興庁，警察庁，検察庁，原子力規制庁は含まれていない。これらの庁は国家行政組織法第 3 条 2 項および内閣府設置法第49条 1 項に基づかない庁であるからである。

⑵　なお，行政組織法とは，行政組織に関する法解釈を研究する行政法学の一分野である（宇賀，2019）。

　　また，行政組織制度を記述するにあたって，以下の文献を参照している（今村，1994；大森，2006）。

⑶　国家行政組織法では省・庁・委員会が「行政組織のため国に置かれる行政機関」と定義されている。しかし，この章では多くの行政学の研究と同様に，省・庁・委員会を行政機関ではなく，行政組織と呼ぶ。

⑷　なお，所管課ではなく，所管課が属する行政組織の地方支分部局または地方自治体等が政策の実施を担う場合がある。さらに，ガバナンスが理念として普及したことに伴い，民間企業又は NPO 等も政策を実施する有力な主体となっている。しかし，所管課が政策実施を他の主体に任せる場合であっても，一般的に，所管課がその政策全体を管理する責任を負っていることに留意する必要がある。

⑸　「 1 府22省庁」「 1 府12省庁」とは大臣が長を務める行政組織をいう。

参考文献

今村都南雄（1994）「行政組織制度」西尾勝・村松岐夫編『講座行政学　第 2 巻──制度と構造』有斐閣，第 2 章：39-74。

宇賀克也（2019）『行政法概説Ⅲ──行政組織法／公務員法／公物法　第 5 版』有斐閣。

大森彌（1991）「課レベルの組織変動とその動因」総務庁長官官房企画課編（1991）『行政体系の編成と管理に関する調査研究報告書（平成元年度）』行政管理研究センター，第 7 章，155-171。

大森彌（2006）『官のシステム』東京大学出版会。

岡本全勝（2001）『省庁改革の現場から──なぜ再編は進んだか』ぎょうせい。

鏡圭佑（2019）『行政改革と行政責任』晃洋書房。

行革会議 OB 会編（1998）『21世紀の日本の行政──内閣機能の強化・中央省庁の再編・行政の減量・効率化』行政管理研究センター。

佐藤功（1986）『行政組織法　新版・増補』有斐閣。

曽我謙悟（2013）『行政学』有斐閣。

田中一昭編（2006）『行政改革　新版』ぎょうせい。

内閣制度130周年記念史編集委員会編（2015）『内閣制度130周年記念史——この10年の歩み』内閣官房。

内閣制度110周年記念史編集委員会編（1995）『内閣制度百年史　下巻追録』内閣官房。

内閣制度120周年記念史編集委員会編（2005）『内閣制度120周年記念史——この10年の歩み』内閣官房。

内閣制度100年史編纂委員会編（1985）『内閣制度百年史』（上・下）内閣官房。

藤井浩司・新川達郎・田中一昭・根本勝則（2000）「１府12省庁体制」田中一昭・岡田彰編『中央省庁改革——橋本行革が目指した「この国のかたち」』日本評論社，146-186。

参考法令

国家行政組織法，出入国管理及び難民認定法，内閣府設置法，農林水産省設置法，観光立国推進基本法。

参考　URL

首相官邸（2020）「第203回国会における菅内閣総理大臣所信表明演説」首相官邸ウェブサイト（2020年11月15日閲覧，https://www.kantei.go.jp/jp/99_suga/statement/2020/1026shoshinhyomei.html）。

■　　■　　■

読書案内

今村都南雄（1988）『行政の理法』三嶺書房。

　行政組織の理論，制度，動態を考察し続けてきた行政学者の著書。行政組織を理解するにあたって有益な記述が随所にちりばめられている。この本を通じて，本章で扱えなかったセクショナリズムの問題を勉強してほしい。

宇賀克也（2019）『行政法概説Ⅲ——行政組織法／公務員法／公物法　第５版』有斐閣。

　行政組織，行政責任の体系の理解には，行政組織法の知識が必要になる。代表的な

教科書を推薦したい。この教科書の魅力は行政法学における行政組織法の理論が網羅的に整理され，事例が豊富にあげられている点にある。

鏡圭佑（2019）『行政改革と行政責任』晃洋書房。

　行政責任論における概念と考え方を用いて，日本の総合的な行政改革の歴史，1980年代以降における先進各国による総合的な行政改革，第二次世界大戦終戦から現在までの庁の設置の歴史が検討されている。

練習問題

①　あなたが興味のある政策はどの行政組織が所管しているのか，設置法におけるどの所掌事務に該当するのか，行政組織内のどの部局・課室が管理しているのか調べてみよう。たとえば，どの行政組織がペットに対する虐待の防止に責任を有しているのだろうか。

②　中央省庁再編における大括り編成のメリット・デメリットを議論してみよう。行革本部の提言にあるように，厚生労働省は分割した方がよいのだろうか。

（鏡　圭佑）

第10章
汚職・腐敗と責任論

─ この章で学ぶこと ─

　政策が失敗する背景には政策そのものの欠陥やプログラムミスだけでなく，政策を取り巻く行政の病理が存在する。典型的な例は汚職や腐敗である。いずれも英語では'corruption'であるが，日本語では汚職は得られる利益が金銭等に限定されるいっぽう，腐敗は「行政内部の問題だけにかかわらず，そもそも立法府の議員も含めた広義の公職，政府全体に関わる者の違法行為」（山谷清志，1995）という違いがある。腐敗の概念は汚職より広く，自己の地位や権力を維持するための人事権の行使といった無形のものも含まれる特徴がある。現在の日本では大きく三種類の汚職・腐敗があるが，汚職や腐敗に該当するかは有罪になるか無罪になるか，懲戒処分になるか訓告や注意に留まるのかにあると思われている。しかし，実際には判断の厳然たる基準は存在せず，ときどきの雰囲気で変わっているきらいがある。では，このような行政の病理，とくに政策の病気を予防するために，わたしたちはどんな価値を重視して，どのように行動し，何を求めていくべきなのだろうか。本章ではこれらについて考えていく。

1　汚職と腐敗の歴史

世界の汚職と腐敗

　汚職や腐敗は世界的に見られる行政の病理のひとつである。汚職とは「公務員が職権や職務上の地位を利用して，個人的利益を図るなどの不正な行為を行うこと」（大辞林）と定義される。対して，腐敗は冒頭の定義の他，「自己および自己に関連した私的利益の誘導を目的として，他と差別的かつ不公正な手段で，公職あるいは公的影響力を利用する行為」（大内，1979）とも定義される。

こうした汚職や腐敗はとくに開発途上国において現在でも頻発しているが，開発途上国の大多数が国際競争力に乏しく経済的にも貧しいことから，汚職や腐敗は経済発展を阻害する要因ではないかと古くから問題視されてきた。ミュルダール（Gunner Myrdal）は，基本的な改革を制度化し社会的な規律を強いる能力も意思もない国家を「軟性国家」（soft state）と表現し，軟性国家では官吏の広範囲にわたる汚職や贈収賄が経済発展を強く阻害していると指摘した（Myrdal, 1971）。また，開発途上国では植民地時代の権威主義体制の残存，専門家や教育研修期間の不存在，特権階級化した一部の支配的党派による権力掌握が見られることが多く，これらも汚職や腐敗への抵抗や矯正が進まない要因と言われる。一度でも成立してしまった汚職や腐敗の根絶は容易ではない。たとえばフィスマン（Ray Fisman）とゴールデン（Miriam A. Golden）は，ある個人が望まなくとも周囲が汚職や腐敗を実行・継続していると，汚職・腐敗行為をやめることができない悪循環を一種の「均衡」とみなす。そして，この均衡がゲームのルールとして成立し頑健化してしまうと汚職や腐敗の根絶は困難になると指摘する（Fisman and Golden, 2017）。

　一般的に，開発途上国に比べて先進国では汚職や腐敗は少ない。国際透明性機構（Transparency International）は，世界各地の政治家と公務員の汚職や腐敗の程度について独自の国際比較を行ない，国別にランキングした「腐敗認識指数」（Corruption Perceptions Index）を1995年から毎年公開している。表10-1は，この腐敗認識指数について2019年の上位20カ国を取り上げ，2012年以降の順位をまとめたものである。順位が高いほど汚職や腐敗が少ない国になるが，全体として上位には先進国，とくに北欧諸国が継続して位置していることがわかる。北欧諸国が高い順位を維持している理由は，スウェーデンを起源とするオンブズマン制度の存在が指摘されている。約200年にわたる伝統をもつオンブズマンの存在が政府の説明責任の制度を確立させ，公権力の行使の適否がオンブズマンによって日々審査されているために汚職や腐敗が少ないと言われている。

表 10 - 1　腐敗認識指数（Corruption Perceptions Index）2012-2019

国　名	2012	2013	2014	2015	2016	2017	2018	2019
ニュージーランド	1	1	2	1	1	1	2	1
デンマーク	1	1	1	1	1	2	1	1
フィンランド	1	3	3	3	3	3	3	3
スイス	6	7	5	6	5	3	3	4
シンガポール	5	5	7	7	7	6	3	4
スウェーデン	4	3	4	4	4	6	3	4
ノルウェー	7	5	5	5	6	3	7	7
オランダ	9	8	8	9	8	8	8	8
ルクセンブルク	12	11	9	7	10	8	9	9
ドイツ	13	12	12	11	10	12	11	9
アイスランド	11	12	12	13	14	13	14	11
カナダ	9	9	10	10	9	8	9	12
イギリス	17	14	14	11	10	8	11	12
オーストラリア	7	9	11	13	13	13	13	12
オーストリア	25	26	23	16	17	16	14	12
香　港	14	15	17	18	15	13	14	16
ベルギー	16	15	15	15	15	16	17	17
アイルランド	25	21	17	18	19	19	18	18
エストニア	32	28	27	23	22	21	18	18
日　本	17	18	15	18	20	20	18	20

出典：Transparency International Website をもとに湯浅孝康作成。

日本の汚職と腐敗：構造汚職

　日本でも汚職や腐敗は古くから存在している。時代劇において越後屋と悪代官との密談シーンが定番であるように，汚職や腐敗の存在そのものに疑問をもつ国民は少ないだろう。実際に明治以降も国家的な汚職は定期的に発生している。明治から戦前までの代表的な汚職としては，藤田組疑獄（1879年），官有物払い下げ事件（1881年），シーメンス事件（1914年），機密費事件（1926年），帝人疑獄（1933年）などがあげられる。戦後以降も大規模かつ広範囲にわたる汚職や，汚職と断定できなかった疑獄や事件，疑惑が発生している。たとえば昭和電工疑獄（1948年），造船疑獄（1954年），売春汚職（1957年），グラマン・ロッキード事件（1958年），吹原産業事件（1965年），日本通運事件（1968年），ロッキード疑獄（1976年），ダグラス・グラマン疑惑（1979年），リクルート事件

（1989年），ゼネコン汚職事件（1993年）などが有名である。

　これらの中には行政レベルの腐敗（administrative corruption）とは区別され，とくに「構造汚職」と呼ばれるものもある。構造汚職とは「汚職的状況が存在するにもかかわらず，刑法上の汚職事件にならないという政財官癒着の権力構造の聖域化，資金の流れの合法化・体系化」（室伏，1981）である。つまり，構造汚職は政府レベルの疑獄（governmental scandal）であり，「発生原因の社会背景が，経済活動の仕組み，そして行政運営のシステムや構造の中に組み込まれているために引き起こされる汚職」（山谷，1995）なのである。構造汚職は戦後から高度経済成長期までは政府資金の不正融資や私的利益にかなう法案審議の方向付けでよく見られたが，その後は特定の企業に便宜を図ってもらうケースが目立つようになった。構造汚職の前提条件として，山谷清志は規制や事業許可の権限をもつ監督官庁の主観的な判断や日本独特の行政指導の存在を指摘している（山谷清志，1995）。また，行政管理庁出身の元官僚である稲葉清毅は，構造汚職を実際の病名になぞらえて「腫瘍」と表現し，霞ヶ関の病理を構造的奇形，知育発達不全，生活習慣病，社会からの感染症の四つにまとめて分析・研究している（稲葉，2005）。

近年の日本の事例

　2019年末に構造汚職の典型的な事件が発覚した。カジノを含む統合型リゾート施設（IR）事業をめぐって，現職の衆議院議員が収賄容疑で逮捕されたのである。現職の国会議員逮捕は2010年1月の陸山会事件以来およそ10年ぶり，収賄容疑としては17年ぶりの出来事であった。贈賄工作を行なった中国企業は，当該議員に対して総額760万円の賄賂を渡しただけでなく，他の複数の現職議員にも100万円ずつ資金提供した旨の供述をしている。

　政治からではなく，行政が自ら罹患する病気もある。典型的な例は談合に代表される独占禁止法違反である。たとえば，橋梁談合事件（2005年）や防衛施設庁談合事件（2006年）があげられる。後者は防衛施設庁の廃止にまで発展したが，社会保険庁のように不祥事によって組織がなくなる事例はよく見られる。

表 10 - 2　おもな汚職事件一覧（1999 年 9 月〜2020 年 3 月）

小野寺五典議員公選法違反線香配布	1999.12.25	福智町し尿処理施設改修工事贈収賄	2009.09.14
北海道警察裏金事件	2003.11.24	高知医療センター贈収賄	2009.10.02
（他に愛媛・兵庫・高知・青森など）		石岡市農地改良届改竄贈収賄	2009.06.26
社会保険庁職員、業者から多額監修料	2004.09.28	防衛省事務次官防衛装備品納入贈収賄	2009.10.02
大阪市職員過剰厚遇問題	2005.02.07	中野区軽井沢施設汚職	2009.10.23
大阪市カラ残業	2005.03.07	長井市情報ネットワーク事業汚職	2009.10.29
経済産業省係長インサイダー取引	2005.03.14	桑名市水道工事汚職	2009.11.10
国土交通省橋梁談合	2005.05.24	三豊市・旧高瀬町水道工事贈収賄	2009.11.12
赤十字血液センター課長、偽名献血	2005.07.02	生駒市公園用地買収事件	2009.11.26
厚生労働省、不正経理	2005.11.08	舞鶴市配水池工事汚職	2009.12.02
耐震偽装事件	2005.11.17	東京入管入国審査情報漏洩贈収賄	2009.12.05
宝塚市長パチンコ収賄	2006.02.07	滋賀県 JA システム贈収賄	2010.01.14
大阪府教育委員会汚職	2006.02.12	みどり市浄水場工事贈収賄	2010.01.26
防衛施設庁「官製」談合事件	2006.01.31	相良村助役選定議会工作	2010.01.30
神戸市議リサイクル施設業務委託汚職	2006.04.05	福岡県町村会汚職	2010.02.03
大阪市「飛鳥会」理事長、給与抜き取り・着服	2006.05.08	大分県教員採用汚職	2010.02.05
		京都市建築物補修工事贈収賄	2010.03.03
苫小牧市長準強制猥褻容疑で逮捕	2006.05.18	和歌山市和歌の浦の用地買収贈収賄	2010.03.04
大阪市大助教授セクハラ	2006.06.22	幸田町市道認定汚職	2010.04.10
早稲田大教授、研究費不正流用で処分	2006.06.22	東京都家具厚生基金施設管理贈収賄	2010.04.10
岐阜県不正経理（裏金づくり）	2006.07.05	東温市産業廃棄物処理施設に対する苦情処理贈収賄	2010.04.24
法務省、総務書、出張費水増し	2006.07.20		
部落解放同盟相談役の恐喝事件	2006.08.21	篠山市道路改良工事贈収賄	2010.05.01
広島県呉市長、職員不正採用	2006.07.13	千歳空自物品調達汚職	2010.05.12
社会保険庁、不正免除	2006.05.23	石井町一般廃棄物最終処分場汚職	2010.05.12
大阪市、同和不正で105人処分	2006.08.29	神栖市教委小学校設計業贈収賄	2010.05.19
紀宝町議長談合横領	2006.08.09	岩出市上水道工事贈収賄	2010.05.26
福島県談合事件	2006.08.23	熊本市競輪事業贈収賄	2010.06.03
福岡海の中道大橋飲酒運転事故	2006.08.26	福岡ロボ事業贈収賄	2010.06.04
和歌山県トンネル談合事件	2006.09.20	特許庁事務処理システム汚職	2010.06.23
京都市相次ぐ不祥事	2006.04-10	国立感染症研究所庁舎改修工事汚職	2010.06.23
京田辺市教委主査ら贈収賄	2006.10.02	京都市補修工事贈収賄	2010.06.26
日本スケート連盟元会長逮捕	2006.10.03	大阪地検特捜部郵便不正 FD 改ざん事件	2010.09.11
旧蒲江町（現佐伯市）ケーブルテレビ（CATV）整備事業贈収賄	2006.02.17	長浜市水道工事汚職贈収賄	2010.09.17
		厚労省 CL 贈収賄	2010.09.27
陸山会西松建設事件	2009.03.03	福知山市市民病院改築工事贈収賄	2010.09.28
鳩山由紀夫首相偽装献金	2009.06.16	芦屋市下水処理場改修工事汚職	2010.10.21
奈良県産業廃棄物処理会社汚職	2009.08.18	さいたま市岩槻環境センター修繕工事贈収賄	2010.10.29
大木町中学校改修工事贈収賄	2009.08.28	柏市下水道汚職	2010.10.29
米原市水道工事汚職	2009.08.25	柏崎市ガス水道局電気設備工事贈収賄	2010.10.30
小松島市バス運転手採用贈収賄	2009.08.18	千葉市長土木工事贈収賄	2010.10.30
宝塚市長公営霊園造成工事・ごみ処理事業贈収賄	2009.08.27	塩尻市市街地再開発事業贈収賄	2010.11.10
		南島原市下水道工事汚職	2010.11.16
国東市民病院医療機器納入贈収賄	2009.08.28	JOGMEC（石油天然ガス・金属鉱物資源機構）海底資源探査事業贈収賄	2010.11.17
宮崎県安藤知事汚職	2009.09.03		

高知県4町村高速通信網汚職	2010.11.28	船橋市職員住民情報漏洩贈収賄	2012.11.09
共立蒲原総合病院汚職	2010.11.30	農水省マルシェ事業汚職	2012.11.13
国土交通省嘉瀬川ダム贈収賄	2010.12.04	藤沢市下水道事業贈収賄	2013.02.18
静岡県調査改竄汚職	2010.12.09	愛知郡広域行政組合配水管工事汚職	2013.04.09
徳島県立病院医療機器納入贈収賄	2011.02.24	宇和島市ごみ処理施設修理工事贈収賄	2013.04.12
下関市チューリップ栽培管理事業贈収賄	2011.02.24	大町町校舎改築工事贈収賄	2013.04.21
札幌市道道復旧工事汚職	2011.02.26	関市水道工事贈収賄	2013.05.28
小田原市架空計上贈収賄	2011.03.03	北海道石油業厚生年金基金接待汚職	2013.06.28
稲沢市開発許可贈収賄	2011.04.27	中間市生活保護費詐取・不正受給	2013.06.07
住宅金融機構フラット35贈収賄	2011.05.17	福岡・公安警官情報漏洩贈収賄	2013.08.07
珠洲市庁舎改修工事贈収賄	2011.07.05	平戸市公共工事贈収賄	2013.09.06
成田市道路改良工事贈収賄	2011.07.30	大阪国税局調査情報漏洩汚職	2013.10.05
茨城県土木工事官製談合	2011.08.05	安中市公立碓氷病院医療機器贈収賄	2013.10.31
北九州市小倉競輪宣伝業務贈収賄汚職	2011.09.22	旭川市側溝整備工事贈収賄官製談合	2013.11.15
松山市発注情報漏えい収賄	2011.10.01	袖ヶ浦市農業委員会汚職	2013.11.20
大石田町流雪溝工事談合贈収賄	2011.10.01	猪瀬都知事徳洲会公選法違反	2013.11.22
林野庁広島国有林整備汚職	2011.10.06	高齢・障害・求職者雇用支援機構	
岐阜県環境啓発事業贈収賄	2011.10.07	(JEED) NPO 癒着贈収賄	2013.12.21
福島県立医科大贈収賄	2011.10.16	埼玉県警捜査費詐取	2014.02.08
国交省熊本国道照明工事汚職	2011.11.03	大津市河川工事贈収賄	2014.03.01
浜松市道路工事汚職	2011.11.27	総社市改修工事贈収賄	2014.03.04
えびの市温泉施設・市営団地改修工事汚職	2011.11.29	京都刑務所暴力団不正連絡汚職	2014.03.25
大和市市道建設工事入札贈収賄	2011.12.01	神奈川県厚木基地防音工事汚職	2014.04.10
紀の川市副市長産業廃棄物最終処分場汚職	2011.12.01	静岡県土木工事贈収賄出張費二重取り汚職	2014.05.13
杵築市議消防採用汚職	2011.12.05	神戸市立病院薬剤システム贈収賄	2014.05.29
津市ごみ処分場贈収賄	2011.12.07	南島原市長電気工事汚職	2014.07.14
南島原市庁舎耐震改修工事汚職	2011.12.30	大阪市立病院医療機器贈収賄	2014.07.15
大阪・泉大津市修学旅行業者選定贈収賄	2012.01.17	上天草市港湾改修工事贈収賄	2014.07.19
石巻市復興事業汚職	2012.01.20	美濃加茂市浄水設備贈収賄事件	2014.08.27
神河町兵庫県発注工事汚職	2012.01.25	小渕優子大臣政治資金規正法違反	2014.10.16
北九州市生活保護費窃盗	2012.02.03	東京都水道局入札情報漏洩	2014.09.19
福岡市立体交差事業贈収賄	2012.02.25	唐津市学校工事・漁港工事贈収賄	2014.10.23
盛岡市工事代金水増し	2012.03.13	静岡市下水道管耐震化工事入札贈収賄	2014.12.27
AIJ 年金基金詐欺	2012.04.13	名張市公金不正支出・カラ出張問題	2014.12.30
明和町下水道事業贈収賄談合	2012.05.17	佐伯市随意契約贈収賄	2015.01.29
奄美・龍郷町「勝ち組優遇」汚職	2012.06.02	中間市係長備品購入窃盗・詐欺・収賄	2015.02.04
NTT 東日本市場調査事業贈収賄	2012.06.19	埼玉県住宅供給公社県営住宅修繕工事贈収賄	2015.02.11
横浜公共職業安定所（ハローワーク横浜）	2012.06.19	徳島大病院医療情報システム汚職	2015.02.12
情報漏洩贈収賄		安平町防災関連事業贈収賄	2015.02.27
室蘭市公営住宅改修工事汚職	2012.06.29	山口市汚水管工事贈収賄	2015.03.05
加古川市病院統合贈収賄	2012.07.15	JR 貨物照明器具工事贈収賄	2015.04.15
福島県警暴力団情報漏えい	2012.07.28	長崎県新幹線用地汚職	2015.04.29
京大元教授薬学研究科物品納入贈収賄	2012.08.02	京大病院医療機器納入贈収賄	2015.06.15
与謝野町学校工事贈収賄	2012.08.31	守山市水道工事汚職	2015.07.18
東京都地震対策水道工事贈収賄	2012.09.04	福島県企業誘致汚職	2015.08.04
陸自ヘリ UH-X 談合	2012.09.05	兵庫県議政務活動費詐取	2015.08.19

長野県大北森林組合補助金不正	2015.08.30	紋別市シカわな入札贈収賄	2017.06.03
国交省羽田空港格納庫汚職	2015.09.24	和歌山市配水管工事贈収賄	2017.07.11
厚労省就労支援事業 JEED 不正入札	2015.10.06	東大阪市立病院庭園整備工事贈収賄	2017.09.12
仙北市一般廃棄物最終処分場汚職	2015.10.06	上尾市長ごみ処理業務入札情報漏洩贈収賄	2017.10.31
マイナンバー制度導入調査業務贈収賄	2015.10.14	大木町土地改良区贈収賄	2017.11.22
東大阪市学校耐震工事汚職	2015.11.04	山梨市職員採用汚職	2017.11.23
西日本高速建設業務贈収賄	2015.11.19	紀の川市水道管修繕工事贈収賄	2018.02.25
守山市水道工事汚職	2015.11.25	淡路広域水道企業団浄水場改修工事汚職	2018.02.28
名城病院人工透析汚職	2015.12.03	本別町納税情報漏洩	2018.03.28
長岡京市水道工事汚職	2015.12.29	北海道開発局かんがい排水事業贈収賄	2018.07.06
福岡県堤防工事・舗装工事汚職	2016.01.06	文科省私学助成汚職	2018.07.07
会津若松市商店街コミュニティ構築促進事業汚職	2016.03.03	文科省 JAXA 接待汚職	2018.07.27
神奈川県空調・電気工事収賄	2016.03.17	大分県ジオパーク地質調査贈収賄	2018.08.31
川崎町町営住宅改修工事指名競争談合	2016.03.17	阿南市メガソーラー贈収賄	2018.12.04
常滑市太陽光発電施設測量業務汚職	2016.04.28	大船渡市簡易水道事業贈収賄	2019.01.19
福智町同和団体助成金汚職	2016.08.09	築上町消防採用そそのかし	2019.03.10
伊勢崎市道路河川修繕工事汚職	2016.08.24	築上町し尿処理施設官製談合	2019.03.12
姫路市道路工事汚職	2016.09.14	久喜市廃棄物処理業務贈収賄	2019.03.19
国交省中部整備局汚職	2016.10.02	鞍手町特別養護老人ホーム，下水道事業贈収賄	2019.03.29
坂戸・鶴ヶ島水道企業団設備点検工事贈収賄汚職	2016.11.10	大阪市電気工事談合	2019.04.08
		長良川鵜飼観覧船航路整備工事贈収賄	2019.09.04
阪大교授産学連携汚職	2016.11.16	玉東町町道補修工事贈収賄	2019.09.07
いわき市立総合磐城共立病院汚職	2016.12.14	海自食品納入贈収賄	2019.09.11
農水省震災復旧工事汚職	2016.12.20	武蔵村山市桜管理事業贈収賄	2019.09.28
越谷市生活保護受給者不動産処分汚職	2016.12.21	赤穂市下水道工事贈収賄	2019.10.05
大分県警別府署情報漏洩	2016.12.28	福岡県教員相次ぐ不祥事	2019.12.18
環境省除染事業贈収賄	2017.03.02	大石田町案内看板設置工事贈収賄	2019.12.25
湖西市水道工事贈収賄	2017.05.02	多賀城市配水管移設工事官製談合	2020.02.06
福岡労働局クレーン製造審査贈収賄	2017.05.27	沼津市道路改修工事汚職	2020.03.05

注：表の左側は事件名，右側は時期（「朝日新聞」で報道された日付）。
出典：三上真嗣作成。

談合については公正取引委員会が不適切事例を例示して事件の防止に努めているが，防衛省関係では後に航空自衛隊事務用品発注官製談合事件（2010年）が発生するなど根絶は容易ではない。中央府省の汚職事例としては，最近では文部科学省汚職事件（2018年）があげられる。この事案では，自らの息子を入学させるために大学側に便宜を図った文部科学省の現職局長が受託収賄の疑いで逮捕され，数カ月後には元会社役員から接待を受けていた事務次官をはじめ幹部職員のうち，局長級職員から逮捕者が発生した。本件を受け事務次官は引責辞任したが，同省では前任の事務次官も天下り問題で引責辞任しており，二代

表 10 - 3　おもな不信・不作為事件一覧（1999年9月～2020年3月）

JCO 臨界事故ずさんな安全審査	1999.09.30	ODA, PCI 汚職	2007.10.17
国道耐震補強工事75%なし	2002.12.21	福岡県町村会6000万円の裏金雑入	2011.03.11
阪神大震災被災市町, 耐震旧基準校	2005.01.13	3.11福島原発放射能放出	2011.03.12
無認可保育所児童虐待死, 香川県の責任	2005.04.20	九州電力玄海原発やらせメール問題	2011.09.15
中央省庁天下り2万2093人	2006.02.16	防衛省沖縄防衛局局長オフレコ問題発言	2011.11.29
国土交通大臣にトラック業界がトラック運賃引き上げ働きかけ	2005.10.08	龍郷町教委青少年条例違反	2012.08.11
		空自 T-7 経費超過	2012.09.14
独立行政法人労働者健康福祉機構の独占請負	2005.11.08	加古川市住民情報漏洩	2013.06.05
「酒政連」献金問題	2005.08.06.	東京地検特捜部・大阪地検特捜部贈収賄摘発ゼロ	2014.12.30
スポーツ振興くじ（サッカー toto）売上低迷で直営方式化	2006.02.08		
		年金個人情報, サイバー攻撃により125万件流出	2015.06.02
社会保険庁, 国民年金保険料の納付率向上操作	2006.05.23		
		東京五輪相次ぐ不祥事	2015.07.30
会計検査院の発注, 8割随意契約	2006.05.23	JOC 五輪招致疑惑	2016.03.03
衆議院国調査費の酒席飲食流用	2006.05.25	東京都豊洲市場盛り土問題	2016.09.10
北海道夕張市, 財政再建団体の決定	2006.06.20	三重市中部空港需要予測過大, 松阪航路廃止	2016.09.17
日銀福井総裁, 村上ファンド融資	2006.06.13	福岡市博多駅前市道陥没	2016.11.08
F2支援戦闘機, 無償保管	2006.08.28	もんじゅ廃炉	2016.09.22
大津地裁, 栗東市の新幹線新駅迂回仮線工事起債発行, 違法判決	2006.09.26	文科省事務次官天下り斡旋引責辞任	2017.01.18
		自衛隊南スーダン日報問題	2017.02.07
貸金業界, 政界に資金提供	2006.09.20	森友学園国有地売却問題	2017.02.09
滋賀県湖南市課長, 研修の職務命令拒否	2006.09.29	加計学園獣医学部特区問題	2017.03.14
京都市職員, 実働月4日	2006.10.03	川越市台風浸水不適切対応	2017.10.31
厚生労働省調査で不払い残業が過去最高	2006.10.03	財務省公文書書き換え	2018.03.13
滝川市教委が「いじめ」認め, 女児自殺で陳謝	2006.10.05	自衛隊イラク日報問題	2018.04.03
		財務省次官セクハラ更迭	2018.04.25
大阪市市長室秘書部, 自民党衆院議員の政治資金パーティー券を幹部に斡旋	2006.10.05	大阪北部地震, 老朽化水道管放置による断水	2018.06.26
		西日本豪雨鹿野川ダム緊急放流	2018.07.31
福島県に天下り NPO, 橋点検など県事業3億円受注	2006.10.05	厚労省毎月勤労統計調査統計不正	2018.12.29
		かんぽ生命不正販売	2019.06.24
大阪市, 同和対策事業廃止	2006.10.10	菅原経産大臣, 香典・歳暮・中元寄付	2019.10.25
奈良市職員過少出勤	2006.10.18	関西電力高浜町金品授受	2019.09.27
地方公務員過剰特勤手当	2006.10.19	上尾市元市長ブロック塀公費施工	2019.06.21
教育改革 TM やらせ発言	2006.11.09	桜を見る会問題	2019.10.16
高校必修漏れ文科省4年前把握	2006.10.24	日産元会長ゴーン不法出国, 出入国管理ミス	2020.01.01
添田町住基台帳不正利用	2010.04.30		

注：表の左側は事件名, 右側は時期（『朝日新聞』で報道された日付）。
出典：三上作成。

連続の事務次官の辞任という異例の事態となった（表10-2）。

　地方自治体も自ら病気に蝕まれる場合がある。青森市とソフトアカデミーあおもり（以下「SAA」という）をめぐっては, 市の基幹システムのオープン化に

あたり競争入札を経ずにこの SAA に業務委託した点，受託した SAA がソフト開発を大分市の業者に，データ適合作業をインドの業者に丸投げしていた点，オープン化の総経費が当初の2.7倍にあたる57億3,200万円にまで膨張したにもかかわらず失敗した点などが指摘されている。また，京都市では2003年から職員の不祥事が相次ぎ，2006年には毎月複数の職員が逮捕される異常事態となったため，市議会は「職員の不祥事に関する調査特別委員会」を設置・開催した。本件を受けて市は「信頼回復と再生のための抜本改革大綱」を策定し，不祥事の背景の分析と根絶のための具体的な取組を示した。たとえば，全市的に長期在職者の一掃が必要だと指摘し，同委員会で10年以上の長期在職者を全市的になくすとともに，人事異動をルール化することを明言した（表10-3）。

2　汚職への対応と変容

汚職防止のための対応

　こうした旧来型の汚職や腐敗を防止するため，政治や行政への規制，あるいは事後にチェックする法律が2000年前後に立て続けに制定された。たとえば1994年に導入された小選挙区制である。小選挙区制導入の大きな契機は，先のリクルート事件の影響から1989年7月の参議院議員選挙で自民党が結党以来の惨敗を喫し，自民党内から中選挙区制が汚職・腐敗を招くとの批判が相次いだことにあった。この他，政党交付金の導入や政治資金規正法の改正などもあわせて進められ，一連の改正法は「政治改革四法」と呼ばれた。

　行政に対する規制等については，「行政手続法」（1994年），「行政機関の保有する情報の公開に関する法律」（「情報公開法」，2001年），「行政機関が行う政策の評価に関する法律」（「政策評価法」，2002年）などが代表的な例である。行政手続法は日米構造問題協議（1990年），ダグラス・グラマン疑惑や証券スキャンダル（1991年）で行政指導のあり方が問題視されたことを受けて策定・成立した背景がある。このため，同法第1条では「処分，行政指導及び届出に関する手続並びに命令等を定める手続に関し，共通する事項を定めることによって，

行政運営における公正の確保と透明性（…中略…）の向上を図り，もって国民の権利利益の保護に資すること」とその目的が明確に定められている。

また，情報公開法と政策評価法の目的のひとつは政策の客観性や透明性，有効性をより高めることにある。1996年には特別養護老人ホームの許認可や補助金をめぐって，のちに事務次官となる当時の厚生省老人保健福祉部長が企業側から賄賂を受け取った事件が発覚し，当該部長は事務次官経験者としては初となる実刑判決が確定した。情報公開と政策評価は車の両輪にたとえられるが，こうした「政策汚職」(山谷清志，1997) や政策をめぐる腐敗防止のためにも，情報公開や政策評価によって政策決定過程を明らかにすることは重要である。

この他にも，政治倫理の確立のための国会議員の資産等の公開等に関する法律の制定 (1992年施行)，不正競争防止法の改正 (1998年，2004年など)，国家公務員倫理法の制定 (2000年施行)，公益通報者保護法の制定 (2006年施行)，政策評価法施行令の一部改正による規制影響分析 (RIA) の導入 (2007年) など，2000年前後には汚職や腐敗を防ぐための規制が強化された。これらの規制の効果もあってか，賄賂を渡してルールの特例を認めてもらう戦後に流行した構造汚職の発生件数は減少傾向にある。

現代の日本の汚職・腐敗は，①選挙や政治活動をめぐる古典的なもの，②政策に関わるもの，③NPMを背景とした行政の失敗によるものの三つに大別される。以下では具体的な事例から，それぞれの特徴と抱えるリスクについて見てゆく。

政治活動をめぐる疑惑

古典的な汚職・腐敗の例としては，公職選挙法と政治資金規正法をめぐる疑惑があげられる。2014年10月，地元の後援会が開催した観劇会をはじめ，政治資金報告書で約3億2,000万円もの不一致が生じている問題の責任をとり，国会議員が大臣を辞任した。この事件では，当該議員の元秘書が政治資金規正法違反で有罪判決を受けたものの，当該議員本人は不起訴処分となり議員辞職はしなかった。しかし，元秘書には選挙区の有権者に顔写真入りのワインを贈呈

した公職選挙法違反の疑いなど，残された疑惑もある。

　この類似事案は2000年にも発生していた。地元を初盆で回った際，自身の氏名入りの線香を持参して霊前に供えた行為が，公職選挙法で禁止されている寄付行為に該当するとして書類送検された現職議員が辞職していたのである。その後当該議員は有罪判決を受け，罰金40万円および公民権停止３年の処罰を受けた。この二つの事件を比較すると，配った人物が本人か秘書かの違いはあるが内容はほぼ同じで，むしろワインを配った前者の事案の方がより悪質とも考えられている。公職選挙法251条の２から４では，買収と利害誘導罪については連座制をとり，本人か秘書かを問わず当選無効等になると規定されており，両議員で罪の有無が異なることには疑問も持たれている。

　線香をめぐっては，大臣を務める別の国会議員の秘書が2014年から2016年にかけて選挙区内で線香や手帳を配っており，本人もこの事実を知っていたと述べた事案もある。本事案は先の有罪判決を受けた議員と同様の案件と考えられるが，総務省は個人名が書かれていない政党支部からの寄付を政党支部の職員や秘書が持参するだけでは直ちに氏名が類推されるとは言えないとの見解を示し，当該議員の違法性を否定した。このためか当該議員は大臣を辞職しなかった。しかし，同様の寄付行為に関して，別の国会議員は自身が2006年から2007年にかけて食料品を配った他，公設秘書が有権者に香典を渡していたことを認め，大臣を辞職した。最初の二事案とは異なり，この二事案は発覚した時期も比較的近いが，両者の違いは大臣を辞職する／しないほどに大きいのだろうか。このように，日本では時代や案件にかかわらず汚職，腐敗，疑惑の基準があいまいであり，政治家の対応も異なることがよく見られる。このようなあいまいな規準の厳格化が求められよう。

公文書改竄と腐敗：政策との関わり

　こうした腐敗や疑惑は政治だけでなく行政でも目立っている。たとえば公文書改竄問題である。森友学園問題（2016年）では，国有地の取引に関する決裁文書が改竄された問題が論点のひとつであった。財務省は当初，森友学園と近

畿財務局の交渉経過は残っていないと国会で答弁していた。しかし，のちに当該経過を記した文書を国会に提出した財務省は，その際に当時の首相や夫人の関与が疑われかねない記述を削除していたと認めた。また，加計学園問題（2017年）でも国の杜撰な公文書の取り扱いが露呈した。愛媛県で事業者の選定にあたって特別の便宜があったことを裏付ける公文書の存在が確認されたことを受け，野党議員が国に当該文書の確認を求めたところ，国がそのような文書は存在しないと回答した直後に文書が発見されたのである。

　そもそも，公文書管理のあり方は以前から国会でたびたび追及されていた。たとえば，2016年末から2017年はじめには，自衛隊がイラクや南スーダンで日報をとりまとめていたにもかかわらず存在を隠蔽していた自衛隊日報問題が話題となった。2019年５月に表面化した「桜を見る会」問題でも，政府は残されていて当然の現年度の招待者名簿を廃棄したと説明するばかりか，当該名簿は共産党議員が名簿の提出を求めた当日にシュレッダーで破棄されていたことも判明している。このような意図的かつ組織的な公文書の改竄や隠蔽・廃棄の疑いから，行政腐敗が懸念されている。

　森友学園問題や加計学園問題では，政策に対する政治家の関与についても疑惑が持たれている。前者では森友学園に払い下げられた国有地の価格が安すぎることについて，近畿財務局が約８億円という大幅な値引きをした背景に，首相夫妻と同学園の当時の理事長の関係を指摘する声もある。後者では約半世紀も認められていなかった獣医学部の新設にあたり，加計学園が国家戦略特別区域の事業者に選定されたことについて，同学園の理事長と当時の首相との長年の友人関係からの影響が指摘されている。

　これらの事案は，当該政治家に直接金銭の受け渡しがあったわけでも，政治家個人に直接的な利益をもたらすものでもない点で，前項で述べた古典的なものとは明確に区別される。ここで強調したいことは，政策の構造自体が腐敗と疑われるような仕組みとなっている点である。とくに後者の国家戦略特別区域については，地域振興と国際競争力向上を目的として特定の地域について規制緩和を実施する方法に原因がある。この方法は後述する小泉政権下の2002年か

── コラム⑩　加計学園問題と日本学術会議 ──

　2020年9月，日本学術会議に国民の注目が集まった。同会議が推薦した会員候補の一部を首相が任命しなかったからである。現行制度になった2004年以降，同会議の推薦候補を政府が任命しなかったのは初めてだったため，同会議をめぐって多方面からさまざまな意見が示され，議論が続けられている。その中のひとつに，日本学術会議の意義を問う議論がある。この議論では，「近年では学術会議は答申や提言をほとんど出しておらず，活動実態が見えない」という批判があるが，実際は答申は政府が諮問しないと出せず，提言は方針も含めると数多く出されている。この学術会議の提言には，本文中で触れた加計学園問題と関係するものが存在する。

　すでに述べたように，加計学園問題は，約半世紀も認められていなかった獣医学部の新設について，国家戦略特別区域として規制緩和を認めたことに端を発する。この獣医学部のあり方について，日本学術会議獣医学研究連絡委員会は，2000年3月27日に「わが国の獣医学教育の抜本的改革に関する提言」を発表している。同提言では，獣医学教育の現状および問題点について，①多面的で学術的に高度な学識と技術が要請されているいっぽう，現在の日本の教育体制では社会のニーズに対応できる動物医学の教育は困難な状況にあること，②EU諸国が獣医学教育を統一・国際化したため，日本も国際的に対応できる獣医学教育の転換と充実が強く迫られており，そのレベルに到達しなければ社会的に大きな影響を及ぼすことを指摘している。これを踏まえ，改善策として，①獣医学の教育・研究は獣医学部のみで実施することで学術的に高度で実務能力の高い動物医学教育とすべきであること，②そのために文部省（当時）は国立獣医系大学において獣医学科の統合再編整備等により施設・設備ならびに教員等，十分な教育資源を備えた獣医学部を構築し，臨床・応用獣医学関連の実務教育の充足を図ることが提言されている。つまり，学部を増やすという量の拡大ではなく，国際的なレベル向上という質の向上を提示しているのである。

　加計学園問題が話題となった2017年にも，日本学術会議食料科学委員会獣医学分科会は「わが国の獣医学教育の現状と国際的通用性」という提言を3月3日に公表し，2000年の提言に引き続いて量の拡大ではなく質の向上を訴えている。提言にあたっては同分科会が2012年から2016年にかけて審議し，2017年1月に同幹事会で承認されるという過程を経ている。では，政府はなぜ提言通りに質を向上させないまま，先に量を拡大する方向に舵を切ったのだろうか。そもそもこうした動きを政府は把握していたのだろうか。日本学術会議のあり方の見直しについては，提言に対する政府の対応という点からも議論がなされるべきではないだろうか。

ら開始された構造改革特区制度の流れを汲むもので，国家戦略特別区域法や同基本方針では構造改革特区制度との連携が明記されている。地方分権の文脈からは，地方自治体が国の規制に対して異議がある場合，国と地方の協議の場や国地方係争処理委員会を利用することが正当な手段であるが，これとは別の手法がとられている。このように，最近では情報公開制度の形骸化による公文書改竄や直接的利益の存在しない政策腐敗・疑惑などの事例が目立つ。これらについては，厳正な公文書管理と取るべき手法の選択ミスへの対応が求められよう。

3　日本における行政の失敗

NPM からの影響

序章でも触れられているように，日本では2000年前後に NPM が主流化した。その結果，国や地方自治体では行政の減量化・効率化を目指す取り組みが進められた。

この前後の時期には地方自治体にとって画期的なことが起ころうとしていた。いわゆる「第一次分権改革」である。1993年に衆参両院で「地方分権の推進に関する決議」がなされて以降，地方分権の取り組みが検討・推進され，2000年に地方分権一括法の施行として結実した。第一次分権改革により，機関委任事務および通達・通知の廃止（「技術的助言」化），国の関与の新しいルールの確立や国地方係争処理委員会の創設，地方自治体の事務区分の再整理（「法定受託事務」と「自治事務」の２類型への整理）がなされ，それまでの国と地方自治体との上下・主従の関係が対等・協力の関係に変わった。このように，地方自治体は地方自治を進めるための新たな出発点に立とうとしていた。

その後，NPM からの影響を受けた国の動きは，地方自治体を別の方向へと導いた。地方分権の動きと並行して，国が聖域なき構造改革の一環として「三位一体の改革」を実行したからである。三位一体の改革では，地方交付税交付金，国庫補助負担金，税財源の移譲の三つを一体とする改革が試みられた。い

わゆる構造改革のひとつである。同改革のなかで，時の政府は地方自治体への
交付金や補助金を削減するとともに，集中改革プランに代表される人員削減を
地方自治体に要請した。このため，地方自治体は歳出の見直し，とくに人件費
削減が避けられなくなった。

　これに対して，地方自治体はアウトソーシング手法，すなわち，民営化・民
間委託，独立行政法人化，指定管理者制度の導入，PFI（Private Finance
Initiative）などを活用した改革を実践するようになった。改革を主導した国は，
官製市場を打破すれば安価で質の良いサービスが実現されると主張した。正規
職員の削減はこの延長線上にあった。正規職員の削減のため，地方自治体は職
員の非正規化や現業部門等の切り離しを実施していった。

　国からの要請を受けて地方自治体が実施した諸改革は，一時的にある程度の
歳出削減効果を発揮したものの，引き換えにさまざまな弊害も生み出した。以
下で取り上げるいくつかの例からもわかるように，行政のもっとも大きな役割
のひとつである「国民・市民生活の安心・安全の確保」を脅かす状況を生んで
しまったのである。

目標重視・手続重視による弊害：かんぽ不正問題と独立行政法人制度
　NPM の影響を受けた諸改革がもたらした負の側面は，2010年代に入ってあ
ちこちで見られるようになった。たとえばかんぽ生命の不適切販売問題である。
郵政民営化によって発足した日本郵政グループは，郵便・貯金・保険の三事業
をそれぞれ日本郵便，ゆうちょ銀行，かんぽ生命が受け持っている。このうち
日本郵便は民営化後も離島やへき地を含めた全国約2万4,000局の郵便ネット
ワーク維持にコストがかかり，日本郵政グループはゆうちょ銀行とかんぽ生命
が実施する金融事業に依存する構造となっている。このいびつな構造を背景に
かんぽ不正問題は発生した。顧客に不利益な保険への乗り換え契約や，新旧契
約の保険料を二重に支払わせる行為が全国各地で横行していたのである。日本
郵政グループが2019年9月30日に発表した中間報告によれば，不利益を与えた
可能性のある約18万3,000件の契約の4割弱を調査した時点でも，保険業法や

社内規定違反が6,327件，違反の疑いが約1,400件発覚しており，約2万6,000人が二重払いした保険料の返還をはじめとした不利益の解消を求めている。この他にも認知症の高齢者に対する多数の保険加入，虚偽説明による契約締結，親族に対するカラ契約と自腹営業なども横行していた。人事評価をちらつかせた時短圧力と配達期限の厳守，ノルマ未達者へのどう喝指導など，上司からのパワハラも明らかになっている。2020年3月末には，子や孫の死亡時に高齢者が保険金を受け取る不自然な契約が全国的に相次いでいる実態も明らかになった。ノルマ（目標）重視の価値観よって発生したこのような国民への多大な被害に対する責任は，誰がどのようにとるのだろうか。

　独立行政法人では手続重視による弊害が指摘できる。NPM によって顕在化した過大な事後統制や政治化による評価機能の混乱が見られるからである（西山，2009）。具体的には，独立行政法人に対する所管大臣のさまざまな関与，評価委員会による細部にわたる審査，法人化前にはなかった事務の義務付けによる事務負担増などが指摘されており（外山，2014），2015年から施行された新制度でも統制強化の動きが見られる。独立行政法人のモデルであるイギリスのエージェンシーの目的は，「経営管理の自由度を高めることで効率性とサービスの質向上を目指すこと」（大住，1999）にあったが，日本では手続きが過度に重視されたために病理が発生したと言える。また，行政の現場ではモラルや能力の低い一部の職員の行為が引き起こした過去のミスによって細かな手続きが求められ，有効性の阻害や効率性低下の要因となっている場合も多い。以上のように，過度な手続重視は本来の政策目的の達成に悪影響を及ぼす。

人員削減による弊害：災害対策と児童虐待

　元来日本は自然災害の多い国であるが，近年では全国各地で自然災害が頻発し甚大な被害が発生している。2011年3月の東日本大震災をはじめとした地震，温暖化に伴う台風の強大化による暴風・大雨，河川決壊などである。2019年12月に中国の湖北省武漢市において発生・報告された COVID-19（新型コロナウイルス）は世界規模に拡大・流行し，人命や健康，経済に甚大な被害をもたら

している。こうした災害からの復旧や今後の防災対策，突発的に発生した危機への迅速な対応は国民の暮らしの安全に直結することから，政府の最重要課題のひとつである。

　しかし，NPM の影響による人員削減によって，予算の未消化や職員の疲弊といった新たな病理が発現し，対応が困難となっている。NHK の調査によれば，国土交通省が所管する2017年度の一般公共事業費約 7 兆5,256億円のうち約 4 分の 1 が年度内に使われておらず，その金額は2013年度比で1.4倍に増額している。社会資本総合整備事業で見ても，全体の半数を上回る25の都道府県において繰越額と不用額の総額の割合が30％を超えていた。この原因について，都道府県は職員不足や建設業者の減少，建設業の担い手不足により災害対応を優先したためと回答している。こうした状況は大規模災害が発生していない地方自治体でも同様で，目先の仕事に手一杯となり，将来の生活や防災のための事業が犠牲になっている現状が見られる。

　突発的な事案にも対応しなければならない職員の肉体的・心理的負担も増大している。COVID-19に関しては，中国の武漢市から政府のチャーター機で帰国した邦人対応にあたっていた内閣官房の男性職員が帰国者施設から飛び降り自殺した。神戸市でも2019年10月に発覚した市立小の教諭間暴行・暴言問題の対応にあたっていた市教育委員会の男性係長が市内の橋から飛び降り自殺している。災害時の公務員の過重労働の問題はこれまでから指摘されているが，働き方改革が求められる現在の社会情勢下でさえも過重労働を防止するための仕組みは不十分である（湯浅，2021）。雑務に忙殺されて余裕がなくなれば，良い政策を形成する職員の能力や気力が殺がれることは言うまでもない。難関である公務員試験を突破した有能な人材が疲弊し，このような自殺が頻発することは社会にとっても大きな損失である。

　同様の現象は児童虐待でも見られる。ただでさえ子どもが減少傾向であるにもかかわらず，子どもの命をおびやかす児童虐待は深刻化している。全国の児童相談所が対応した児童虐待の件数は調査が開始された1990年度から29年連続で増加しており，2019年度では速報値で前年度より 3 万3,942件（21.2％）増の

19万3,780件となった。児童相談所が虐待の防止・抑止に役立っていない原因としては，児童相談所の権限不足があげられる。児童相談所には親の意向に反して子どもを保護する権限はあるが，虐待した親を罰する権限はない。また，職員の専門知識不足といった構造的問題もあげられる。児童相談所は公務員の異動先のひとつにすぎず，事務職が児童福祉司という専門家として働く場合もある。さらに，深刻な人員不足も指摘されており，一人の児童福祉司が約100件もの虐待案件を抱えている自治体も存在する。これらから，行政課題が増加するいっぽうで職員は減らされ続け，ついには行政の機能不全が引き起こされる水準にまで達している恐れが懸念されている。

4　政策の病気の予防

汚職・腐敗の被害者は国民・市民

　日本の汚職・腐敗は，2000年前後を契機にそれまで多発していた構造汚職が少なくなった。かわりに，以上で述べた①古典的なもの，②政策に関わるもの，③行政の失敗によるものの三つが目立つようになった。自ら罹患する病気もあり，他方外部から強いられる病気もあるが，とくに②や③は政策実施の現場に大きな負の影響を及ぼしている。

　このように時代ごとに 'mal-administration' は変化するが，共通することはいつも国民や市民が被害者になる点である。現代では仕組みやシステム，構造には問題はないが，故意に行政需要をすり替えたり，運用方法を歪めたりするために政策の本来の目的を達成できていないケースが多発している。つまり，行政の病理は政策の失敗から行政の運用の失敗へと変化し，慢性化しつつあると言える。料理でたとえるなら，しっかりしたレシピは存在していても，裏の意図があって余計なことをする，単純に能力が不足している，複雑すぎて実施できないなどの理由によってレシピ通りにならないのである。

行政が守るべき価値

　2000年前後に日本で実施された諸改革は，政治思想や規範理論よりも技術の問題として語られてきた（山谷清志，2019）。規範や思想の欠如は倫理の欠如，すなわちレスポンシビリティの欠如でもある。

　アメリカの著名な行政学者であるギルバート（Charles E. Gilbert）は，1959年の論文で行政が守るべき12の価値を提示している。すなわち，応答性（responsiveness），柔軟性（flexibility），一貫性（consistency），安定性（stability），指導力（leadership），誠実性（probity），公平無私（candor），有能さ（competence），効力・有効性（efficacy），慎重性（prudence），適正手続（due process），説明責任（accountability）である（Gilbert 1959：382）。

　ひるがえって，現代の日本ではルールを都合の良いように解釈する病理が目立つ。この典型例が「ご飯論法⁽²⁾」とも呼ばれる閣僚や官僚による答弁の論点ずらしやごまかしである。また，「霞が関文学」とも揶揄される中央府省の官僚が作成した的を射ない答弁もそうである。国に限らず，同様の現象は地方自治体でも見られる。議員や市民からの質問や意見，要望に対して誠実さに欠ける回答も散見されるからである。本章で取り上げたさまざまな事例からもわかるように，現在から約60年前にギルバートが提示した価値はいまだに確保されていない。

　レビツキー（Steven Levitsky）とジブラット（Daniel Ziblatt）は，「良い民主主義」は明文化されていない非公式のルールである相互的寛容と組織的自制心という規範に支えられており，この2つが「柔らかいガードレール」として無秩序な対立の防止に役立つと指摘している（Levitsky and Ziblatt, 2018）。対立相手を正当な存在として認め，法律の精神に反する行為をしないことが民主主義の暗黙の前提である。したがって，上記のような論理性や誠実さを欠いた態度は民主主義を脅かすともいえる。

「政策の病気の予防」の必要性

　このように個人の自覚や倫理観が欠如し，レスポンシビリティによる責任が

果たされない場合には，外部からの責任追及，すなわちアカウンタビリティが重要になる。森友学園問題に対応し，自殺した近畿財務局職員の妻の「2人は調査される側で，再調査しないと発言する立場ではないと思います」（NHK，2020）との批判がまさにそうである。行政の病理が発生する背景のひとつには，アカウンタビリティ体制の欠陥があげられる。

2009年から始まった事業仕分けや行政事業レビューは，このアカウンタビリティ体制の欠陥を明らかにした。そして，本来アカウンタビリティとして担保される機能が所管部局の内部管理，つまりレスポンシビリティに委ねられてきたことへの反省が強く促され，事業の必要性や効率性は外部の目に晒しながら検証すべきではないかという視点が共有された（南島，2011）。建前と本音に齟齬が生じている，プログラムが時代の現実と合わずアナクロニズムに陥っているといった行政の病理も，アカウンタビリティのメカニズムを法令等で整備し，制度化すればある程度は解決できる可能性がある。行政組織における権限と責任を明確にすべきとの指摘（新藤，2019）もこの方策のひとつである。同時に，社会の価値規準の変化に合わせてアカウンタビリティを変化させることも求められる。

くわえて行政内部の民主化も重要であろう。行政苦情救済を拡充し，ボトムアップで国民や市民の声が反映される体制づくりをより一層進めることは言うまでもない。また，政治家の汚職防止のひとつの方法として立候補のコストを下げることが提案されているが（石井，2003），固定化している行政の人事制度の改革も重要である。かつてアメリカでは，研究者が現場を体験し，理論だけでは立ち行かない現実を見たことが行政理論の進展のひとつの要因となった。官民交流の推進はもとより，たとえば任期付職員制度を活用し，若手研究者が行政の実務に携わる機会を増やすこともひとつの方策であろう。

いずれにせよ，政治や行政を性悪説から見直し，国民や市民への被害が起こらない体制づくり，つまり「政策の病気の予防」（山谷清志，2013）は喫緊の課題である。このような批判に対しても国民や市民が納得できる十分な説明を政府ができる状態が，民主主義国家としてより良いと言えるのではないだろうか。

注

(1) ソフトアカデミーあおもりは，1991年4月に9億円（国4億円，青森県・青森市
　　2.5億円，民間2.5億円）の資本金で設立された第三セクターである。

(2) 「ご飯論法」とは，紙屋高雪氏が名付けた表現で，2018年5月6日に上西充子・
　　法政大学教授が自身の Twitter に投稿した記事を閲覧したことを契機とする。

参考文献

石井陽一（2003）『世界の汚職・日本の汚職』平凡社。

稲葉清毅（2005）『霞ヶ関の正体――国を亡ぼす行政の病理』晶文社。

大内　穂（1977）『腐敗の構造――アジア的権力の特質』ダイヤモンド社。

大住荘四郎（1999）『ニュー・パブリック・マネジメント――理念・ビジョン・戦略』
　　日本評論社。

新藤宗幸（2019）『官僚制と公文書――改竄，捏造，忖度の背景』筑摩書房。

外山公美（2014）「独立行政法人制度の現状と課題」外山公美・平石正美・中村祐
　　司・西村弥・五味太始・古坂正人・石見豊『日本の公共経営――新しい行政』北
　　樹出版，132-148。

南島和久（2011）「府省における政策評価と行政事業レビュー――政策管理・評価基
　　準・評価階層」『会計検査研究』（43），57-71。

西山慶司（2009）「独立行政法人制度にみる NPM 型改革の影響――独立行政法人評
　　価の実際と独立行政法人整理合理化計画を踏まえて」『日本評価研究』9（3），
　　55-67。

室伏哲郎（1981）『汚職の構造』岩波書店。

―――（2000）『日本汚職全史――ミレニアム構造汚職130年史』世界書院。

山谷清志（1995）「汚職の防止」西尾勝・村松岐夫編『講座行政学6――市民と行政』
　　有斐閣，73-114。

―――（1997）『政策評価の理論とその展開――政府のアカウンタビリティ』晃洋
　　書房。

―――（2013）「政策の失敗・変更・修正」新川達郎編『政策学入門――私たちの
　　政策を考える』法律文化社，60-74。

―――（2019）「平成時代と公共政策の30年――『遠心力』」『公共政策研究』（19），
　　2-5。

湯浅孝康（2021）『政策と行政の管理――評価と責任』晃洋書房。

Gilbert, C. E., (1959), The Framework of Administrative Responsibility, *The Journal of Politics*, 21 (3), 373–407.

Fisman, R. and Golden, M. A., (2017), *Corruption : What Everyone Needs to Know*, Oxford University Press.（＝山形浩生・守岡桜訳（2019）『コラプション──なぜ汚職は起こるのか』慶應義塾大学出版会）

Levitsky, S. and Ziblatt, D., (2018), *How Democracies Die*, Crown.（＝濱野大道訳（2018）『民主主義の死に方──二極化する政治が招く独裁への道』新潮社）

Myrdal, G., (1971), *Asian Drama : An Inquiry into the Poverty of Nations* (A Condensa-tion by Seth S. King), Random House.（＝板垣與一監訳，小浪充・木村修三訳（1974）『アジアのドラマ（上）──諸国民の貧困の一研究』東洋経済新報社）

参考 URL

京都市（2006）「信頼回復と再生のための抜本改革大綱──不祥事の根絶に向けて」京都市役所ホームページ（2020年3月21日閲覧，https://www.city.kyoto.lg.jp/kankyo/cmsfiles/contents/0000152/152008/kaikakutaikou.pdf）

日本学術会議獣医学研究連絡委員会（2000）「わが国の獣医学教育の抜本的改革に関する提言」日本学術会議ホームページ（2020年10月25日閲覧，http://www.scj.go.jp/ja/info/kohyo/17pdf/17_23p.pdf）

日本学術会議食料科学委員会獣医学分科会（2017）「わが国の獣医学教育の現状と国際的通用性」日本学術会議ホームページ（2020年10月25日閲覧，http://www.scj.go.jp/ja/info/kohyo/pdf/kohyo-23-t241-2.pdf）

NHK（2020）「自殺した財務局職員の妻 首相らの再調査を行わない考えを批判」NHK NEWS WEB（2020年3月25日閲覧，https://www3.nhk.or.jp/news/html/20200323/k10012345001000.html）

Transparency International (2019) "CORRUPTION PERCEPTIONS INDEX 2019" Transparency International Website (Retrieved on March 8, 2020, https://www.transparency.org/cpi2019?/news/feature/cpi-2019)

■　　■　　■

読書案内

室伏哲郎（1981）『汚職の構造』岩波書店。

　約40年前の古い本ではあるが，戦後以降の汚職を詳細かつ網羅的に知ることができる。戦後日本の大きな汚職について取り上げられ，かつ巻末に戦後汚職・疑獄関係小年表も掲載されている。本章の前半で取り上げた構造汚職の理解もより深まるだろう。

新藤宗幸（2019）『官僚制と公文書——改竄，捏造，忖度の背景』ちくま書店。

　本章で詳しく触れられなかった公文書改竄について関心がある方へ。最近話題の公文書改竄について，行政学の視点から分析した本である。250ページほどの新書であるため，現代日本の官僚制の問題点や背景の詳細について簡潔に学ぶことができる。

湯浅孝康（2021）『政策と行政の管理——評価と責任』晃洋書房。

　効率とはそもそも何か，それによって日本の行政管理や政策管理にどのような影響をもたらしたのかについて，評価と責任を軸に分析した本である。NPM による効率化改革が日本の行政にもたらした悪影響と対応策について知ることができる。

練習問題

① 最近発生した政府や地方自治体関係者の汚職，腐敗，疑惑，また職業倫理に関わる事件について，過去に同様の事件がないか調べ，その際の論点や結果について比較してみよう。

② 汚職や腐敗，疑惑のない，信頼できる政府や地方自治体を確保するため，わたしたちはどのような行動をとるべきか，またどのような制度が必要か考えてみよう。

（湯浅孝康）

第11章

ODA 評価の行政過程

── この章で学ぶこと ──

　行政機関には公共政策の実施を助ける行政活動が数多く存在する。たとえば，評価，監査，監察，人事，会計など総務的な活動が思い浮かぶだろう。こうした一連の行政活動が営まれるプロセスを「行政過程」と言う。行政過程は，政策過程の各所でも大事な役割を果たしているのだが，政策の議論とは関係せずに変容する場合がある。本章では，ODA 評価の行政過程に焦点を当てて，行政過程がどのように変わっていくのかを追跡していく。行政過程は，政治や政策など行政内外の環境を調整しつつ変化している。求められる行政責任の変化に応じて，さまざまな仕組みを行政過程に取り込んでいくからである。それだけでなく，行政過程は官僚制組織に特有の諸現象によって長い時間をかけて変化していく。そのため，政治家や市民，場合によっては担当者自らも気づかないうちに変質している場合がある。公共政策が民主主義の諸原則に従って適切かつ円滑に実施され，行政責任や政策責任を果たすためには，政策過程だけでなく行政過程も正しく機能する必要がある。

1　行政過程とは何か

行政過程の再考

　行政機関は，行政責任や政策責任を果たしつつ公共政策を円滑に実施するために，さまざまな仕組みや仕掛けを組織に設けている。実はこのような一見目立たない仕組みや仕掛けが，政策過程の各ステージでは重要な役割を果たしている。たとえば，評価や監査，監視，監察などはその代表例である。

　公共政策の管理と責任を考えるためには，政策過程を機能させるために役立っている行政の組織活動にも目を向ける必要がある。本章では，このような

行政過程に注目して，政策と行政の複雑な関係を整理したい。それが実際にどのように変わっていくのか，公共政策とその責任とどのように関係するのか，ここでは手がかりを評価に求める。具体的には，政府開発援助（Official Development Assistance，以下「ODA」という）で行われてきた ODA 評価を取り上げて，その行政過程がどのように変わってきたのかを説明したい。

　さて，行政過程という言葉は，一般用語として使われていたり，政策過程と混同されていたりして混乱しやすい概念である。まずは，①から⑤のように簡単に言葉の整理をしてみよう。もっとも広い意味で行政過程を文字通りに考えると，行政の過程は，①「行政に関係する一連の活動」になる。三権分立論でいう行政，あるいは政府の統治に関する至るところに及ぶ。この意味で使うとき，行政機関と協働する民間事業者の活動も行政過程に含む場合がある。政府の活動に焦点を絞り，②「官僚制組織の一連の活動」であると考える場合もある。

　過程（プロセス）という言葉を使うとき，それは時間の流れを考慮しつつ，動きや移り変わりに関心を寄せるという意図がある。行政学では，とりわけ1960年代以降，③「官僚制組織の社会的な動態」をとらえようと用いられてきた概念である（辻，1966；辻編，1976；Waldo，1968；武智，1996）。なお，行政法学にも1980年代以降に活発に議論されるようになった④「行政過程論」がある（塩野，1984；山村，1982-1986）。この二つは混同されがちだが，区別する必要がある。官僚制と組織に関心がある行政学では，法律行為だけでなく事実行為や途中の変遷にも注目する。最終的な決裁者がいるとは考えずに、行政を有機的なシステムであるように考えるのである。

　1970年代から1980年代の行政学の教科書は，「新しい行政学」（New Public Administration），公共政策論，政策実施論，政策評価論を重視するようになり，行政過程は次第に政策過程に置き換えられていった。しかし，政策過程論では，中央省庁における官房系組織の活動や地方自治体における総務課の活動がしばしば見過ごされてしまう（参照，第2章図2-3）。より単純化すると POSDCoRB（本書序章）に関する実際の活動である。本章では，このような⑤「政策過程に

付随する一連の行政活動」を行政過程と呼び注目していく。

　政策過程のひとつのステージである政策評価を例に考えてみよう。情報を収集し加工しフィードバックする実際の組織活動は行政過程であり，政策立案や実施とは別の組織が活動している。さらに，評価の目的や手段，規準（criteria）や基準（standard），評価方式なども評価者個人の考えだけでなく，評価者が属する組織の事情に応じて変わっていく。ここに評価対象の政策過程とは異なる行政過程がある。行政責任論の視点に立てば，どのような責任を重要だと考えて組織的に対応しているのか，それも行政過程の変化に表れるはずである。

ODA の行政過程

　評価はこれまで，政策過程と行政過程を融合しようと試みてきた。その試みの多くはうまくいっていないのだが，本章で扱う ODA 評価ではある程度成功している。それは，国内的にも国際的にも最先端の理論と実践が検討されてきた領域だからである。だが，ODA 評価はもっとも改善の努力を続けてきた分野のひとつであるにもかかわらず，一般には注目されず，報道されることもまれである。ODA 評価の評価報告書などの情報を報道機関や研究者（とくに行政学者）が活用しないいっぽう，政治家は，さまざまな意図から党派をこえて評価の修正を求め続けてきた。そのたびに ODA 評価は変更を加えられてきた。ただし，不幸なことにこの変化や改訂もまた注目されることはない。

　さらに不幸なことに，多くの改善が試みられてきたからこそ複雑で難解な行政過程になっており，評価に関係した学位を取得したり，評価の実務経験を積んだりしていない素人にはよくわからない。結果として，そうした評価は市民に注目されることも少ないので，アカウンタビリティの確保につながらない。アカウンタビリティとレスポンシビリティ（序章表序-4），二つの責任の狭間で揺れ動いてきた行政過程を追跡して整理する必要がある。

2　ODA 評価とは何か

国際協力と評価

　さて，実際の行政過程を見ていく前に，開発協力の世界と ODA 評価について，全体像と基本的な知識を整理しよう。国際協力の一環である開発協力は，政府や政府機関が行う開発途上国や地域の開発を目的とした活動を指す。その中でも公的資金を投入する活動が ODA と呼ばれる。他にも教会や慈善団体も途上国援助を行っている。民間企業や非営利団体など政府以外のアクターも含めた援助を広く 'Aid' と呼ぶ場合もある。

　ODA には，日本が直接，相手国に援助する場合と，国際機関を経由して援助する場合とがある。これを二国間（bilateral）援助と多国間（multilateral）援助という。二国間援助には，返済が必要な「貸付」（loan）と不要な「贈与」（grant）の二つがあるが，その具体的な援助の形態をスキーム（scheme）と呼び，大きく分けて三種類がある。貸付としては，①有償資金協力（Loan Assistance，かつての円借款）がある。通常よりも低い金利で返済期間も長く緩やかな条件で貸付する援助は，開発途上国の自主性（ownership）の意識を高めるための手法であるという理由から，日本の援助の特徴であるとされてきた。これに対して，贈与には，②無償資金協力（Grant Aid）と③技術協力（Technical Cooperation）がある。それぞれのスキームごとに異なる行政機関が実施してきたが，2008年10月に独立行政法人国際協力機構（Japan International Cooperation Agency，以下「JICA」という）に一元化された。

　ODA 評価とは，以上のような分類視点に沿った多様な評価を一括りにした評価体系のことである。国ごとに策定されている国別開発協力方針（旧国別援助方針）に照らし合わせて評価するものが「国別評価」であり，分野ごとの方針で評価するものが「（重点）課題別評価」である。スキームに注目した評価が「スキーム別評価」である。また，タイの産業人材育成分野に注目するなど，特定の国や地域を特定の分野でとらえる評価も実施されてきた。これを「セク

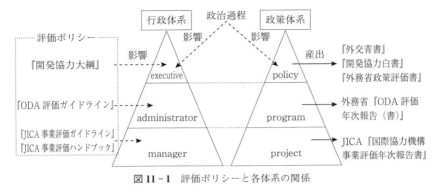

図11-1 評価ポリシーと各体系の関係

出典：三上真嗣作成。

ター別評価」と言う。「被援助国政府・機関等による評価」や被援助国と非政府組織（Non-Governmental Organization, 以下「NGO」という）との合同評価もある。

ODA 評価の体系

図11-1は，評価を通じて ODA 政策と ODA 行政がどのように関係しているかを示したものである。重要なことは，いずれも三段階で体系付けられており，同じレベルで対応関係にあるということである。

政策学では，政策（policy），プログラム（program），プロジェクト（project）の三段階に政策体系を区分するが，ODA 政策も同じように区別される（山谷，2012）。すなわち，開発協力大綱の下に，国別開発協力方針と分野別開発政策があり，またその下に事業展開計画や JICA の事業計画が連なる。

行政学でも，官僚制組織は執政・行政・業務の三段階で区分されると考えられている（西尾勝，1990）。官僚制組織のヒエラルヒーの中では，この区分に応じた「管理者」すなわち，執政幹部（executive），中間管理者（administrator），現場管理者（manager）が想定されている（本書序章）。内閣の「海外経済協力会議」で戦略が議論され，外務省が ODA 政策の企画立案を担当し，JICA がその実施を担当するというように役割分担が図られている。

　そして，評価も同じように体系だって実施されている。外務省が行う ODA
評価は第三者評価の方式が採用されており，おもに政策レベルとプログラム・
レベルで評価を行う。JICA は，おもにプロジェクト・レベルで事業評価を
行っている。前節でふれた国別評価や課題別評価は政策レベル評価，スキーム
別評価やセクター別評価はプログラム・レベル評価，JICA の事業評価はプロ
ジェクト・レベル評価とそれぞれ分類される。

　それでは，行政過程の変化を何にみればよいのか。ここでは行政機関で組織
的に共有される方針の移り変わりに注目してみよう。評価の行政過程がどのよ
うに動くかを定める行動基準は，ガイドライン（運営指針）やマニュアル（手順
書）といった組織文書に表れる。とりわけ，評価活動の行動基準を「評価ポリ
シー」（evaluation policy）と言う（三上，2020）。これは政策の一種ではあるもの
の，政策・プログラム・プロジェクトの分類上の政策ではない（本書序章）。

　評価ポリシーは，行政体系に対応したレベルで「管理」を定めて，行政過程
を制度化している。すなわち，「開発協力大綱」は執政幹部に利用され，
「ODA 評価ガイドライン」は中間管理者に利用され，JICA の事業評価に関す
るガイドラインやハンドブック（手引書）は独立行政法人の現場管理者に利用
されるという階層構造にある。

　図 11-1 の中段に位置する ODA 評価ガイドラインは，2003年から2020年に
かけて13版にのぼる改訂が繰り返されており，行政過程の変化を細かに知るこ
とができる題材である。この変化を歴史的にたどってみよう。

3　ODA 評価ガイドラインの変容

ガイドラインの導入

　日本の ODA 評価は，1975年に海外経済協力基金が個別プロジェクトの事後
評価を行ったところから始まった。1981年には外務省も経済協力局に委員会を
設置して事後評価を開始した。当初の目的は，管理の支援であった。1980年代，
日本の ODA の規模は大きくなり，1990年代にはアカウンタビリティの確保も

── コラム⑪　報告書を読書する ──

　ODA の評価報告書を読んだことのある読者は少ないかもしれない。しかし，手に取ってみると読み応えがあるものばかりであるので，「役所の文書はつまらない，役に立たない」というイメージをこの機会に払拭してほしい。

　2020年9月末に，アゼルバイジャンとアルメニアの間で，ナゴルノ・カラバフ紛争が再燃した。専門的に学んでいない者からすると，どこか遠い国のようで日本との関係がわからない。ODA の国別評価報告書を検索して読んでみると，勉強になるだけでなく身近に思えるかもしれない。2015年度外務省 ODA 評価「コーカサス諸国への支援の評価」を読むと，地域の特徴や日本との関係，ナゴルノ・カラバフ紛争の経緯や説明などがよくわかるだろう。報告書には，各国の地理や歴史，政治や経済の状況と課題，開発政策やドナー国との関係などが詳細に記されている。たとえば，評価時点でアルメニアへの二国間援助では，米国，ドイツに次いで日本は第三位である。

　こうした報告書は評価主任，アドバイザー、コンサルタントでチームを作って作成されている。コーカサス諸国の評価を例にとっても，評価主任は国際協力を専門とする大学教授，アドバイザーは国際政治学と地域研究を専門とする大学教授である。このように各分野の専門家が，コンサルタント，外務省，JICA，在外公館などと連携して作成しているので，その内容も十分に信頼できるはずである。平均的な分量は，およそ5万字から15万字ほど，200ページから300ページ程度の本格的な専門書一冊分である。インターネットで無料公開されているので，ぜひ読んでみてほしい。

　もうひとつ面白い報告書を紹介しよう。「『あの頃は、学校に行くために工事現場を横切らなくちゃいけなくて、木の板の上を渡らなきゃいけなかったのよ。』アニシャの母親はよく思い出していた」（JICA 2017）。これは，JICA の新たな評価の試み，「Breaking Ground：A Narrative on the Making of Delhi Metro」の和訳の一節である。一見，報告書とは思えない文章に驚くかもしれない。まるで小説のような文章で，デリー市民の生活の変化とそのインパクトが表現されている。これは，文化人類学のフィールド調査の記録手法，エスノグラフィー（民族誌）を用いて，インドデリー高速輸送システム建設事業の実施プロセスを評価しようとした最先端の評価手法である。さまざまな関係者にインタビューを行い，多角的な視点から実施過程の「現場」のリアリティーを再構築しようとしている。評価やエビデンスというと統計を用いた科学的客観性のイメージをもつかもしれないが，対照的な潮流も存在している。

　評価報告書を実際に読んでみることで，公共政策を読み解く勘所やポイントもわかるだろう。その積み重ねが，「民主主義のリテラシー」を高めていく。

目的にするようになった。現在でも，この管理の支援とアカウンタビリティの確保の二つが ODA 評価の目的である。

　ODA 評価は，かつて経済協力評価と呼ばれていた。その頃にも現在のODA 評価ガイドラインに相当するものが実務的に必要だったので，1984年には『経済協力評価実施のガイドライン』が作成されていた（赤塚・猿渡，1992）。当時は評価のマニュアルとして認識されており，プロジェクト・レベルを重視してきた（総務庁行政監察局編，1988，1989）。

　2003年に公開された ODA 評価ガイドラインは，新たに作り直されたものである。というのも，ガイドラインが整備された事情が異なっている。経済協力評価のガイドラインは，ある種のレスポンシビリティ（権限にもとづく専門家の自己責任）によって組織内部で自律的に整備されていた。それは，当時の国際的な潮流に呼応していたとも言える。経済協力開発機構（Organisation for Economic Co-operation and Development，以下「OECD」という）の開発援助委員会（Development Assistance Committee，以下「DAC」という）がガイドラインと評価ポリシーを整備する方針を出していたからである（OECD，1991）。

　ODA 評価ガイドラインの場合は，国内の外務省改革が大きな影響を及ぼしてきた（表11 - 1）。はじめは組織内部の自助努力，すなわちレスポンシビリティの性格が強かった。1998年に中央省庁等改革基本法が成立し，同年末には援助評価検討部会に作業委員会が設立された。2000年 3 月には，援助評価検討部会・評価研究作業委員会が「『ODA 評価体制』の改善に関する報告書」を公表した。また，2001年 2 月には，援助評価検討部会・ODA 評価研究会が「我が国の ODA 評価体制の拡充に向けて」を公開した。この双方がガイドラインの整備を提言した。

　2000年代にはアカウンタビリティの確保をめざす改革が始まった（表11 - 2）。背景には，2001年から2002年にかけて外務省機密費流用問題，各種不祥事への世論の批判があり，外務省を取り巻く不信に対して，外務省内外で改革の行動と提言が相次いだ。2002年 2 月には，川口順子外務大臣が就任し，「開かれた外務省のための10の改革（骨太の方針）」を発表した。

表 11-1　ODA 膨張時の自助努力（1989年から2000年）

年月	出来事
1989年12月	日本，米国を抜き世界最大の ODA 供与額（DAC19.6%）
1991年	DAC *"Principles for Evaluation of Development Assistance"*
1991年4月	ODA 4 指針決定
1992年6月	政府開発援助（ODA）大綱策定
1993年6月	「我が国の政府開発援助の実施状況に関する年次報告」（ODA 年次報告）公表
1995年8月	国際協力事業団，事業評価報告書の公表開始
1996年5月	DAC *"Shaping the 21st Century: The Contribution of Development Co-operation"*
1997年	ODA 評価結果年次報告書の外務省ウェブサイト公開
1998年1月	21世紀に向けての ODA 改革懇談会「第1次 ODA 改革懇談会最終報告」
1998年6月	中央省庁等改革基本法制定
1999年	ODA 評価結果個別報告書の外務省ウェブサイト公開
1999年7月	自民党対外経済協力特別委員会「21世紀に向けた戦略的な経済協力の実現を」
1999年8月	参議院行政監視委員会「政府開発援助に関する決議」
1999年8月	「政府開発援助に関する中期政策」（ODA 中期政策）公表
1999年10月	国際協力銀行（JBIC）設立（海外経済協力基金［OECF］と日本輸出入銀行が統合）
2000年1月	外務省経済協力局長私的懇談会「円借款制度に関する懇談会」設置
2000年3月	援助評価検討部会・評価研究作業委員会「『ODA 評価体制』の改善に関する報告書」
2000年3月	「政府開発援助関係省庁連絡協議会」第一回会合
2000年7月	援助評価検討部会「ODA 評価研究会」設置，第一回会合
2000年9月	「政府開発援助関係省庁連絡協議会」第二回会合
2000年9月	国連ミレニアム宣言，MDGs
2000年9月	日本評価学会設立

出典：外務省等各種公開資料をもとに三上作成。

表 11−2　相次ぐ外務省改革の提言（2001年から2003年）

年月	出来事
2001年1月	「ODA 評価フィードバック委員会」（外務省内に設置）
2001年1月	中央省庁等改革（1月6日）
2001年1月	外務省機密費流用問題，外務省大臣官房調査委員会「松尾前要人外国訪問支援室長による公金横領疑惑に関する調査報告書」提出
2001年2月	援助評価検討部会・ODA 評価研究会「我が国の ODA 評価体制の拡充に向けて」
2001年6月	行政機関が行う政策の評価に関する法律成立
2001年12月	「外部有識者評価フィードバック委員会」の設置，「ODA 評価フィードバック委員会」を「ODA 評価内部フィードバック連絡会議」と改称
2002年	DAC, *Glossary of Key Terms in Evaluation and Result Based Management*
2002年1月	NGO 参加拒否問題報道（朝日新聞），いわゆる「鈴木宗男問題」
2002年2月	川口順子外務大臣「開かれた外務省のための10の改革（骨太の方針）」発表
2002年3月	「変える会」第一回会合
2002年3月	「第2次 ODA 改革懇談会」最終報告
2002年4月	行政機関が行う政策の評価に関する法律施行
2002年6月	外務大臣を議長とした ODA 総合戦略会議開催
2002年7月	自由民主党「外務省改革案——国益を担う外交の再生：政治主導で断行すべき10の提言」
2002年7月	川口外務大臣「ODA 改革・15の具体策」発表
2002年7月	「『変えよう！変わろう！外務省』提言と報告——『内からの改革』スタート」
2002年7月	「変える会」最終報告書
2002年8月	外務省「外務省改革『行動計画』」
2002年12月	自由民主党「ODA 改革の具体的な方策」
2002年12月	川口外務大臣「ODA 改革——三項目の実施について」
2003年	NGO との合同評価を開始
2003年3月	外務省経済協力局評価室「ODA 評価ガイドライン」公表

出典：外務省等各種公開資料をもとに三上作成。

　アカウンタビリティだけでなく，レスポンシビリティにもとづく改革も同時
進行で進んだ。外務省改革の動きは職員自らの手によっても並行して進んだの
である。2002年3月には，外務省内部の若手有志職員によって「変えよう！
変わろう！　外務省」の活動が始まって，7月12日には提言と報告がなされた
（有志職員たちは，その後外務省の幹部となる）。同22日には，外務省改革「変える
会」最終報告書が発表されたが，それよりも早い段階で組織内部から提言が行
われた。

　このように，さまざまな改革案がさまざまなアクターから提言された。その
多くは外務省改革の具体的な処方箋として評価の整備を主張した。評価が導入
されれば外務省の問題は解決するはずだという期待が，政党や組織の垣根を越
えて共有されていたのである。

外務省の組織改革：初版から第5版

　そこで，行政機関としての外務省が抱える問題を解決するために外部からの
人材登用が行われた（表11-3）。このとき外務省経済協力局評価室長のポスト
に ODA の行政過程と評価を専門とする行政学者が招かれた。これが，2003年
3月に「ODA 評価ガイドライン」が新たに作成された経緯である。つまり，
ODA 評価の行政過程はこのとき，まず行政のレスポンシビリティを実現する
ために制度化されたのである。ただし，ODA 評価それ自体はもともと，政策
のアカウンタビリティを追及するものであり，この責任観の違いが市民や政治
家の期待と評価の実際とは齟齬となったのである。

　この初版は，行政機関（外務省）で評価が必要とされた背景を詳しく書き記
し，ODA 評価の現状を整理して行政体系に位置づけようと試みた。実際に，
評価学や行政学の研究成果が色濃く反映されている。たとえば，「第1章 評価
の基本概念」では PPBS (Planning, Programming, and Budgeting System) の導入
と失敗，1960年代にアメリカ連邦会計検査院 (General Accounting Office, 2004年
より Government Accountability Office に改称，以下「GAO」という) がプログラム
評価を用いてアカウンタビリティ追及と統制を行った経緯，1980年代以降の

NPM（New Public Management）の動向などを説明している。

　初版が発刊されてから2年が経過したことをふまえ，2005年5月には第2版が刊行された。ポイントは，評価の定義や目的，評価基準が国際機関の実践や理論と調整されたことである。すなわち，評価基準としてDACの評価5項目（妥当性，有効性，インパクト，効率性，自立発展性）を用いたり，評価の類似概念や評価の種類を整理したりした。

　2006年5月には，第3版へと小規模な改訂が行われた。合同評価や外務省によるプロジェクト評価の説明を追加した他，ODA評価有識者会議の運営方法についてスケジュールを明記したり，事務局の担当組織を具体化したりした。気づきにくいのだが，経済協力評価の時代から使われていたODA評価の機能図が，民間企業の生産プロセス現場で使う「PDCA サイクル」（Plan-Do-Check-Action Cycle）の図に差し替えられた。

　さて，第3版から第5版にかけては，組織の変化がガイドラインに反映された。2006年8月に外務省組織令が改正され，経済協力局と大臣官房国際社会協力部が統合して国際協力局が新設された。これに伴い，これまでODA評価を担当していた開発計画課・評価班は政策課・評価室へと移った。2008年10月には，外務省無償資金協力業務の一部と国際協力銀行（Japan Bank for International Cooperation，以下「JBIC」という）の海外経済協力業務部門（円借款）がJICAに統合された。こうした組織の役割分担，すなわちデマケーションの変化に合わせて調整が行われた。

提言の反映と官房：第6版から第8版

　2009年8月には政権交代が起きて，ODA評価をめぐる環境は大きく変わった（表11-4）。同年11月から事業仕分けが相次ぎ，ODA予算は大幅に削減された。そして，2010年2月には岡田克也外務大臣によって「ODAのあり方に関する検討会」（以下「あり方検討会」という）が開始された。その「最終とりまとめ」は2010年6月29日に発表されたが，翌年4月の第6版はそれを反映する改訂となった。一般競争入札を通じて選ばれた民間コンサルタントが第三者評

表11-3　外務省の組織改革（2003年から2009年）

年月	出来事
2003年4月	外務省，経済協力局評価室を同局調査計画課・評価班に改組
2003年8月	政府開発援助（ODA）大綱改定
2003年10月	国際協力事業団を解散，独立行政法人国際協力機構（JICA）設立
2003年10月	ODA 評価有識者会議による第三者評価を開始（〜2010.3）
2004年2月	JICA「プロジェクト評価の手引き――改訂版 JICA 事業評価ガイドライン」
2004年7月	外務省，国際機構課と調査計画課を開発計画課に改組，開発計画課・評価班へ
2005年5月	外務省経済協力局開発計画課「ODA 評価ガイドライン第2版」
2006年1月	「参議院政府開発援助等に関する特別委員会」設置
2006年4月	「海外経済協力会議」設置
2006年5月	外務省経済協力局開発計画課「ODA 評価ガイドライン第3版」
2006年8月	外務省組織令改正，開発計画課・評価班は政策課・評価室へ　経済協力局と大臣官房国際社会協力部が統合，国際協力局新設
2006年11月	改正 JICA 法（独立行政法人国際協力機構法の一部を改正する法律）成立
2007年12月	JICA 国際協力総合研修所「事業マネジメントハンドブック」
2008年2月	JBIC プロジェクト開発部開発事業評価室「円借款事業評価研修テキスト」
2008年4月	外務省国際協力局評価室「ODA 評価ガイドライン第4版」
2008年10月	外務省無償資金協力業務の一部と JBIC 海外経済協力業務部門（円借款）が JICA に統合
2009年2月	外務省国際協力局評価室「ODA 評価ガイドライン第5版」
2009年4月	外務省国際協力局評価室を評価・広報室に改称
2009年4月	NONIE *"Impact evaluations and development: NONIE guidance on impact evaluation"*

出典：外務省等各種公開資料をもとに三上作成。

価を実施するようになったため，入札制度に対応した評価チームの作り方など
をガイドラインに盛り込むようになった。そして，多くの試行的な評価が導入
された。「外交の手段としての ODA の評価」（外交上の評価）やレーティング，
インパクト評価が導入されはじめたのである。

　また，評価組織の独立性確保に関する提言を受けて，ODA 評価担当組織が

表 11 - 4　政権交代以後（2009年から2013年）

年月	出来事
2009年11月	事業仕分け第一弾（政府予算）
2010年 2 月	岡田克也外務大臣，ODA のあり方に関する検討会設置
2010年 3 月	「平成21年度外務省第三者評価：過去の ODA 評価案件のレビュー」
2010年 3 月	ODA 評価有識者会議終了
2010年 4 月	DAC *Quality Standards for Development Evaluation*（DAC 評価品質基準）
2010年 4 月	事業仕分け第二弾前半（独法事業）
2010年 5 月	事業仕分け第二弾後半（政府系公益法人）
2010年 6 月	JICA 国際協力機構評価部「新　JICA 事業評価ガイドライン　第 1 版」
2010年 6 月	「外務省 ODA のあり方に関する検討 最終とりまとめ」
2010年10月	事業仕分け第三弾前半（特別会計）
2010年11月	事業仕分け第三弾後半（再仕分け）
2011年 4 月	外務省，国際協力局 ODA 評価室を大臣官房 ODA 評価室へ
2011年 4 月	外務省大臣官房 ODA 評価室「ODA 評価ガイドライン第 6 版」
2011年10月	開発協力適正会議開始
2012年 4 月	外務省大臣官房 ODA 評価室「ODA 評価ガイドライン第 7 版」
2013年 5 月	外務省大臣官房 ODA 評価室「ODA 評価ガイドライン第 8 版」

出典：外務省等各種公開資料をもとに三上作成。

大臣官房に移された。このことは，行政過程にとって大きな変更である。これ以来，ガイドラインの作成者も大臣官房に移り，実施手順の具体化に関心が移っていき，コンサルタントによる第三者評価のコントロールにガイドラインが使われはじめる。その反面，GAO や PPBS，川口大臣の改革といった評価の歴史は削除され，実務的な手引書に近づいていった。

　2012年 4 月に改訂された第 7 版は「外交の視点からの評価」を正式に導入したが，同時に，入札方式で 1 年間実施して明らかになった評価チームの課題を修正する改訂もあった。それは，評価チームの実施手順を詳細に指示することを意味した。たとえば，外務省や JICA との検討会を必須としたり，現地調査報告会のスケジュールを具体的に指定したりした。その後の2013年 5 月に改訂

表 11 - 5　大綱の変化前後（2013年から2020年）

年月	出来事
2013年12月	国家安全保障戦略（国家安全保障会議決定，閣議決定）
2014年	国際機関評価ネットワーク（MOPAN）に加盟
2014年 5 月	JICA 評価部「JICA 事業評価ガイドライン（第 2 版）」
2015年 2 月	政府開発援助（ODA）大綱を開発協力大綱に改定
2015年 5 月	外務省大臣官房 ODA 評価室「ODA 評価ガイドライン第 9 版」
2015年 6 月	参議院政府開発援助等に関する特別委員会「開発協力大綱の下での我が国政府開発援助等の在り方に関する決議」
2015年 8 月	JICA 評価部「JICA 事業評価ハンドブック（Ver. 1）」
2015年 9 月	SDGs, 国連サミット「持続可能な開発のための2030アジェンダ」採択
2016年 6 月	外務省大臣官房 ODA 評価室「ODA 評価ガイドライン第10版」
2018年 3 月	「『外交の視点からの評価』拡充に向けた試行結果」報告書
2018年 8 月	外務省大臣官房 ODA 評価室「ODA 評価ガイドライン第11版」
2019年 6 月	外務省大臣官房 ODA 評価室「ODA 評価ガイドライン第12版」
2019年12月	DAC *"Better Criteria for Better Evaluation Revised Evaluation Criteria Definitions and Principles for Use"*（新基準）
2020年 6 月	外務省大臣官房 ODA 評価室「ODA 評価ガイドライン第13版」

出典：外務省等各種公開資料をもとに三上作成。

された第 8 版は，試行的に導入されていたレーティングを推奨したり，提言の宛先と優先度を指定したりした小改訂になった。

大綱とマニュアル化：第 9 版

2015年 2 月に ODA 大綱が開発協力大綱に改正されたことを受けて，同年 5 月に第 9 版へと改訂された（表11-5）。これは，次の二点から大きな変化を意味した。

第一に，評価の行政過程も大綱に合わせて変化した。外交の視点からの評価が大綱レベルで定められた結果，これまで行われてこなかったスキーム別評価やセクター別評価でも外交の視点からの評価を実施するようになった。規模の

大小や評価実施後の年数，行政過程の見直しの典型である「行政事業レビュー」の指摘の有無などを考慮して，評価対象を戦略的に選ぶようになった。そして，評価の検証項目に「戦略的選択制」（選択と集中）や「日本の比較優位性」が追加され，新興ドナーの動向と影響を分析する旨が明記された。

　また，ODA 評価の対象を二国間援助から多国間援助にまで拡張することが試みられた。重点課題別評価とスキーム別評価ではプロセスの適切性について，「多様化する開発協力関係機関との具体的な連携・強調」を検証する旨が追記された。その方策として，日本が2014年から参加した国際機関評価ネットワーク（Multilateral Organisation Performance Assessment Network，以下「MOPAN」という）を活用することになった。もっとも，この MOPAN が行う評価は，政策の評価というよりは組織の実績評価である点に留意する必要がある。

　第二に，構成が大幅に変更されて，ガイドライン部とハンドブック部に分割され，重要な書き換えも同時に行われた。その中で，評価学の伝統から外れた評価概念の主流化も進んだ。たとえば，ODA 評価の機能を「PDCA サイクル」によって説明し，これを強調するようになった。レーティングを全案件に原則導入するようになった他，インパクト評価を統計学や経済学の手法に限った。

　なにより，ハンドブック部の拡充によって，コンサルタントの実施手順を管理するマニュアルの様相を示すようになった。具体的には，利害関係者保護を重視すること，アポイント取り付けを評価チームが行うこと，現地調査前に質問票を事前送付すること，外務省および JICA 関係者に「評価報告書案（骨子）」を提示することなど，きわめて実務的な指示が増えた。評価報告書の作成についても，表現の方法やページ数，外務省との意見調整などが指示された。

試行錯誤の場：第10版以降

　2016年 6 月に改訂された第10版ではガイドライン部の各要素を注や参考に移動して，より簡潔になった。他方，ハンドブック部は拡充を続け，外交の視点からの評価やレーティングなどに関するさまざまな提言や教訓を反映する試行

錯誤の場となっていった。たとえば，日本評価学会の『評価倫理ガイドライン』を参考にするよう求め，参議院政府開発援助等に関する特別委員会の「開発協力大綱の下での我が国政府開発援助等の在り方に関する決議」を序文に引用するようになる。「ODA における PDCA サイクルの評価」もここに反映され，結果の有効性をなるべく定量的に示すよう記述された。

　2018年 6 月に改訂された第11版では，重点課題別評価とスキーム別評価を「課題・スキーム別評価」に統合した他，セクター別評価を実施せず，被援助国政府機関の評価で代用するようになる。さらに，2016年秋の行政事業レビューの指摘を通じて，プロジェクト評価の手法を加えたうえで，レーティングを定性的表記から定量的な表現であるアルファベット表記に変更した。

　2019年 6 月に改訂された第12版は，「外交の視点からの評価」について「国益」の内容はなにか，外交的波及効果をどのように検証するかなどの記述がハンドブック部に追加された。外務省が「国益」を定義するのは外交的にも政治的にも「リスキー」であるので，「『外交の視点からの評価』拡充に向けた試行結果報告書」を使って記述している。これは，ODA 評価室が開催した外部有識者検討会の結果をコンサルタント業者が報告書にとりまとめたものである。2018年 3 月に外務省ウェブサイトに公開されているが，その内容を見ると，これまでの評価実践における試行錯誤が反映されているとわかる。

　2020年 6 月に改訂された第13版では，DAC で新たに合意された基準を反映した。SDGs（Sustainable Development Goals）や難民支援の状況を鑑みて，「coherence」（整合性や一貫性の意味）という新たな基準を OECD の部会で議論してきたのだが，その成果が ODA 評価室の活動に反映される形になった。

4　行政過程の課題

柔軟性の功罪

　ODA 評価ガイドラインは，目まぐるしく変化してきた。国際的な動向や国内的な行政や政策の変化を反映し，理論と実務の試行錯誤に取り込んできたと

言ってよい。評価ポリシーはいわば，政治と政策と行政，国内と国際，理論と
実務など異なる次元の間で，評価のあり方を調整する場となっていたのである。

　日本の政策評価は，国際的な圧力も国内的な圧力も弱い中で成立したと国際
比較では分類されてきた（Furubo, Rist, and Sandahl eds., 2002）。しかし，ODA
評価の場合はその後，国際的な影響に継続して晒されながら，国内的な圧力が
たびたび加えられてきた。この圧力の中でODA評価の行政過程は，さまざま
なアカウンタビリティの求めに応え続けるべく継続して修正を加えられてきた。
ガイドラインをはじめとした評価ポリシーを柔軟に調整することで，制度が硬
直化，形骸化しないために役立ってきたのである。

　しかし，その柔軟な対応は短期的な視点に留まり，場当たり的で総花的であ
る様子も見られる。そのため，レーティングや「PDCAサイクル」などが混
入したり，議会統制（国会統制）や会計検査などの重要な概念が失われたりし
た。さらに，コンサルタントのためのマニュアル的要素が拡充され，実務家の
試行錯誤の様相を呈した。こうして，誰のために何のアカウンタビリティを達
成するのか，その目的や方針の整理ができなくなった結果，行政過程は一貫性
を失い混乱した。ODA評価は改善の努力をし続けているにもかかわらず，政
治家にも住民にも納得されない理由のひとつがここにあるだろう。

エラーの累積

　行政過程の混乱は，官僚制組織特有の生理や病理によって意図せず発生する
場合もあった。それは，組織文書の改訂を通じた些細な変更の累積である。改
版は，文書を新規に書き下ろすことは少なく，前版の文章のあちこちを切り貼
りして，微修正しつつ，別の項目や文脈に混ぜ込む形で行われる。ばらばらに
散らばった文章がどこからどこに移ったのか，何が残り，何が変えられたのか。
その変化は丹念に読み込まないとなかなか気がつかない。

　改訂ごとに加えられる些細な加筆，修正，削減，項目の箇所移動は積み重
なって，担当者が異動することで前例となっていく。パラグラフの入れ替えや
「てにをは」の書き換え，専門用語の言い換えなど細かな変更を行っているの

だが，政治（政務三役）の意図で動いているわけではない。しかし，その中で大臣，副大臣，政務官，議員の政治家や市民も，場合によっては担当者でさえ気づかないうちに長い時間をかけて変化する場合がある。

　たとえば，第3版で差し替えられた「PDCA サイクル」の図が ODA 評価の主要なキーワードになったり，第6版で追加されたレーティングが次第に強調されていったりと，些細な変化が累積した結果，評価のあり方が変った。初版で強調されていた「議会によるアカウンタビリティ確保」という評価と行政責任の基本的な関係も10年近くをかけて縮小され，削除されてしまったのである。

　文書の書き換えや整理，担当者間の引き継ぎの中で生じたエラーが蓄積し，評価のあり方が歪められていく。政治過程でもなければ，政策過程でもない，まさに行政過程をみるべきポイントはここにある。行政過程の方針をうまく管理、統制するメカニズムが存在しないことが，ODA 評価の有用性を大きく減じている。

組織文書の混乱

　行政過程の混乱につながるもうひとつの問題も見えてくる。それは，組織文書の混乱という問題である。ガイドラインはマニュアル的な性格を強めてきたのだが，本来は行政体系と対応した階層関係の体系が存在するはずである。中間管理者を対象にするはずが，現場管理者に向けた改訂ばかりが実際には進んでいる。逆に，「国益」の検討など，現場管理者を想定したハンドブックなのに中間管理者や執政者が検討すべき内容なども検討されていた。

　なぜ，ガイドラインはマニュアル化してしまったのか。その原因には，「ガイド」「ガイダンス」「ガイドライン」「ガイドブック」「マニュアル」「ハンドブック」といった組織文書の機能と役割が明確化されておらず混乱していることにある。この混乱は，ODA 評価の行政過程だけにとどまらない。新型コロナウィルス（COVID-19）への対応でも，市民や住民，行政機関がガイドラインに翻弄されたのは記憶に新しい。さらに，文書群が複雑な関係にあることも，

評価の担当者や専門家にしか全体像がわからないという，いわば「ガイドラインのガイド」が必要な不幸な状況を招いている。そのため，政策過程でもアカウンタビリティを達成する弊害となってしまう。ようするに，ここでも行政過程の管理と統制を中長期的に行うメカニズムがないことが問題を引き起こしており，行政過程を定期的に評価する回路が必要になる。

　このように，公共政策をとりまく課題や混乱が行政過程の問題で起きている場合がある。公共政策が民主主義の諸原則に従って適切に円滑に実施され，行政責任や政策責任を果たせるかを考えるためにも，行政過程にいま一度目を向ける必要がある。

参考文献

赤塚雄三・猿渡耕二（1992）「プロジェクトの事後評価システムに関する考察——わが国の ODA 事後評価システムについて」『会計検査研究』5，59-70。

塩野宏（1984）「行政過程総説」雄川一郎・塩野宏・園部逸夫編『現代行政法大系 2 行政過程』有斐閣，1-32。

総務庁行政監察局編（1988）『ODA（政府開発援助）の現状と課題——総務庁の第 1 次行政監察結果（無償資金協力・技術協力）』大蔵省印刷局。

————（1989）『ODA（政府開発援助）の現状と課題——総務庁の行政監察結果から』大蔵省印刷局。

武智秀之（1996）『行政過程の制度分析——戦後日本における福祉政策の展開』中央大学出版部。

辻清明（1966）『行政学概論』（上），東京大学出版会。

辻清明編（1976）『行政学講座 3　行政の過程』東京大学出版会。

南島和久（2020）『政策評価の行政学——制度運用の理論と分析』晃洋書房。

西尾勝（1990）『行政学の基礎概念』東京大学出版会。

廣木重之（2007）「わが国 ODA 実施体制の変遷と時代の要請」『外務省調査日報』2，1-30。

三上真嗣（2020）「評価システムとガバナンス——日本の ODA における評価ポリシー」「同志社政策科学院生論集」9，11-20。

森田朗（1988）『許認可行政と官僚制』岩波書店。

山村恒年（1982-1986）「現代行政過程論の諸問題（1〜14）」『自治研究』58（9）-62
　　（11）。

山谷清志（1994）「開発援助政策の行政過程——プロジェクトの管理と評価」『季刊行
　　政管理研究』67，4-22。

————（1997）『政策評価の理論とその展開——政府のアカウンタビリティ』晃洋
　　書房。

————（2006）『政策評価の実践とその課題——アカウンタビリティのジレンマ』
　　萌書房。

————（2012）『政策評価』ミネルヴァ書房。

Furubo, J. E. Rist, R. C. and Sandahl, R. eds., (2002), *International Atlas of Evaluation*,
　　Transaction Publishers.

Leeuw, F. L. and Furubo, J. E., (2008), "Evaluation Systems : What Are They and
　　Why Study Them ?". *Evaluation*, Sage Publications, 14 (2), 157-169.

Rist, R. C. and Stame, N., (2006), *From Studies to Stream : Managing Evaluative
　　System*, Transaction Publishers.

Waldo, D. (1968) Public Administration. In Sills, D. L. ed. *International Encyclopedia
　　of the Social Sciences*, 13, 145-156, Macmillan and Free Press.

※その他資料は，外務省，JICA，OECD のウェブサイトで公開されている。

■　■　■

読書案内

城山英明（2007）『国際援助行政』東京大学出版会。
　行政学の視点から国際援助を論じている名著。国際援助行政の歴史的起源から展開，
米国や世界銀行の援助評価まで広範に論じられている。とりわけ，援助受入国の財政，
計画的なインターフェースについての考察は重要である。

荒木光弥（1997）『歴史の証言——途上国援助（1970年代）』国際開発ジャーナル社。
　日本の途上国援助の動向を1970年代から継続的にウォッチし続けている。同じシ
リーズは，このあと1980年代，1990年代，2000年代と続いている。ODA に関心があ
る学生にとっての入門書となるだろう。

南島和久（2000）『政策評価の行政学』晃洋書房。

　管理論と制度運用の視点から政策評価制度の視座を与える一冊。文化理論を応用して，複雑な背景と事情を抱えた主体間の関係を描いている。行政の複雑さを直視し，そのコントロールを模索する試みは，本章で扱った行政過程の視角にも通じる。ODA 評価については有償資金協力の「未着手・未了案件」の考察がされている。そのほか，オバマ政権下の GPRAMA へと至る改革の最新動向もフォローしている。

独立行政法人国際協力機構（2019）『国際協力機構史』。

　JICA の行政史。紙面の都合上，本章では扱いきれなかった点を補完する。JICAの組織的な変遷の結果，より実施レベルに近いところでは何が起きていたのか，まさにその行政過程を知ることができる。なお，　JICA のウェブサイトで PDF が公開されている。本章の年表や JICA「事業評価年次報告書」，外務省「ODA 評価年次報告（書）」，外務省「開発協力白書（および旧政府開発援助（ODA）白書）」などと併読すると理解が進む。

練習問題

①　あなたが関心を持つ政策分野には，どのような行政過程があるのかを調べてみよう。また，それがどのように政策のあり方に影響しているのかを考えてみよう。

②　実際に，外務省や JICA の評価報告書を読んでみよう。どのような視点で評価を行っているだろうか。また，より納得できるものにするためにはどのような工夫がさらに必要だろうか。市民の視点や政治家の視点で考えてみよう。

（三上真嗣）

終　章
政策学・行政学・評価学

　本書は行政と政策の関係，それぞれの生理と病理をめぐって議論を展開してきた。政策過程，政策実施，制度，管理，ガバナンス，アカウンタビリティとレスポンシビリティ，政策責任，政策のコントロール，府間関係と政策，自治行政と政策，福祉サービスの政策責任，組織と政策，政策評価と政策の失敗，政策終了，行政の病理と政策汚職などである。

　最後の終章は，これら一見雑多なトピックを貫く概念を，政策学，そして行政学の基本にしたがって再整理し，本書全体のレビューにしたい。

1　政策と行政

　日常的に繰り返される行政の活動が重視する価値は合法性，合規性，手続遵守である。業務や作業の効率，円滑で能率的な運営も，行政が重視する価値である。行政責任の理論で言えば法令や手続に対する形式とプロセスの責任である。他方，政策は問題対処能力，課題解決の成果が問われる結果責任に関わる。したがって，政策現場では，手続を遵守してコスト削減に努めていても，成果が出ない場合には無責任だとそしりを受けるかもしれない。政策責任への注目は，ここからはじまった。

　20世紀末，政策が研究対象として浮上してきたとき，日本の公共部門では多くの改革が同時並行で進められていた。21世紀を目前にして，戦後日本の統治システム，20世紀型のガバナンス・システムの肥大化・硬直化，画一化・固定化を招く因習・慣行，制度疲労がいたるところで目立ったからである。政策責任はおろか，行政責任すら疎かにされる事態が蔓延していた，それが20世紀末

だった。

　そこで地方分権改革，中央省庁改革，社会福祉制度や医療体制の見直しがはじまった。「この国のかたちの再構築」の言葉で中央省庁改革を目指した行政改革会議（橋本行革1996年11月から1997年12月）が記憶に残る。

　しかしその間，改革の担当者が想定していなかった大事件，大災害が頻発する。20世紀末の1995年1月17日には阪神淡路大震災が襲い，21世紀になってからも2011年3月11日の東日本大震災の津波とフクシマ原発事故，そして2010年代以降は大地震や大雨・洪水被害が繰り返され，災害が直撃しなかった周辺地域まで被害が拡大する。それは従来のタテワリ行政の限界，後追い的事後対応の不足，「行政の無誤謬性の神話」の間違いを強く意識させた。政策対応のまずさが露呈したのである。まずい政策対応に市民が戸惑い立ち直れない中で，また大きな事件が起きる。2020年の新型コロナウィルス禍である。多くの人は気づいた。組織を効率化目的で極限まで絞りあげ，無理なカットを繰り返した政治思考（新自由主義）が間違いだったのではないか，である。余裕を冗長性として削減する思考は，緊急課題に対応する余力までそぎ落としたため，非常事態対応は無理だった。

　災害は，想定しなかったところに甚大な被害が出てくる，考えもしなかった悪影響を及ぼすという教訓もあった。直後の救援活動・医療支援だけでなく，観光や飲食業をはじめとする商業活動，高齢者介護や子そだてなど日々の暮らしを支えるエッセンシャル・ワークなどに悪影響を及ぼす。国際社会でも経済活動が停滞し，途上国の平和維持支援は放置され，貧困改善は進まない。人々は生活の困窮化に苦しみ，医療崩壊の危機におののき，これが社会や人の心を蝕む。その中で日本国内では，地域社会の過疎化，高齢化が急速に進み，安倍内閣の「地方創生」が実施されているにもかかわらず，青森県や秋田県では10万人単位で人口が消滅・流出した。

　こうした現状をふまえて，政策学と行政学はその役割分担を考え直し，自ら理論を再構築すべき時期に来ている，こうした問題意識が本書の背景にはある。しかし，それではすぐに問題解決に取り組んで良いものなのか。答は「否」で

ある。政策の背景にある専門（医療政策では医学，防衛政策では軍事研究など）が
議論を拡散する「遠心力」が働くため，多くの人はすれ違う議論に疲労する。
これを経験してきたので，本書は現場の専門的な問題に直接触れていない。こ
こが一般の人々，とくに学生が，政策学を理解するのを難しくしている。

　たとえば，河川の洪水対策を取り上げてみよう。毎年のように「これまで経
験したことがない」被害を日本各地で繰り返した結果，氾濫を予測して堤防や
ダムを考える河川工学や土木専門家だけでは不十分だと気づき，多くの分野か
ら関係者が集められる。降水予測をする気象関係の専門家，気象衛星の専門家，
合理的な避難経路や避難場所を指定する都市工学・道路のシステム工学を熟知
する実務家，学校や介護施設の関係者，災害被害者が入院する医療機関（三次
救急）の専門家，その河川が引き起こした過去の氾濫記録や古文書をみる歴史
学者の意見も集められるだろう。主に担当するのは国土交通省，都道府県の土
木・河川担当課で，この行政が設定する場に NPO，町内会，自治会などの関
係者も招かれる。これは官公庁が採用するひとつの誠実な態度であり，ある種
の正攻法である。細かな話だが，集まる専門家の旅費や謝礼は担当の官公庁が
支払う。議事録の作成とホームページでの公表，パブリック・コメントの募集
はこの官公庁の業務である。このように政策と行政の実務がミックスした形で，
わたしたちの前に現れ，区別が難しい。ただし，区別しないで放置すると，道
路政策を道路行政と呼んでも意味が変わらない昔のように，行政（官公庁）が
すべてを取り仕切るようになる。ここに，問題が発生する。アカウンタビリ
ティ欠如の問題である。

　ひとつ事例を取り上げてみよう。通勤時の渋滞に対する市民の苦情から発す
る道路建設事業の例である。環境アセスメントや事前評価が義務づけられる道
路事業の場合，工学系の道路専門家，環境問題専門家（自然科学や環境法学），
経済分析が得意な経済学者，システム工学の専門家が招かれるが，この場から
「遠心力」が働く。会議の議論は参集した専門家それぞれの得意分野に進み，
各専門分野のジャーゴンで溢れて市民が何の議論なのか理解できないまま，会
議の議論は遥か彼方の専門分野の先に拡散する。拡散が問題だと気づいた市民

は議論のとりまとめ（求心力）を進めるため，参加型事業評価やワークショップを求める。誠実に対応する役所はここで難問に直面する。ウィークデイの日中，夜，日曜祭日，それぞれ参集できる人は「限定的な性格」をもつからである。現地視察しても，渋滞の切実さや周辺の迷惑はよく分からない。そもそも道路を作るか作らないかの議論が大前提なので，集まる人，集めるエビデンスにも色が付き，建設賛成派と反対派の議論はすれ違い，「空中戦」になることもある。アカウンタビリティが欠如したまま，落としどころが見えない議論を延々と何年も繰り返す，アカウンタビリティに逆行する力が働く。「反アカウンタビリティ」問題がこれである。

　議論を整理し，同じ土俵に戻すために，一種の気づきが必要かもしれない。ヒントは「道路建設の可否に限定する議論は，道路課のセクショナリズムに嵌まっている」，あるいは「クルマを使わない人（病人，子ども，高齢者）を考えに入れていない」。多くの場合，この気づきは，評価の現場で出てくることが多い。

　その議論はまず，５頁の図序－１にみる「行政と政策の３構造」からはじまる。政策体系とそれに対応する行政体系の整理であり，マクロの鳥瞰図，ミクロの虫瞰図を前提に，両者をつなぐメゾ・レベルの仕掛けを導くアイデア（プログラム）を中間のアドミニストレーターが現場を見ながら考える，このような枠組みがまず設定されるはずである。この段階で，もし道路政策が行政のセクショナリズムに誘導されていると気づけば，成功である。多くの大都市の経験では，道路建設だけで渋滞問題は解決されないからである。むしろ市民に時差出勤を促し，公共交通の利便性を拡大する方法があり，その中でスプロール現象を招いた都市政策，住宅政策の拙さに気づくはずである。この気づきをふまえたプログラムが政策課題の解決策を考える手段にならなければ，問題の真の解決は見えない。その意味でプログラムは政策学の中心にあり，またこのプログラムを担当する組織を探し，うまく機能させる行政学が求められる。

　ここで，その官公庁の責任（権限）を再び整理し，関係者がどのような仕事を担い，何を議論するべきか確認する作業（勉強）が必要になる。そのために

使う議論の材料・情報はプログラム評価，過去の事業レビューの再確認から得られるはずである。この全体像を市民にどうやって伝えるか，こうした情報回路の配慮も必要になるが，実はこの回路も評価の中にある。評価は市民が学習する有効なツールである。

2　責任と評価

　もちろん，こうした評価を使った情報回路は，政策を実施する官公庁をコントロールする手段としても有効である。責任追及と呼ぶこともあるが，そのコントロールが向かう先も行政の実態に合わせて多様化する。たとえば政策の企画立案組織，政策実施を任される行政機関（実施庁・出先機関），実施機関と呼ばれる独立行政法人・研究開発法人の活動には，それぞれ別々の評価手法が存在する。その実態調査，多くの評価のマネジメント方法などアプローチが多種多様で，その多様性は行政責任論の重要な研究対象であり，これを無視しすると政策論が「畳の上の水練」になり，「机上の空論化」するのをわたしたちは経験してきた。

　ただし，上述の「遠心力」について述べたように，ともすれば実務で政策の責任は，専門家がその分野での「タコ壺」を並べただけに終わる。たとえば道路では道路関係の専門家，政策医療での医療関係者と医療経済学者，政策金融では公的金融に詳しい関係機関での実務経験者に限定される。責任感が強ければ強いほど専門分野ごとの論議に閉じこもり，関係実務家のジャーゴンに溢れ，市民が理解できる遙か彼方に遠ざかる。それを回避する役割は，評価とその実践を考える評価学に備わっている。その評価の役割を説明しよう。

　大前提として評価はまず，現場で何が行われているか明らかにする活動だと理解して欲しい。そのため，二つの仕事をする。一つは「事実の特定」である。現場で何が起きているか，その生情報を適切な手法で集め，整理分類する。後で行う判断に必要な正しい情報（エビデンス）を探す活動である。もし偏見やバイアス，先入観，勘違い，誤った情報をもとに判断され，政策が決まるなら，

社会全体が迷惑する。したがって，誠実な評価者は「評価」というツールボックスが存在することを熟知しており，その箱を開けると入手できるさまざまなツールを正しく使い分ける基本原則を大事にする。使い分けの原則は，なぜそのツールを選んだのかきちんと説明できること，その説明を大事に思うプロの倫理観である。つまりこれが「評価のアカウンタビリティ」である。

　二つめの仕事がこの情報を「判断」の場に適正に提供する行為である。実施する価値があるか，成果が出そうだなどの適切なエビデンスを，正しいタイミングで市民やその代表（議会や首長）に伝える活動である。否定的判断が出たときには終了の決定をアドバイスし，肯定的判断の時には予算の拡大の提案があり，あるいは成果が出たのでハッピーエンドの終了をすすめる。この率直さが重要になることもある。これがないと，評価担当者は無力感にとらわれ「評価疲れ」し，手抜きが始まり「経年劣化」する。

　それでは，評価は実際，どのように進められるのであろうか。一般に評価は分業体制を前提にしたプロセスとして考えている。

　① 評価目的の設定

　　何のために評価を行うのか，その評価のポリシー（evaluation policy）の決定。評価ポリシーが決まると評価に必要なデータ収集方法，データ分析方法も決まる。

　② 評価対象の選定

　　政策，プログラム，プロジェクトが対象なので政策評価，プログラム評価，プロジェクト評価の分業体制を作っていることが多い。それぞれ手法も違う。政策とプロジェクトの関係は目標と手段の関係であり，この関係を設計するのがプログラム・デザインである。うまくデザインされたプログラムは，政策システムを「説明できるレベル」に改善する（政策体系）。評価がプログラムを重視するのは，プログラムがマクロ・レベルの政策とミクロ・レベルのプロジェクトとをうまくつなぎ，双方の評価情報の調整を図る役割をもつからである。明確で分かりやすい政策体系は，市民に対

するアカウンタビリティの第一歩である。なお，組織の生産性をみる業績
測定，スタッフの人事評価はここでの評価とは違う実務に存在し，経営学
や管理会計，人事管理や経営管理の世界にある。

③　評価者の任命

　誰が評価するのかは重要な問題である。府省では政策担当者（原課）が
実施した評価を，管理部門（官房や総務）がとりまとめるのが基本で，と
くに専門的な評価を行いたいときには外部の専門家（評価対象分野の専門家
と評価専門家）に評価を依頼することもある。

④　評価の時期の設定

　いつ評価するのか，いつまでに評価結果を公表するかによって事前評価，
中間評価，終了時評価，事後評価に分けられる。予算に評価結果を反映さ
せるなら5月頃には評価結果を知りたいので，ここから評価活動を逆算し
てスケジュールを組んでいる。30年，40年以上の長期におよぶ政策の経緯
をレビューするのは評価ではなく，歴史研究である。

　実はこの評価プロセスは政策過程のそれぞれの段階に対応しており，またそ
の評価を使うの官公庁の活動プロセスス（行政過程）の一部になっている。政
策形成過程と実施過程を合わせたプロセスを対象にする形成的評価，政策終了
後のプロセスに置かれた総括的評価である。いずれも評価の場面には各種の専
門家が参加し（教育評価の場面では教育学者や児童心理学者，家族社会学の研究者，
医療従事者など），その評価会議のロジスティックスを行政機関が行っている。
つまり，政策とその背景にある専門，そして行政は評価を通じて結びついてい
るのである。言いかえると，政策学や評価学が学際的だと言われるのは，まず
行政学とつながり，行政の関係部局が関わる専門分野につながってくるからで
ある。政策学が実践を重視する学際研究分野だと言うのであれば，その内容は，
以下のように言うことができる。

　まず，政策過程において各学問分野のプロフェッショナルやエキスパートを
相互の学際研究（multi-discipline）の場合に糾合し，ここで生じた「知の交流」

によって得られたリテラシーを共有する 'inter-discipline' 体制が政策過程に育てば，得られた知見を特定政策課題で使う諸学横断型（cross-disciplinary）アプローチが可能になる。これは少なくとも ODA 評価の分野，あるいはイギリス，アメリカの福祉の分野で1970年代から実践してきた。そしてこれらの分野のように，政策学もやがて，評価を通じて学問分野を超越して社会の諸問題に取り組む 'trans-discipline' の体制が可能になるだろう。なお，これが実務上可能な官公庁は日本でいえば，内閣府，経済産業省，そして各省の政策を政府全体の視点で総合的統一的に見て評価している総務省行政評価局かもしれない。

　なお，この展望を阻む障りが存在することも忘れてはならない。評価の目的がアカウンタビリティの確保，マネジメントの支援，政策に関係する専門分野への知的貢献と謳われて久しいが，このアカウンタビリティ確保が巧く進まないところに障りが出てくる。原因は，中央政府や地方自治体の活動に現れる非合理，病理にある。それはどのようなときか。有り体に言えば「無責任だ」と非難したくなるときだろう。

　無責任の具体的な症状を言えば，政策目標のアナクロニズム化，文脈をはずした筋違いの不適切な（irrelevant）課題対応，目標が曖昧，目標が消滅しても残ってしまった政策手段，故意の目標すり替え，職員の消極的抵抗，モラルハザード，遵法精神の欠如，秘密主義，別の政策の影響で目標達成が困難な政策，トップの気ままな思いつき，幹部の読み間違い，政策現場の間違った拘泥，政策コスト無視，リスクの過小評価，政策効果の過大見積もり，担当者の無能，忘却，委託を受けた団体・企業のルーズな金銭感覚，反アカウンタビリティ（説明しないで議論をはぐらかし時間切れをねらう）などである。これらは「過誤行政」（mal-administration）と呼ばれ，失敗につながる病理だと行政責任論は説明するが，実は，それを産みだす組織文化がある。それは行政の「無誤謬性神話」，過剰な同調性（同調圧力），市民に対するパターナリズムと権威主義，「霞ヶ関」中心主義として現れる。

3　行政学から考える政策学

　日本の伝統的な行政学は，行政を研究対象にする社会科学として，とくに行政と政策を「公行政」（public administration）と「公政策」（public policy）と呼び，以下のように説明した。

> 「公行政は，公政策を実現するための行動または過程であり，体系的な組織を通じて日常の政府活動を行う公務員の集団的作業である」（辻清明，1966：2）。

　ただし，行政の実態を研究していくうえで行政組織の機能に応じた組織体制を知り，それを構成するスタッフの在り方を考えるため，行政学の理論は行政管理論，そして行政責任論の両輪で進んできた（たとえば加藤他 1966；2 版は1985）。この伝統に1960年代末から1970年代，政治学の影響を受けた政策アプローチが加わり，行政学者は公共政策研究に進出した（今村 1997；縣 2020）。まず政策過程研究，続いて政策実施過程研究，さらに政策評価研究が登場する。同時に，官庁サイドにも変化が見られた。社会に発生する課題に組織対応するのではなく，政策対応する場面が増えたのである。「政策志向」（Policy Orientation）である。

　たとえば外務省の総合外交政策局である。湾岸戦争の反省から 'policy coordination' の総務的調整機能と 'policy planning' の企画機能をもつ総合外交政策局が1993年に設立され，外交政策の企画と調整にあたることになった。その後，2003年に外務省機構改革最終報告は，外交戦略策定機能強化策のひとつとして総合外交政策局を「筆頭局」として位置づけ，総合調整機能のさらなる強化を図っている。安全保障政策，国際安全・治安対策協力，テロ対策，国際的な組織犯罪対策，国際平和協力や PKO，平和構築分野の人材育成，海上安全保障政策，宇宙・サイバー政策，人権・人道外交政策，女性・ジェンダー

に関する外交政策など，新しい政策が加わるたびにこの総合外交政策局に組織ができる。政策主導型行政組織改革と呼んでも良い。

　こうした状況は別の意味で，政策と行政に新しい動きをもたらす。中央省庁等改革基本法（1998年）に基づく中央省庁改革，中央省庁再編（2001年）の理念から，政策の立案と実施の間での分業体制が推奨された。すなわち政策の企画立案は中央府省で，政策の実施は独立行政法人，あるいは民間や地方自治体で行うようになった。そこで地方分権改革と逆行する都道府県・市区町村の政策下請化が見られ，既存組織を「エージェンシー」として外部に切り出して再編した独立行政法人・研究開発法人や実施庁（気象庁・海上保安庁・特許庁）については本省との間に複雑な緊張関係が生まれた。研究者は日本の政策とその実施をめぐる体系（政策体系）について行政組織図を見て初めて概略を理解するが，その機構図だけでは実態が分からないことも多い。実務家が「実は」と語る内部にある「密教」を知り得て初めて政策体系が分かるが，手がかりが政策評価法（行政機関が行う政策の評価に関する法律，2001年）にある。

　21世紀初めに日本で行われた中央省庁改革は，単なる官庁のハード面での統廃合ではなく，思考や運用のソフト面で改革をはかったと考えるべきである。ここで注目されるのは，「政策官庁」化である。

　　　事業官庁や規制官庁が，環境変化などに対応して，従来の組織編成の元では困難な政策転換を図るために，企画政策機能を強化する組織再編を行う際にスローガンとして掲げるのが『政策官庁』である（廣瀬，1991：180）

　そして，多くの官庁が事業官庁，規制官庁から政策官庁に発展しようと試みたのと軌を一にして，多くの行政学者も政策研究に進んだ（縣 2020）。ただし，この政策研究への行政学の進出は，実は伝統的な行政学研究テーマへの回帰，あるいは再発見だったと言うことができるかもしれない。それを応用行政研究，臨床行政学と名づけてもよいだろう。たとえば，政策現場の行政機関の動きを観察する政策評価が伝統的な行政責任論のテーマ，アカウンタビリティの側面

からの行政統制にたどり着き，行政機関・行政官の能力とプロフェッショナリズムを考えるレスポンシビリティを展望するのは，本書で明らかにしたとおりである。

　他方で，政策実態の研究が進まないところに政策学が急速に拡大した結果，部分的に「不具合」が見られ，それは至る所に出現する。政策論を政局論にすり替えるマスコミ報道はその代表で，不具合は政策過程研究と政治過程研究の違いを説明するときの苦労に現れる。また政策評価の結果を予算編成プロセスに反映するという言葉は素人には分かりやすいが，この発言は政策の単位と予算の単位の不整合を理解しない人の乱暴な議論で，各府省大臣官房の会計課と政策評価課とが苦労した。しかも，この発言は本来は事後評価だったはずの政策評価を事前評価に変更することも織り込んでいた。ただですら予測が難しい将来の成果を無理に考える事前評価を，行政のプロが職人芸（art）的に進める予算編成に結びつけようとした不具合は，かつてアメリカ連邦政府で流行し，1970年頃挫折した PPBS の苦い経験を忘却している。そもそも経済学的合理性は，行政実務の職人芸とは相容れない（財務省から予算削減を求められた某省会計課は為替レート変更で計算をやり直し数億円を削減したが，表向きは財務省の要求に対応する姿勢をとった）。

　それなら Evidence を確認してそれをふまえた政策を作成し，評価すれば良いだろうと EBPM の主張者は言うが，EBPM の効用は限定的である。理科系の工学の実験と違い，人間の現実社会を相手にする政策ではエビデンス自体が人によって違うし，複雑な現実下では多くの事象が絡み合っており，仮に数字で表したところでその解釈は一様ではない。これも不具合の原因になる。EBPM の制度化の副作用として各府省の政策評価課が減ったことも EBPM の不具合かもしれない。不具合をアカウンタビリティの現場で説明させればよいと考える人もいるが，アカウンタビリティを「説明責任」に誤訳した日本では，説明責任を追及する体制が整っていない不備があり，政策担当者当人に自らの責任追及を求める無理を理解していない。

　そもそも，欧米の政策論，政策研究の中心にプログラム概念があるが，その

認識自体が日本社会には少ない。欧米では United Nations Development Programme（UNDP）のような大きな組織から，課長クラスのプログラム・アドバイザー，プログラム・オフィサーの肩書きをもつスタッフまで，プログラムを担当する官公庁名，ポスト名がよく見られ得るが，日本にはない。諸外国の行政機関，ODA の分野では常識のプログラムは，日本では研究者の一部で共有される仮想空間に存在する概念なのである。組織的実態と裏付け（たとえばプログラム予算）を欠いているプログラムを対象にするプログラム評価を，日本で行うには無理がある。正しい政策評価（プログラム評価）が難しく，評価ではないパフォーマンス測定（Performance Measurement）やプロジェクト・レベルの事業評価を代用するが，いつまで代用を続けるのか議論はない。日本評価学会はプログラム評価を20年かけて普及啓蒙に努めてきたが，その成果はまだ未来にある（山谷 2020）。その未来に託してプログラムを担当すると思われる官公庁研究が必要になるが，そのために行政学は行政管理論と行政責任論を再び見直さなければならないだろう。

4　政策学への挑戦

　本書は行政と政策について，管理と責任の視点からその生態を明らかにしようと心がけてきた。生態を明らかにする，これを分かり易く言えば，行政は巧くやっているのか，政策は期待どおりの成果をあげているのか，こうした素朴な疑問から観察し，議論を展開するはずであった。そのためには行政文書，とくに膨大な量の政策文書，評価文書を精査する作業が待っているはずで，作業の成果は「行政管理論的政策学」「行政責任論的政策学」になるだろう。それは政策学理論の矮小化であると批判されるかもしれないが，わたしたちは本書において批判をする人とは違った政策学の理論体系を構想した。

　日本の政策学が1970年代から2020年代に至る半世紀の間に大きく発展したことは間違いない。先のミネルヴァ書房の『Basic 公共政策学シリーズ』は，日本の公共政策研究が到達したひとつのスタンダードを示した。それから公共政

策学が新しいフロンティアを求めるのか，それとも本書のように先祖返りを模索するのか，いろいろな挑戦が試みられるだろう。いずれが正しいかではなく，これまで蓄積された理論をふまえた挑戦を試みる必要があり，本書はまさにこの点に挑戦してきた。結果として，これまでの政策学の研究から逸脱し，行政学の伝統に固執した内容になっているかもしれない。ここに至って自負よりは恐れの方が多いが，それを学問に対する謙虚さだとご理解いただければ幸いである。

参考文献

縣公一郎・稲継裕昭編（2020）『オーラルヒストリー――日本の行政学』勁草書房。

今村都南雄（1997）「公共政策研究の台頭」『行政学の基礎理論』三嶺書房，第12章。

加藤一明・加藤芳太郎・佐藤竺・渡辺保男（1966）『行政学入門』有斐閣。

辻　清明（1966）『行政学概論』上　東京大学出版会。

廣瀬克哉（1991）「行政組織分類の諸論点」総務庁長官官房企画課編『行政体系の編成と管理に関する調査研究報告書（平成元年度）』行政管理研究センター，第8章，172-188。

山谷清志監修，源　由理子・大島　巌編（2020）『プログラム評価ハンドブック――社会課題解決に向けた評価方法の基礎・応用』晃洋書房。

山谷清志（2021）「政策学における評価理論の貢献――日本の評価システムから」『同志社政策科学研究』22（2），157-170。

（山谷清志）

《監修者紹介》

佐野　亘（さの・わたる）
　　1971年　名古屋市生まれ。
　　1998年　京都大学大学院人間・環境学研究科博士後期課程単位取得満期退学。
　　1999年　博士（人間・環境学，京都大学）。
　　現　在　京都大学大学院人間・環境学研究科教授。
　　主　著　『公共政策規範（BASIC 公共政策学）』ミネルヴァ書房，2010年。
　　　　　　『公共政策学』（共著）ミネルヴァ書房，2018年。

山谷清志（やまや・きよし）
　　1954年　青森市生まれ。
　　1988年　中央大学大学院法学研究科博士後期課程単位取得退学。
　　2000年　博士（政治学，中央大学）。
　　現　在　同志社大学政策学部，同大学大学院総合政策科学研究科教授。
　　主　著　『政策評価（BASIC 公共政策学）』ミネルヴァ書房，2012年。
　　　　　　『公共部門の評価と管理』（編著），晃洋書房，2010年。

《執筆者紹介》（2021年5月執筆時）

山谷清志（やまや・きよし）　はしがき，序章，終章

　編著者紹介欄参照。

南島和久（なじま・かずひさ）　第1章，第2章，第3章

　1972年　福岡県久留米市生まれ。
　2016年　法政大学大学院社会科学研究科政治学専攻博士後期課程修了。博士（政治学）。
　現　在　新潟大学法学部教授。
　主　著　『政策評価の行政学──制度運用の理論と分析』晃洋書房，2020年。
　　　　　『JAXAの研究開発と評価──研究開発のアカウンタビリティ』晃洋書房，2020年。
　　　　　『公共政策学』（共著），ミネルヴァ書房，2018年。
　　　　　『ホーンブック基礎行政学　第三版』（共著），北樹出版，2015年。

北川雄也（きたがわ・ゆうや）　第4章，第5章

　1990年　京都府京田辺市生まれ。
　2018年　同志社大学大学院総合政策科学研究科博士後期課程修了。博士（政策科学）。
　現　在　同志社大学政策学部，京都文教大学総合社会学部，京都府立大学公共政策学部，嘱託講
　　　　　師。法政大学ボアソナード記念現代法研究所客員研究員。
　主　著　『障害者福祉の政策学──評価とマネジメント』晃洋書房，2018年。
　　　　　「障害者福祉サービス供給主体の『多元化』と『市場原理』の功罪」『社会福祉研究』137，2020年。
　　　　　「障害者政策における EBPM──雇用分野の事例を通じた考察」『同志社政策科学研究』
　　　　　21（2），2020年。

橋本圭多（はしもと・けいた）　第6章

　1989年　埼玉県川越市生まれ。
　2015年　同志社大学大学院総合政策科学研究科博士後期課程単位取得退学。博士（政策科学）。
　現　在　神戸学院大学法学部准教授。
　主　著　『公共部門における評価と統制』晃洋書房，2017年。
　　　　　「日本の科学技術行政における評価の現状」『評価クォータリー』（48），2019年。
　　　　　「政府間関係のなかの参加と評価──政策過程の変容と行政責任」『神戸学院法学』48
　　　　　（3・4），2020年。

山谷清秀（やまや・きよひで）　第7章，第8章

　1989年　青森市生まれ。
　2017年　同志社大学大学院総合政策科学研究科博士後期課程修了。博士（政策科学）。
　現　在　青森中央学院大学経営法学部専任講師。
　主　著　『公共部門のガバナンスとオンブズマン──行政とマネジメント』晃洋書房，2017年。
　　　　　「科学技術政策の多面性及び地域政策との交錯──科学技術政策をめぐるアカウンタビリ
　　　　　ティの混迷」『日本評価研究』19（3），2019年。
　　　　　「住民自治と行政相談委員」『地方自治を問いなおす──住民自治の実践がひらく新地平』
　　　　　法律文化社，2014年。

鏡　圭佑（かがみ・けいすけ）　第9章

1991年　三重県津市生まれ。
2019年　同志社大学大学院総合政策科学研究科博士後期課程修了。博士（政策科学）。
現　在　朝日大学法学部講師。
主　著　『行政改革と行政責任』晃洋書房，2019年。
　　　　「庁が実施する評価の現状と課題」『日本評価研究』20（1），2020年。
　　　　「行政責任論における事例研究の必要性」『同志社政策科学研究』21（1），2019年。

湯浅孝康（ゆあさ・たかやす）　第10章

1986年　京都市生まれ。
2019年　同志社大学大学院総合政策科学研究科博士後期課程単位取得退学。博士（政策科学）。
現　在　大阪国際大学経営経済学部講師。
主　著　『政策と行政の管理──評価と責任』晃洋書房，2021年。
　　　　「地方自治体における『働き方改革』とアカウンタビリティ──人事委員会の役割と権限
　　　　強化」『同志社政策科学研究』21（1），2019年。
　　　　「住民自治と地域活動」『地方自治を問いなおす──住民自治の実践がひらく新地平』法
　　　　律文化社，2014年。

三上真嗣（みかみ・まさつぐ）　第11章

1994年　埼玉県与野市（現さいたま市）生まれ。
現　在　同志社大学大学院総合政策科学研究科博士後期課程。
主　著　「ODA 評価ガイドラインの行政学的考察」『日本評価研究』21（1），2021年。
　　　　「評価システムとガバナンス──日本の ODA における評価ポリシー」『同志社政策科学
　　　　院生論集』9，2020年。

《編著者紹介》

山谷清志（やまや・きよし）

1954年　青森市生まれ。
1988年　中央大学大学院法学研究科博士後期課程単位取得退学。博士（政治学）。
現　在　同志社大学政策学部，同大学大学院総合政策科学研究科教授。
主　著　『政策評価（BASIC 公共政策学）』ミネルヴァ書房，2012年。
　　　　『公共部門の評価と管理』（編著），晃洋書房，2010年。

これからの公共政策学②
政策と行政

2021年 5 月 1 日　初版第 1 刷発行　　　　〈検印省略〉
2022年12月10日　初版第 2 刷発行

定価はカバーに
表示しています

監 修 者　　佐　野　　　亘
　　　　　　山　谷　清　志
編 著 者　　山　谷　清　志
発 行 者　　杉　田　啓　三
印 刷 者　　坂　本　喜　杏

発行所　株式会社　ミネルヴァ書房
607-8494　京都市山科区日ノ岡堤谷町 1
電話代表 075-581-5191
振替口座 01020-0-8076

©山谷清志, 2021　　冨山房インターナショナル・新生製本

ISBN 978-4-623-08685-6

Printed in Japan

これからの公共政策学

体裁　Ａ５判・上製カバー（＊は既刊）

監修　佐野　亘・山谷清志

―――――――― ミネルヴァ書房 ――――――――
https://www.minervashobo.co.jp/